문 학 론 I

원명수·이현원 공저

- 일반 문학론
- 시　　론
- 소 설 론
- 희 곡 론

계명대학교출판부

차 례

Ⅰ. 일반 문학론

문학은 음악과 미술, 그리고 무용과 함께 인류가 오랫동안 추구해 왔던 예술적 표현양식의 한 부분이다. 신(神)이 우주와 인간을 창조(創造)하였다면 인간은 모든 것을 바탕으로 하여 다시 제2의 창조를 한다고 볼 수 있는데 특히, 문학은 인간의 사고를 전달·기록하기 위하여 만들어진 문자를 기본 매개체로 하는 인류의 위대한 정신적 산물이라고 볼 수 있다.

1. 문학의 개념

문학은 음악과 미술, 그리고 무용과 함께 인류가 오랫동안 추구해왔던 예술적 표현양식의 한 부분이다. 신(神)이 우주와 인간을 창조(創造)하였다면 인간은 모든 것을 바탕으로 하여 다시 제2의 창조를 한다고 볼 수 있는데 특히, 문학은 인간의 사고를 전달·기록하기 위하여 만들어진 문자를 기본 매개체로 하는 인류의 위대한 정신적 산물이라고 볼 수 있다.

문학에 접근하고자 하는 사람이면 "문학의 본질(本質)은 무엇인가?"라는 물음에 대한 해답을 찾기 위하여 나름대로 끊임없는 노력을 하였으며 더구나 문학에 대한 시각이 넓어짐에 따라서 이에 대한 대답이 수차례나 바뀌어졌을 것이라고 생각된다.

한 개인에게 있어서도 문학에 대한 정의가 다양하게 내려지고 또한 몇 차례나 바뀌어진 것 같이 세계문학사에 있어서도 각 시대의 논자들에 의하여 내려진 정의들과 또한 수정·보완되어 제시되어진 정의들이 많이 나타나고 있음을 볼 수 있다. 그러므로 이러한 문학사에서 기록되어 있는 논자들의 다양한 정의를 거시적(巨視的)·미시적(微視的) 관점에서 살펴보는 것은 문학의 본질을 알기 위한 일차적 방법이라고 생각된다. 따라서 본서에서는 종합적 차원에서 문학의 정의를 살펴봄으로써 문학에 접근하기로 한다.

먼저 문학이란 용어의 뜻부터 알아보기로 한다. 문학은 서양어로 literature·littérature 등으로 표현하는데, 이런 용어들은 모두가 라틴어의 litera에서 온 것이다. 라틴어의 litera는 '글자'를 뜻한다. 당시의 학자들은 이런 용어를 통하여 문자로 기록된 것을 '문학(文學)'이라고 지칭하였다고 볼 수 있다.

동양에 있어서도 이러한 것은 서양의 경우와 비슷하다. 중국에서는 시문경사(詩文經史)등의 모든 학문이나 모든 문장을 일컬어서 '문학(文學)'이라고 말하였다.

중국에서 최초로 '문학(文學)'이란 글자의 사용은『논어(論語)』의「선진편(先進篇)」에서 찾아볼 수 있다. "政事冉有季路 文學子遊子夏(정사염유계로 문학자유자하. 정사에는 염유와 계로가 능하고, 문학에는 자유와 자하가 능하다)"라는 구절이 보이는데, 이 때 문학이란 경서(經書)와 일반문장을 모두 일컫는 것이라고 생각된다.

한국에서는 '문학(文學)'이란 말을 찾기 어렵고, 보통 '문장(文章)'이란 말을 사용하여 오다가 일본을 통해서 literature의 역어(譯語)인 '문학(文學)'이란 말이 들어 와서 통용되고 있다. 그러나 오늘날에는 '문장(文章)'보다도 '문학(文學)'이란 용어가 더 일반적으로 쓰이고 있다.

웰렉과 워렌(R. Wellek, A. Warren)은『문학의 이론』에서 "① 문학에 대한 정의에 있어서의 한 방법은 문학을 인쇄된 모든 것으로 정의하는 것이다. ② 또 다른 방법은 문학을 위대한 책, 즉 주제가 무엇이든 형식과 표현으로 유명한 책에 한정하는 것이다. ③ 문학이란 말은 문학이라는 예술, 즉 상상적 문학에만 국한할 때 가장 좋게 생각된다."라고 문학에 대해서 논하고 있다.

이와 같이 웰렉과 워렌은 문학을 보는 데 있어서 두 가지 관점을 제시하고 있음을 볼 수 있다. ①의 정의를 문학에 대한 '광의의 정의'라고 한다면, ②와 ③은 문학에 대한 '협의의 정의'라고 말할 수 있다.

1) 광의의 문학

광의(廣義)의 문학이란 문자로 표현되어진 모든 서적이나 기록물을 말한다. 문학의 어의(語義)를 통해서 본 바와 같이 문학은 문자와 함께 형성되어졌다고 볼 수 있다. 왜냐하면 문학과 문자는 서로 유기적(有機的)인 관계에 놓여 있기 때문이다. 따라서 문학이 문자의 발생과 함께 생긴 것으로 보는 견해는 타당성을 가질 수 있다. 이러한 의미에 있어서 문자를 바탕으로 이루어진 문학을 문자로 이루어진 표현물과 관련시키는 것은 자연스러운 일이라고 생각된다.

우스터(J. E. Worcester)는 "문학은 문자로 기록된 학문과 지식 및 상상의 결과이다."라고 말하였다. 우스터가 일반 지식이나 학문을 문학의 영역에 포함시킨 것은 타 정의와는 또 다른 의미를 갖는다고 생각된다. 이러한 정의는 현대문학이 갖고 있는 일반적인 개념과는 차이가 있는데 이러한 형태의 정의는 우스터 외에 타 논자의 글에서도 찾아볼 수 있다.

아놀드(M. Arnold)는 "문학은 일종의 위대한 언어이다. 그것은 문자로 기록되고, 또 서적으로 인쇄된 모든 것을 의미한다."라고 말하였다. 이러한 정의는 웰렉과 워렌이 『문학의 이론』에서 열거한 ①의 정의와 유사한 것이라고 볼 수 있다.

그런데 여기서 문제가 되는 것은 문자로써 기록되어진 문서와 또한 인쇄된 모든 서적이 문학이라고 규정했을 때, 문학의 범위가 매우 넓어진다는 데에 있다. 왜냐하면 물리학 서적이나 수학 서적도 문학에 포함시킬 수 있다는 말이 되기 때문이다. 하지만 여기에서 무엇보다도 중요한 것은 아놀드의 정의에 대한 문제가 아니라 아놀드가 추구하였던 문학의 본질에 있다고 생각된다. 아놀드의 문학관은 문학의 근본정신과 연결되어진다고 볼 수 있다. 그의 시각에 따른다면, 언어를 재료로 하여 자유롭게 이루어진 것이 문학이며 이러한 문학은 무한한 가능성을 가지고 있는 예술이라고 말할 수 있다.

2) 협의의 문학

협의(狹義)의 문학에 대한 정의는 다양하게 제시되어지고 있다. 협의의 문학에 대한 정의가 광범위하게 이루어지고 있는 것은 개인·시대·사회에 따라서 문학에 내려진 정의가 제각기 달랐기 때문이다. 예를 들면, 문학의 주제를 중요시한 시대에는 주제 중심의 정의가 내려졌으며, 형식을 중요시한 시대에는 형식 중심의 정의가 내려졌음을 볼 수 있다.

포스네트(H. Posnett)는 "문학이란 산문(散文)이건 운문(韻文)이건 간에 반성보다는 상상의 결과요, 교훈이나 실제적 효과보다는 될 수 있는 한 많은 국민에게 쾌락을 줌을 목적으로 하고, 특수한 지식이 아니라 일반적 지식에 호소하는 저술로 이루어진다."라고 말하였다.

위의 글을 분석하여 볼 때, 첫째, 문학은 상상적인 것이라고 말할 수 있다. 이러한 것은 창작과정에서 경험보다는 상상을 더 중요시해야 한다는 의미로 볼 수 있다. 둘째, 문학은 독자에게 쾌락을 주는 것이라고 말할 수 있다. 이러한 것은 문학이 교훈이나 지식을 전달하는 것이 아니라 정서를 주어야 한다는 의미로 볼 수 있다. 셋째, 문학은 전문적 지식인이 아닌 일반인에게도 이해될 수 있는 내용으로써 이루어져야 하는 것이라고 말할 수 있다.

앞에서 언급한 웰렉과 워렌의 협의의 정의인 ②와 ③의 정의 역시 문학의 형식과 상상을 중요시한 것이라 생각된다. 20세기의 많은 문학가들은 문학이 경험보다는 상상에 의해서 이루어진다고 보았다. 그러나 이와는 달리, 릴케(M. Rilke) 는 무엇보다도 문학에서의 경험을 중요시하였다.

헌트(T. Hunt)는 "문학이란 상상·감정 및 취미를 통한 사상의 기록된 표현이다."라고 말하였다. 이처럼 헌터는 문학에서의 사상을 중요시하여 정의를 내리고 있으나 그가 문학의 형식을 완전히 무시하였다고는 볼 수 없다. 왜냐하면 형식이 완전히 배제된 내용 만으로서의 문학이란 존재할 수 없기 때문이다. 문학은 예술의 한 분야이며, 보편적인 예술은 형식과 내용의 결합으로써 창조된다고 말할 수 있다. 아무리 좋은 내용이 있다고 하여도, 그기에 적합한 형식으로써 제대로 표현되지 않는다면 그 작품은 좋은 문학작품으로 평가될 수 없다고 생각된다. 그리고 주제를 중요시한 정의를 찾는다면 앞에서 언급한 광의의 정의들이 여기에 해당한다.

이와 같이 문학의 정의들은 ① 주제를 중요시한 것, ② 형식을 중요시한 것, ③ 주제와 형식을 공통으로 중요시한 것, 이상 세 가지 관점에서 제시되어지고 있음을 볼 수 있다.

3) 인간학으로서의 문학

문학은 인간을 다루는 인간학의 한 분야로 볼 수 있다. 작품 제재의 선택이 자연·사회·종교·과학 등의 문제에서 이루어졌다고 하더라도 근본적으로 작품의 주체는 인간이 된다.

근대소설이 갖는 특징 중의 하나가 새로운 인간형의 창조에 있다는 것은 매우 중요한 사실이다. 이러한 소설은 물론이고 시·희곡·수필 모든 문학의 장르는 결국 인간의 문제를 다룬 것이라고 생각된다. 작품 대상으로 삼은 '달'과 같은 자연물은 하나이지만, 시인에 따라서 달의 이미지가 다양하게 작품에 표현되는 것은 '달'에 대한 '달'의 시(詩)가 아니라 '달'에 대한 '인간'의 시이기 때문이다. 그러므로 모든 문학 속에서 나타나고 있는 신·인간·사랑·구원·죽음·부활·죄·미움·용서·해·달·구름·별·바다·섬·산·풀벌레·나무·바위·바람·풀꽃·모래 등 모든 것들은 개별적이고 단독적인 것이 아니라 인간의 존재에 대한 문제와 직접적으로 연결되어 있다고 볼 수 있다.

이러한 의미에서 문학은 인간 존재에 대한 인간학이라고 말할 수 있다. 물론 인간학은 생물학에서나 철학에서도 주요 대상으로 삼고 있다. 그러나 문학에서 추구하는 인간학은 철학적 인간학이나 생물학적 인간학과는 다소의 차이점이 있다고 볼 수 있다. 철학과 과학에서는 이성(理性)과 검증(檢證)을 토대로 하여 인간의 가치를 결정하는 반면에 문학에서는 감성과 미적 형식을 토대로 하여 인간의 가치를 구현한다고 말할 수 있다. 그리고 철학과 과학에서는 원칙적인 합리성을 중시하는 반면에 문학에서는 예술적인 독창성을 중시한다고 볼 수 있다. 특히, 문학에서의 예술적 독창성은 인간의 감정에서 비롯되는 것으로서 인간에게 감동을 준다.

톨스토이(L. N. Tolstoi)는 그의 『예술론(藝術論)』에서 "예술은 사람이 자기가 경험한 감정을 타인에게 전달할 목적으로 다시 그것을 자기의 내부에서 불러일으켜 일정한 외면적인 부호로써 그것을 표현할 때 비로소 시작된다."[1]라고 논하고 있다. 또한 그는 진정한 예술의 결실은 마치 여성이 가지는 사랑의 결실이 이 세상의 새로운 아기의 탄생인 것과 같이 생활에 없어서는 안 될 것으로 된 새로운 감정임을 말하였다. 그리고 톨스토이는 예술의 사명에 대하여 다음과 같이 말하고 있다.

> 오늘날에 있어서의 예술의 사명은 사람들의 행복이 그 상호 결합에 있다고 하는 진리를 이성의 분야에서 감정의 분야로 옮기고, 현재 지배하고 있는 폭력 대신에 신의 나라, 즉 우리들 모두에게 인간생활의 최고 목적이라고 여겨지고 있는 사랑의 나라를 건설하는 일이다.[2]

이와 같이 문학은 인간의 감정을 타인에게 전달하는 예술로서 그 목

---

1) L. N. 톨스토이, 『예술론』, 박형규 역 (동서문화사. 1977), p.59.
2) L. N. 톨스토이, 『예술론』, p.247.

적은 인간의 행복과 사랑의 실현에 있다고 볼 수 있다.

문학이 감동을 전달하기 위하여 수용하고 있는 구조(構造)·문체(文體) 등의 형식적 요소들은 타 인간학과는 구별되는 변별적 요소들이라고 말할 수 있다. 특히, 이러한 형식적 요소들에 의하여 문학적 정신이 표현되어질 때 비로소 문학은 '예술적 작품'이 된다고 볼 수 있다. '예술적 작품'에서의 '예술적'이란 용어는 여러 가지 해석이 가능하지만 문학에서의 '예술적'이란 용어는 문학의 형식과 내용이 갖는 여러 가지 미적(美的) 요소들을 의미한다고 말할 수 있다.

따라서 '문학은 예술적 인간학'이라고 정의할 수 있다. 즉 문학은 궁극적인 면에 있어서 인간과 관련된 모든 문제에 대하여 문자를 매개체로 하여 예술적으로 다루는 인간학이라고 볼 수 있다.

2. 문학의 기원

문학을 이해하는 데 있어서 문학의 기원을 알아보는 것은 매우 중요한 사항 중의 하나이다.

그런데 20세기의 형식주의(形式主義) 문학비평가와 구조주의(構造主義) 문학비평가들은 문학의 기원은 문학을 이해하는 것과는 별개의 사항으로 보았다. 왜냐하면 이들은 문학을 통시적(通時的)인 시각보다는 공시적(共時的) 시각에서 고찰하려고 하였기 때문이다. 그러나 문학의 전체성을 이해하기 위해서는 문학이 창시된 동기와 그 과정을 알아야 한다. 특히, 문학의 기원을 이해하여야 만이 현재의 문학을 논하고 나아가서는 미래의 문학을 제시할 수 있다고 생각된다.

보편적으로 문학의 기원은 예술의 기원설, 즉 심리적 기원설과 공리적 기원설, 그리고 민요무용설의 시각에서 고찰할 수 있다.

1) 심리적 기원설

심리적(心理的) 기원설은 예술의 창작심리, 즉 예술적 충동심리를 중심으로 하여 예술의 발생을 고찰하려는 주장에서 제기된 학설이다. 심리학적 기원설·예술본능설 등으로 지칭되고 있는 심리적 기원설에는 모방본능설·유희본능설·자기표현본능설·흡인본능설 등이 있다.

(1) 모방본능설

인간은 주위에 있는 사물들을 모방하려는 본능을 가지고 태어나는데, 이러한 모방하려는 본능을 예술의 기원으로 보려는 학설이 모방본능설(模倣本能說)이다. 인간의 모방본능에 의한 행동은 성별과 연령에 관계없이 모든 사람에게 있어서 공통적으로 나타나고 있다. 일반적으로 사람들이 새와 곤충들의 비행을 몸짓으로 표현하는 것이나, 꽃과 산의 아름다움을 그림으로 나타내는 것은 모방본능에 의한 표현행동이라고 볼 수 있다.

이러한 모방본능설은 희랍의 아리스토텔레스(Aristoteles)의 『시학(詩學, Poetica)』에서 찾아볼 수 있는데 그가 말하고 있는 모방은 다음과 같다.

> ① 모방은 어린 시절부터 인간의 본성에 있는 것인데, 인간이 하등동물보다 우월하다는 것의 하나는 이 세상에서 가장 잘 모방하는 동물이라는 데에 있으며, 또한 모방에 의해서 여러 가지를 배우기 시작한다는 점에 있다.
>
> ② 모방된 것에서 기쁨을 느끼는 것이 인간의 본성이라는 것은 경험에 의하여 증명된다. 가령 하등동물이나 죽은 시체의 형태 같은 것은 우리들이 실제로 보는 데 있어서 고통을 느끼는 대상이라고 하더라도,

예술로서 가장 사실적으로 재현된 것을 보기를 기뻐한다.

이와 같이 아리스토텔레스는 인간이 가지는 모방에 의한 본능을 두 가지 측면에서 논하고 있음을 볼 수 있다. 즉, 그는 모방하려는 본능과 모방된 것을 보고 기쁨을 느끼는 본능, 이상 두 가지의 모방본능을 제시하고 있다.

오랫동안 문학의 고전적 기원설로 받아들여지던 이러한 아리스토텔레스의 모방본능설은 근대의 문학가들에 의하여 비판을 받게 된다. 왜냐하면 예술작품의 창작은 모방뿐만 아니라 다양한 요소에 의하여 이루어질 수 있기 때문이다.

(2) 유희본능설

유희본능설(遊戱本能說)이란, 인간은 자신을 유지·발전시키는 데 필요한 힘을 제외한 여력(餘力)으로써 창작행위를 한다는 이론을 바탕으로 한다. 일반적으로 의·식·주에만 치중한 사람은 예술을 창작·감상할 수 있는 마음의 여유를 가질 수 없다. 따라서 유희본능설에서는 예술에 대한 유희는 생활의 잉여정력(剩餘精力)에서 생기는 것이며, 이러한 잉여정력은 예술을 창조하는 중요한 원동력임을 말하고 있다.

유희본능설은 칸트(I. Kant)를 중심으로 하여 실러(Schiller)·스펜서(H. Spencer) 등에 의하여 주장되어졌다. 그러나 이 학설의 문제점은 예술행위가 잉여정력에 의해서 만이 가능하며 이러한 예술은 슬픔과는 관련 없이 유희만을 바탕으로 한다는 데에 있다.

유희본능설을 부정하는 문학가들은 문학예술이 경제적·시간적으로 풍요를 누리고 있는 사람들만의 전유물이 될 수 없음을 주장하고 있다. 이들은 오히려 경제적·시간적으로 풍요를 누리지 못하는 예술가들에 의하여 다양한 창작행위가 활발하게 이루어지고 있음을 말하고 있다.

또한 이러한 유희본능설은 수용면에 있어서 예술자체가 오락주의(娛樂主義)로 전락할 위험 가능성을 내포하고 있다고 말할 수 있다. 세계 문예사에 있어서 이러한 유희를 목적으로 하는 문학은 유미주의(唯美主義) 문학이나 퇴폐주의(頹廢主義) 문학에서 찾아 볼 수 있다. 그러나 이후의 문학비평가들은 예술의 본질적인 면에서 이들의 시각에는 많은 문제점들이 있음을 지적하고 있다.

(3) 자기표현본능설

자기표현본능설(自己表現本能說)은 인간이 지니고 있는 표현의 본능, 즉 자신의 느낌이나 생각을 밖으로 표현하고자 하는 본능적 욕구에 의하여 예술작품이 이루어진다고 보는 학설이다.

자기표현본능설은 볼드윈(M. Baldwin)·카펜터(E. Carpenter)·허드슨(W. H. Hudson) 등에 의하여 제기되어졌다.

특히, 허드슨은 인간이 표현하고자 하는 욕망을 다음과 같이 네 가지로 분류하고 있다.

① 자기표현을 위한 욕망.
② 인간과 인간행위에 있어서의 우리의 흥미
③ 우리가 살고 있는 현실세계와 우리의 존재를 떠올리는 상상세계에 있어서의 우리의 흥미
④ 형식을 형식으로 사랑하는 것

인간이 표현하고자 하는 욕망은 끝이 없다고 볼 수 있다. 이러한 모든 종류의 표현욕구가 문학예술의 기원이 되었다고 보는 자기표현본능설은 많은 설득력을 지니고 있으며 대부분의 문학가들이 이 학설에 대하여 공감하고 있다.

(4) 흡인본능설

흡인본능설(吸引本能說)은 쾌락본능설(快樂本能說)이라고 일컫기도 한다. 인간에게는 본능적으로 타인을 즐겁게 해 주고, 또한 타인을 즐겁게 해줌으로써 자신의 주위에 있는 사람들을 자신의 세계 속으로 끌어들이려는 욕망이 있는데, 흡인본능설에서는 이러한 욕망에 의하여 예술이 이루어지는 것이라고 보고 있다.

흡인본능설에서는, 예술가란 주위의 사람들을 자신의 세계 속으로 끌어들이고, 또한 타인 앞에서 자신의 우월감을 보이려는 생각에서 예술을 창작하는 사람으로 규정하고 있다.

이러한 흡인본능설을 추구하는 논자들의 주장에도 많은 문제점이 제기될 수 있다. 왜냐하면 예술이란 단순히 주위의 관심을 끌거나 인기를 독점하기 위하여 이루어지는 것이 아니기 때문이다. 진실된 작품이란 작가의 사적인 표출의 보상을 초월하여 자신의 내면세계에 충실할 때에 창작되어지는 것이라고 생각된다.

2) 공리적 기원설

공리적(功利的) 기원설은 '발생학적(發生學的) 기원설'이라고도 일컫는데 이러한 공리적 기원설에서는 예술의 기원이 공리성(功利性)에 있다고 본다.

진화론적 사고방식을 가진 학자들이 인류의 기원이나 예술의 기원을 탐구하기 전까지는 예술의 기원을 심리적 측면에서만 논하였다. 즉, 본능적 충동에 의해서 예술이 이루어지는 것으로 본 것이다. 그런데 인류학자들이 아프리카와 인도네시아 등을 탐사하고 연구하는 과정에서 예술작품의 창조는 본능적이거나 심미적인 목적에 의해서만 이루어진 것이 아니라는 사실을 알게 되었다. 원주민들이 방패에 사자의 형상을 그리거나 새긴 것은 미를 표현하려는 것에 주목적이 있는 것이 아니라 상대편에게 위협을 줌으로써 자신들의 유익을 얻기 위한 것이었다. 따라서 이들에게 있어서의 방패그림을 통한 예술행위는 심리적인 것보다는 공리성이 더 크게 작용을 하여 이루어졌다고 볼 수 있다. 특히 무기에 새겨진 맹수형상이나 강렬한 추상형의 무늬, 그리고 귀신을 쫓는 벽사(辟邪)가면은 매우 공리적인 것이라고 볼 수 있다.

이러한 기원설을 주장하는 학자들 중, 헌(Hirn)과 그로세(Grosse)는 『예술의 기원』에서 "원시시대 때 살았던 어떤 종족의 장식품을 자세히 연구하면, 오늘날의 우리들에게 있어서는 단순한 장식처럼 보이는 것도 실제에 있어선 그 어느 것이나 당시의 종족에게는 극히 실제적이며 비심미적인 뜻이 내포되어 있었다는 것을 알 수 있다. 예컨대 무기나 가구의 조각을 비롯하여 문신, 뜨개질의 무늬 같은 것은 세상 사람들이 흔히 순수한 심미적인 예술 충동의 산물이라고 생각하고 있는 것의 대부분이 지금에 와서는 오히려 종교적 상징 때문이라든가, 아니면 그것들의 주인을 위한 부호(符號) 때문이라는, 이른바 실제적인 뜻을 지니고 있는 것으로써 설명된다."라고 말하고 있다.

이러한 것은 예술과 인간생활이 긴밀한 관계에 놓여 있다는 것을 말해주고 있다. 예술작품은 심미적인 면에서도 이루어지지만 오히려 공리성이 주동기가 되어 창작될 수 있는 것이다. 이와 같은 시각에 있어서 헌과 그로세는 심미적 면보다는 공리성이 우선한다는 주장을 한 것으로 볼 수 있다.

여기서 중요한 것은 이들이 주장하고 있는 공리성이 모든 예술작품에 적용될 수 있는지에 대한 것이 아니라, 예술작품이 인간의 생활과 공리적인 면에서 상호 보완적인 관계를 유지해 왔다는 사실에 있다. 그러므로 예술은 처음부터 천재성을 인정받은 몇몇 예술가들에 의하여 시작된 것이 아니라 대중들의 일반적인 관심 속에서 시작된 것임을 본 기원설에서는 말해주고 있다.

한국의 경우에 있어서, 통일신라시대의 「서동요」·「혜성가」·「풍요」·「도솔가」 등의 향가는 개인적 혹은 집단적인 공리성을 바탕으로 창작되어졌다고 볼 수 있는데 이와 같은 사실에 있어서도 인간의 예술창작 동기에는 공리성이 지대한 작용을 하고 있음을 알 수 있다.

3) 민요무용설

발라드 댄스(Ballad-Dance) 설이라고 일컫는 민요무용설(民謠舞踊說)은 모울톤(R. G. Moulton)의 『문학의 근대적 연구』에서 제기된 학설이다. 그는 문학의 근본적 형태를 발라드 댄스 에서 찾고 있다. 발라드 댄스 는 운문(韻文)과 음악의 반주, 그리고 무용의 결합으로 되어 있는데 문학이 처음으로 나타났을 때는 이러한 복합적이고도 종합적인 형태였다고 말할 수 있다.

발라드 댄스에서의 발라드는 일반적으로 민요를 뜻하며 댄스는 춤을 뜻한다. 따라서 발라드 댄스란 민요와 함께 추는 춤을 말한다고 볼 수 있다. 집단가무형태를 지니고 있는 발라드 댄스는 선사시대(先史時代)와 역사시대(歷史時代)에 걸쳐서 부족별로 행하여졌다. 그런데 문학이 문자를 기본으로 하여 존재하는 이상, 문학의 발생과 관련되는 발라드 댄스는 문헌이 존재하는 시대, 즉 역사시대의 최상위 시대인 상고시대의 민요무용이라고 볼 수 있다.

모울톤은 발라드 댄스의 예로써 이스라엘 사람들이 홍해에서 승리를 얻었을 때 가무(歌舞)를 즐긴 것이라든지, 다윗(David) 왕이 예루살렘 도시를 완성시키고 여호와 앞에서 춤을 춘 것 등을 들고 있다.

한국의 경우, 『위지(魏志)』의 「동이전(東夷傳)」에 보면 영고·동맹·

무천 등의 제천의식(祭天儀式) 때 음주와 가무가 행하여졌다는 기록이 있는데, 이러한 가무들이 서양의 발라드 댄스에 해당하는 것이라 볼 수 있다. 발라드에 담겨 있는 내용과 한국 고대국가의 제천의식 때 제주(祭主)가읊었던 내용은 문학의 기원이 될 수 있으리라고 생각된다.

예술사가들 사이에서 가장 많은 공감을 얻고 있는 이 학설은 타 기원설에서 논란되어졌던 문제들과 연결될 수 있다. 즉, 이러한 발라드 댄스가 심미성을 토대로 한 예술인지 아니면 공리성을 토대로 한 예술인지에 대한 문제이다.

제천의식·축제의식·혼례의식·사냥의식·전쟁의식·장례의식 등의 상황을 고려할 때, 발라드 댄스는 종합예술(綜合藝術)의 성격을 지녔다고 생각된다. 음악과 무용이 조화롭게 혼합되어 있던 발라드 댄스가 축제의식이나 혼례의식 때에는 비교적 화려한 치장과 함께 정다운 음성과 기쁨의 선율, 그리고 부드러운 동작으로써 행하여졌으리라고 추측할 때, 발라드 댄스의 심미성을 논할 수 있다. 반면에 제천의식이나 사냥의식 때의 발라드 댄스가 하늘이나 절대적 존재에 대하여 자신의 부족이나 집단을 위한 기원의 양식으로써 행하여졌음을 생각할 때에는 발라드 댄스의 목적의식에 의한 공리성을 말할 수 있다.

따라서 발라드 댄스는 심미성과 공리성을 함께 수용하고 있는 종합예술이었다고 말할 수 있다.

3. 문학의 기본 성격

하나의 문학작품이 되기 위한 절대적인 구비조건은 있을 수 없다. 오히려 그러한 구비조건들을 초월하는 데서 창조적 작품이 이루어진다고 볼 수 있다. 왜냐하면 문학에 있어서 중요한 것은 표현의 양식과 형식, 그리고 작가의 주제적 사상과 내용을 바탕으로 하는 자유성(自由性)과 초월성(超越性) 추구에 있기 때문이다.

본서에서는 일반적인 문학작품에서 나타나고 있는 기본 성격들을 창조성·감동과 정서·사상·항구성과 보편성·상상과 체험·진실성의 시각에서 고찰하기로 한다.

1) 창조성

어떠한 하나의 작품이 문학작품인지 아니면 비문학작품인지를 논하는 데 있어서 무엇보다도 중요한 것은 작품이 지니고 있는 창조성(創造性)이라고 생각된다. 한 작품이 일반문학론에서 제시되고 있는 여러 가지 문학의 구성요소들을 비교적 잘 갖추었다고 하더라도 창조성이 결여되었을 경우, 이러한 작품을 문학작품이라고 보는 것에는 많은 문제점이 제기될 수 있다.

여기서 말하는 창조성이란 무(無)에서 유(有)를 만들어내는 신(神)적인 창조적 행위를 말하는 것이 아니라 과거의 문화적 전통과 유산을 바탕으로 한 현재의 문화적 창조를 의미한다. 그러므로 인류의 문학적 전통과 유산을 알지 못하고서는 창조를 할 수 없으며, 특히 어느 한 작품에 대한 순수창작과 모방작에 대한 진위의 여부를 가릴 수 없다. 외국의 문학작품을 읽는 것은 좋은 일이지만, 무엇보다도 먼저 자신과 동일한 모국어를 사용하는 작가의 문학작품을 읽고 감상하는 일이 순차적으로 볼 때 합리적인 일이라고 생각된다. 그러므로 기존 문학가들의 작품을 읽고 이들이 극복하지 못한 문제들을 해결하려고 할 때 창조적인 문학행위가 이루어질 수 있다.

창조성은 주제(主題)와 형식, 그리고 제재(題材)의 측면에서 고찰할 수 있는데 이러한 이 세 가지가 모두 창조적일 때 가장 이상적인 작품이라고 말할 수 있다.

주제의 창조성이란 과거의 어떠한 작품에서도 표현하지 않았던 새로운 주제를 나타내는 것을 말한다. 표절시비가 빈번하게 일어나는 현대문학에 있어서는 이러한 주제의 창조성이 매우 중요한 사항으로 볼 수 있다. 현재의 많은 작품들이 기존의 작품들이 다루지 않은 새로운 주제를 다루었느냐 하는 것은 물론이고 주제를 암시하는 제목에서조차 동일성으로 인한 창작적 의구심을 불러일으키게 한다.

문학창작의 본질적 시각에 있어서 독특하지 못하고 평이한 주제를 선정한 작품들은 문학사 속에서 새로운 작품으로 평가될 수 없다. 그리고 이러한 작품들은 점차적으로 시간이 흐름에 따라서 독자들의 관심 속에서 사라져버린다.

따라서 문학작가들은 창조적인 문학사상을 가져야만 한다고 생각된다. 그러나 모든 작가들이 사상가가 될 수 없는 것이라면, 기존의 사상에서 참신한 주제를 끌어 올 수 있다. 왜냐하면 문학의 주제는 사상 그 자체가 아니라, 사상의 해석이나 느낌에 대한 문학적 표현에 있기 때문이다. 그러므로 주제의 창조성은 작가 자신을 반드시 사상가로서 요구하는 것은 아니지만 기존사상에 대하여 타 작가와는 다른 안목에서의 재해석을 요구하는 것이라고 볼 수 있다. 따라서 작가는 주제의 창조성을 위하여 문학적 사상확립에 끊임없는 노력을 기울여야 한다.

형식의 창조성은 새로운 형식을 창안해 내는 것으로서 기존의 작가들이 생각해 내지 못한 새로운 문체나 구조로써 창작하는 것을 말한다. 독자들에게 신선한 감동을 줄 수 있는 시인이나 소설가, 혹은 극작가가 되기 위해서는 새로운 형식을 창안해 내어야 한다. 한 작가 속에 내재된 내용이 새로운 것이라고 하여도 이러한 내용이 적합한 양식으로 표현되지 못하면 창작적인 면에 있어서 아무런 의미가 없다. 문학은 하나의 표현예술(表現藝術)이다. 제대로 표현되지 못한 생각은 제대로 표현되지 못한 문학이라고 볼 수 있다. 최소한 문학작품은 선택한 주제와 제재에 어울리는 형식을 가져야 한다. 나아가서 작품의 내용은 창조적인 형식을 매개체로 하여 표현되어야 한다. 한 편의 짧은 시나 장편소설을 통하여 새로운 형식을 창안해 내는 것은 하나의 혁명이다. 새로운 형식의 창안은 짧은 기간에 이루어지는 것은 아니다. 기존의 문학형식을 극복하고 새로운 형식을 창안한다는 것은 새로운 시점에서의 출발과 함께 새로운 표현방식의 장을 여는 것이라고 볼 수 있다.

주제와 형식의 창조성과 함께 제재의 창조성을 생각해 볼 수 있다. 제재의 창조성이란 기존 작가가 전혀 생각하지 않았던 제재로써 작품을 창작하는 것이다.

문학작품에 제시된 제재는 시대에 따라 많은 차이점을 가진다. 한국의 경우, 개화기문학에 있어서는 계몽사상·신교육사상 등이, 일제강점기 문학에 있어서는 독립사상·민족애·조선정신 등이, 전후문학에 있어서는 반전정신·인간애 등이 새로운 제재로 등장하였으며 이후에는 이러한 제재들이 보편화되어버렸다. 그러나 1970·80년대에 활발하게 전개된 페미니즘과 포스트모더니즘은 작가의 제재에 대한 기존 시각변동에 지대한 영향을 주었다고 말할 수 있다.

현대문학에 있어서 새로운 제재로써 형성되어진 문학으로서는 해양문학·우주문학·사이버문학 등을 들 수 있다. 일반 사람들이 체험하기 어려운 상상외의 제재를 취급한다는 것은 창작적인 면에서도 의미가 있는 일이며, 독자에게 많은 지식과 교양을 제시하여 줄뿐 만 아니라 경직된 사고를 일깨워 준다고 생각된다. 이러한 시각에서 볼 때 새로운 제재의 개발은 문학의 이성적 기능이라는 면에서도 효과가 있는 것이라고 볼 수 있다.

문학작품이 가지는 역할 중의 하나가 사회의 이면을 나타내주는 것이라면, 문학작품을 통하여 일반 사람들이 전혀 생각하지 못했던 세계의 일면을 보여준다는 것은 매우 가치 있는 일이라고 생각된다. 영혼의 세계·자연과학의 세계·미래의 세계 등에서 기존 작가들이 관심을 가지지 않았던 제재를 선정하여 창작하는 것은 문단에 새로운 활력소가 될 수 있다. 그러나 새로운 제재를 선정·내용화시키면서도 참신한 주제를 형성시키지 못한다면 여기에는 많은 문제점이 제기될 수 있다. 한 작품이 놀랍고 경이적인 태아·별·식물·사막의 세계를 제재로 하였지만 이러한 제재에 알맞은 참신한 주제를 제시하지 못한다면, 그것은 우주의 신비한 일면을 소개하는 자연과학내용에 불과하다고 볼 수 있다. 자연히 이러한 작품은 좋은 문학작품으로서 평가될 수 없다. 그러나 보편적인 제재라고 하여도 새로운 시각에서 재인식되어진 제재는 독특한 주제를 가진 훌륭한 문학작품의 토대가 될 수 있다. 애착·이별·희망·자유·구속·욕망·사랑·미움·분노 등은 일반적인 제재들이지만 각 작가들의 시각과 느낀 점이 서로 다르기 때문에 제시된 주제도 완연히 다르게 나타날 수 있다.

따라서 제재의 창조성이 주제의 창조성과 함께 수반될 때에 좋은 문학작품이 창작되어질 수 있으며 그렇지 않을 때에 그 작품은 무가치한 것으로 전락될 수 있다고 말할 수 있다.

2) 감동과 정서

문학작품에서 찾아볼 수 있는 또 하나의 기본 성격은 문학이 지니는 감동(感動)에 있다. 어떤 대상이나 현상에 대하여 처음으로 받은 느낌을 감동 혹은 충격이라고 말하는데 이러한 감동은 음악이나 무용, 그리고 미술의 경우에서처럼 문학에서도 함께 사용되어지는 용어이다.

한 주제를 토대로 하여 작가의 감동으로 이루어진 문학작품은 당연히 독자에게도 감동을 주어야 한다. 정신적으로 신선한 충격을 주지 못하는 문학작품은 감동적인 문학작품이라고 말할 수 없다.

문학은 어떤 대상을 설명하는 것이 아니라 그 대상에 대하여 느낀 감동을 전달하는 것이다. 그러므로 작가는 감동에 대해서 서술하는 것이 아니라 독자가 스스로 감동을 받게 하여야 한다. 그러나 작가는 자신이 받은 감동이 독자들에게 동일하게 느껴질 수 있도록 기술하여야 한다.

한 문학작품에 있어서 창조성의 여부를 파악한다는 것은 결코 쉬운 일이 아니다. 창조성 여부의 결정은 전문적인 비평적 안목이 따라야 만 가능한 일이다. 그러나 한 문학작품에 있어서 감동적인 것과 감동적이지 못한 것을 구분하는 것은 그렇게 어려운 일이 아니다. 독서의 수용능력에 따라서 제대로 감동을 받거나 받지 못하는 경우도 있을 수는 있겠으나, 보편적인 독서의 수용능력을 갖춘 독자이면 우선 독자 스스로가 일차적으로 느낄 수 있다고 생각된다.

감동이란 문학과 철학을 구별해 주는 요인이기도 하다. 예를 들면, 인도주의(人道主義)에 대하여 설명을 하는 것이 철학이라면 인도주의에 대해서 받은 감동을 독자가 동일하게 느낄 수 있도록 글로써 묘사·표현하는 것이 문학이라고 말할 수 있다. 철학이 지식을 전달하는 것이라면, 문학은 감동을 전달하는 것이라고 볼 수 있다.

정서는 감동이 미적 경로를 거쳐 승화된 것이라고 볼 수 있다. 감동이 계속 누적되면서 사색과 상상의 과정을 통하여 정서화(情緖化) 되어진다. 감동이 정신적으로 안정감을 찾은 가운데서 정착된 것이 정서라고 말할 수 있다.

어떤 대상이나 현상에서 받은 감동이나 충격이 여러 가지인 것처럼, 사물에 부딪쳐서 일어나는 온갖 감정인 정서도 다양한 각도에서 볼 수 있다.

『근대 화가론(近代 畵家論)』을 쓴 러스킨은 정서를 사랑·존경·감탄·

기쁨, 그리고 이에 상반되는 미움·분노·공포·슬픔, 이상 여덟 가지로 나누었다. 이러한 정서는 작가의 시각에 따라서 다양하게 느껴질 수 있으리라고 생각된다.

윈체스터(T. C. Winchester)는 문학에 있어서의 가치 있는 미적 정서를 평가하는 기준으로써 ① 정서의 순수 또는 적절함, ② 정서의 활약과 또는 힘, ③ 정서의 일정한 계속과 또는 확실성, ④ 정서의 범위와 또는 변화, ⑤ 정서의 품위와 성질 등 이상 다섯 가지를 제시하였다.

이러한 정서는 문학작품에 영원성을 부여하는 요소라고 볼 수 있다. 단편적인 지식은 세월이 지나면 시대에 뒤떨어질 수도 있고 가치가 없는 것이 될 수도 있다. 그러나 시대와 공간을 초월하는 정서는 영원성을 지니고 있다. 따라서 작가들은 충격적인 감동을 포착하여 고도의 기교로써 영원성의 정서를 작품에 담아야 한다.

3) 사상

문학작품에 내재되어 있는 사상(思想)을 주제라고 할 때, 이러한 주제의 바탕이 되는 사상은 작가의 가치관과 직접적으로 연결된다고 볼 수 있다. 문학작품은 작가의 숭고하고 높은 이념의 구현이며, 또한 작가의 투철한 인생관이나 세계관의 형상화이다.

웰렉과 워렌은 『문학의 이론』에서 형식과 표현이 뛰어난 저서를 위대한 책(great books)이라고 말하였다. 그러나 최재서는 『문학원론』에서 훌륭한 사상이 표현된 것을 위대한 책이라고 논하였다. 즉, 최재서는 문학을 위대하게 만드는 근본은 사상에 있음을 말하고 있다.

그런데 문제가 되는 것은 사상의 창조성에 있다. 문학의 창조성이라는 측면에서 볼 때, 작가는 스토리 중심의 작품내용을 새롭게 창작하듯이 작품내용에 담긴 사상 역시 새롭게 창안해 내야 되는 것이라고 볼 수 있다. 이러한 시각에서 볼 때, 러시아의 대문호로 평가되고 있는 톨스토이의 경우를 생각해볼 수 있다. 만일, 그의 작품에서 나타나고 있는 인도주의 사상이 톨스토이 자신이 처음으로 창안한 것이 아니라면 문학의 창조성이라는 면에 있어서 그의 작품은 무가치한 것이 되어버릴 수 도 있다.

그러나 기존의 작가들 중에는 새로운 사상을 창안하여 이를 바탕으로 좋은 작품을 쓴 작가도 있었으며, 반면에 기존의 사상을 잘 적용하여 좋은 작품을 창작한 작가도 있었다.

괴테는 셰익스피어의 「햄릿」이 가지는 작품의 위대성은 당시 영국을 풍미하던 실용적·실천적 풍조에 인간의 반성적 정신을 불어넣은 데 있었기 때문이라고 말하였다. 또한, 그는 몽데뉴의 회의주의·마키아벨리의 권력주의(權力主義)·세네카의 금욕주의(禁慾主義) 사상이 주인공 햄릿을 통해 나타내어진 셰익스피어의 사상이라고 분석하고 있는데 이러한 것은 셰익스피어의 다양한 사상적 수용에 의한 문학적 적용을 잘 말해주고 있는 것이라고 볼 수 있다.

헤밍웨이의 「누구를 위하여 종은 울리나」와 「무기여 잘 있거라」, 레마르크의 「사랑할 때와 죽을 때」와 「생명의 불꽃」, 파스테르나크의 「닥터 지바고」 등에서는 작가 자신이 가지는 독특한 반전주의(反戰主義) 사상이 작품 밑바닥에 짙게 흐르고 있음을 볼 수 있다. 또한, 노출되지 않고 예술적으로 내재화될 때, 워즈워드의 말과 같이 '감동적 사상'이 될 수 있다. 왜냐하면 문학은 사상을 말하는 것이 아니라, 사상에 대해 느낀 감동을 전달하는 것이기 때문이다.

따라서 문학에서의 사상이란 작품 속에서 나타나고 있는 작가의 중심생각, 즉 작가 자신이 창안한 사상과 작가 자신 속에서 용해되어진 외래의 사상이라고 말할 수 있다.

4) 항구성과 보편성

문학작품에서의 고전적 작품이란 시간과 공간을 초월해서 계속 읽히는 책을 말한다. 따라서 이러한 고전적 작품은 특정 시대의 특정 독자에게만 읽혀져서 감동을 주는 것이 아니라 모든 독자들에게 감동을 주며, 또한 독서의 회수에 관계없이 지루한 무력감보다는 오히려 새로운 생명력으로써 독자를 감동시킨다고 볼 수 있다.

문학에는 시간과 공간, 즉 시대나 영토를 초월해서 인간에게는 본능적으로 주어지는 공통된 정서가 내재되어 있다. 이러한 정서를 토대로 하여 통시적으로 시대와 민족을 초월해서 감동시키는 것을 문학의 항구성이라고 말한다. 작가는 자신만의 개성적 안목으로써 대상에서 느낀 독특한 정서를 표현해야 하지만, 그 정서는 모든 민족과 시대적 상황에서의 인간이 갖고 있는 공통의 정서와 상통하는 것이 되도록 해야 한다.

문학의 보편성(普遍性)이란 어느 시대나 민족에게 공시적으로 존재하는 일반적인 성격이 작품에서 나타나고 있는 것을 말한다. 사회적 문화적 배경이 다르며 나아가서 피부색이 다른 여러 민족간에도 공통된 정서가 있으며 서로 상통할 수 있는 공통인자가 있다. 유토피아를 갈망하고 절망 속에서 희망을 지향하며, 진정한 사랑을 원하고 부조리를 경멸하는 것은 영국인·미국인·프랑스인·한국인 모두가 공통적으로 원하는 사항들이다. 이러한 보편성은 오늘날 국내·외의 명작으로 일컫고 있는 「잃어버린 지평선」·「마지막 잎새」·「노트르담의 꼽추」·「홍길동전」 등에서 뚜렷하게 나타나고 있다.

그런데 자연과학적 지식과 문화양식은 부분적인 면에 있어서 항구성과 보편성을 갖기가 어렵다고 생각된다. 천동설에서 지동설로의 전환·온난화에 의한 해수면의 상승·블랙홀에 대한 다양한 학설·외계인의 존재 유무·환경호르몬에 따른 생체의 불규칙적인 변화·바이러스의 변이 등에서도 볼 수 있듯이 자연과학적 지식은 전적인 항구성과 보편성을 수용하지 못하고 있다. 현대 과학소설이 일회성에 그쳐버리는 것은 과학소설에서 나타나고 있는 과학적 내용이나 원리가 대부분 비항구성과 비보편성을 지녔기 때문이라고 볼 수 있다.

또한, 온대지방과 열대지방, 그리고 한대지방에서의 의복과 주택양식은 전혀 다르며 내륙지방과 해안 지방에서의 음식재료도 전혀 다르다. 「어린 왕자」가 북극지방에서, 「로빈슨 크루소」가 내륙지방에서 각각 출간되었을 때, 문화양식이 서로 다른 독자들은 소설에서 나타나는 비보편성에 의하여 처음부터 이해가 쉽게 되지 않는다.

그러므로 정서와 과학적·문화적 지식은 항구성과 보편성이라는 면에서 서로 다르다고 볼 수 있다. 정서는 공시적으로나 통시적으로 공통성이 있는 반면에, 과학적·문화적 지식은 시대적 특성과 공간적 특성을 지니고 있다. 작가는 이러한 공시적이고도 통시적인 공통성을 작품 내용에 수용함으로써 명작으로 볼 수 있는 고전적 작품을 창작할 수 있다.

5) 체험과 상상

문학작품이 이루어지는 두 가지 요인으로서 상상과 체험을 들 수 있다. 20세기 초까지는 체험에 의하여 작품이 이루어진다는 학설이 유력하였으며, 이후에는 상상에 의하여 작품이 이루어진다고 생각하는 주장이 유력시되고 있다.

경험이 작품을 이루는 요인이 된다고 생각하는 사람들은 역사주의적 문학가들이었다. 그들은 작가의 개인적 환경이나 사회적 환경이 작품을 이루는 주요인이라고 보았다. 괴테의 「젊은 베르테르의 슬픔」·디포우의 「로빈슨 크루소」· 헤밍웨이의 「무기여 잘 있거라」· 생텍쥐페리의 「어린왕자」 등은 작가의 실제 체험이나 실존인물의 실제 체험을 바탕으로 이루어진 대표적인 작품으로 볼 수 있다.

「젊은 베르테르의 슬픔」은 롯데라는 여인을 사랑하였던 작가 자신의 경험을 바탕으로 하여, 불과 4주일 만에 쓰여진 것으로 알려져 있다. 「로빈슨 크루소」는 항해 중 배의 침몰로 인하여 남아메리카 오리노코강이 흘러드는 연안해의 한 무인도에서 수년간 생활을 하였던 한 뱃사람의 경험담을 디포우가 소설화 시킨 것이다. 「무기여 잘 있거라」는 헤밍웨이가 제1차 세계대전 때 이탈리아 전선에 참여했던 경험에 의해서 만들어진 작품이다. 그리고 「어린 왕자」는 북아프리카 사하라 사막에 불시착한 작가가 인간의 실존적 경험을 되살려서 가상적인 존재를 수용하여 창작한 작품이다. 이외에도 수기체(手記體)로 된 많은 글들은 경험에서 얻어진 제재를 바탕으로 하여 작품을 쓴 것이라고 볼 수 있다.

경험을 중시하는 역사주의적 문학가와는 달리 형식주의 문학가들은 문학작품이 상상에 의해서 이루어진다고 주장하였다. 이들은 작품의 주제가 결정되면 그 나머지 작업은 상상에 의해서 진행되어 하나의 문학작품이 이루어진다고 보았다. 이러한 생각은 20세기에 들어 와서 앙티 로망(Anti-Roman)이라든지, 전위소설 같은 문학사조가 등장하면서 본격화되었다.

웰렉과 워렌은 『문학의 이론』에서 "문학의 본질은 상상이다."라고 논하고 있다. 즉, 웰렉과 워렌은 문학의 원천이 상상력에 있다고 보았다. 그리고 제임스는 상상을 재생적 상상과 생산적 상상으로 구분하였다.

이러한 문학에 있어서의 상상에 대한 관심은 이미지즘과 초현실주의(超現實主義)를 추구하는 예술가들에 의하여 더욱 더 심화되었다. 이미지즘 문학가들은 사물이나 생명체, 그리고 정신적 대상에서 떠오르는 이미지를 기술한다. 작가들은 동일 사물에 대하여 여러 가지를 연상할 수 있다. 작가가 여러 가지를 연상하는 것, 그리고 이러한 연상(聯想)이 심상(心象)으로 귀착되는 것, 이 자체가 바로 상상으로 볼 수 있다.

초현실주의 문학가들은 무의식의 세계를 표출시키는 데에 중점을 두고 있다. 무의식의 세계를 표출시킨다는 것은 의식세계를 부정하고 결국은 현실 외의 가능성, 즉 상상적 세계를 부분적으로 지향하는 것을 의미한다.

창작의 본질적인 면에서 볼 때 문학에 있어서의 이러한 체험과 상상은 어느 한 요소도 등한시 할 수 없는 중요한 창작의 원동력이라고 말할 수 있다. 사실, 상상 없는 체험과 체험 없는 상상은 진정한 체험과 상상이 아니며 작가는 본질적으로 이 양자를 동시에 수용한다고 생각된다. 따라서 체험과 상상 중, 어느 한 쪽이 완전 결여된 문학이란 존재 불가능하다고 볼 수 있다. 체험과 상상은 별개의 것이 아니라 상호보완의 관계 속에서 문학작품을 이루게 하는 중요한 창작적 요소라고 말할 수 있다.

6) 진실성

문학을 감성의 예술이라고 하는 것은 무엇보다도 문학을 접한 독자를 감동시킨다는 데에 있다. 문학작품이 독자를 감동시키는 것은 작가가 작품에 담은 정서 때문이다. 감동을 일으키는 정서는 여러 가지 감정에서 비롯된다. 아름다움·추함·노여움·역겨움 등의 다양한 느낌에서 정서가 형성되어진다고 볼 수 있다.

일반적으로, 화가가 선정하는 모델은 항상 미남과 미녀만은 아니며 풍경화의 공간적 배경 역시 산수가 수려한 절경만은 아니다. 현대 음악가가 추구하는 소리 중에는 클라리넷이나 바이올린과 같은 고전적 관·

현악기에서 나는 아름다운 소리도 있지만 악기라고 볼 수 없는 기계조각 등에서 울리는 소음도 있다.

이러한 것은 문학에 있어서도 마찬가지이다. 작가가 선정한 여자주인공 중에는 「제인 에어」에서처럼 청순(淸純)·가련(可憐)의 여인도 있지만 「비계 덩어리」에서처럼 창부(娼婦)도 있을 수 있다. 인간의 느낌이 여과되거나 승화되어 표현된 문학예술작품은 독자에게 항상 감동을 준다. 그러나 이러한 감동을 주는 작품의 소재는 늘 아름다운 것만은 아니다.

예를 들어서, 황석영의 「어둠의 자식들」은 밝은 세계를 표현한 작품이 아니다. 이 작품은 어둠의 그늘 속에서 사는 여인들과 그들에게 기생하여 생활하는 인간들에 대하여 묘사하고 있다. 그러나 독자는 작품 속의 인물을 욕하거나 비난하지 않고, 오히려 작중 인물과 공감하며 서글픈 감정마저 가지게 된다.

이러한 문학작품이 독자에게 감동을 주는 근본 원인은 작품이 가지는 내면적인 진실에 있다고 생각된다. 작품에서 나타나는 진실은 작중 인물의 외적인 아름다움에서 나타나는 것이 아니다. 이러한 내면적인 진실은 작가가 문학이라는 예술적 형식을 통하여 작중 인물의 내면적 진실을 표현할 때 독자에게 수용되어진다고 볼 수 있다. 즉, 대상을 표현하려는 작가의 진실성과 작중 인물이 가지는 진실성 양자가 합일되어 투명하게 표현될 때 독자에게 감동을 줄 수 있는 것이다. 여기에는 진실되게 표현하려는 작가의 자세가 무엇보다도 중요하다고 볼 수 있으며 이러한 작가의 진실성은 곧 문학작품의 진실성이라고 말할 수 있다.

작가가 진실한 자세로 진지하게 인간과 사회를 보고 느낀 정서를 표현한 작품은 독자를 감동시킬 수 있다. 예를 들어서 이성간의 사랑을 주제로 하여 작품화시킬 때에는 가장 절실하게 느끼고 경험한 진실한 사랑을 표현하여야 만이 독자가 감동을 받는다고 볼 수 있다. 이러한 것은 이성간의 사랑에 대한 내용이 아닌 작품의 경우에도 마찬가지이다.

선교사·장애인·야학교사·암투병자들의 수기는 비록 문학적 표현기술이 부족하여도 독자들에게 뜨거운 감동을 주고 있음을 볼 수 있다. 이들의 수기 대부분이 예술적으로 승화된 정서가 아닌 감성을 중심으로 하고 있으나 독자는 작가와 공감을 하게 된다. 왜냐하면 이들의 수기는 가장 인간적인 진실성을 바탕으로 하여 이루어졌기 때문이다.

현대문학에서 이러한 수기를 바탕으로 하여 이루어진 소수의 작품들은 현대물질문명에 있어서 인간의 진실성을 부각시키려는 작가의 인도주의 시각에서 비롯된 것이라고 볼 수 있다.

4. 문학의 기능

인간이 자신의 생각을 언어로써 표현하고 또한 문자로써 기록하면서부터 문학작품은 형성되어졌다고 볼 수 있다.

작가가 작품을 쓰지 않는다고 해서 인류의 문화와 문명이 소멸되는 것은 아니다. 그러나 오래 전부터 인간들은 문학작품을 써왔으며, 또 읽으며 살아 왔다.

콜링우드는 작품창작활동을 인간의 원초적이고도 기본적인 정신활동이라고 보았다. 왜냐하면 작품창작활동은 타인에 의하여 강요되거나 명령에 의하여 이루어지는 일이 아니기 때문이다.

미국의 작가 루이스(S. Lewis)가 대학의 창작론(創作論) 시간에서 다음과 같은 질문을 던졌다. "당신들은 글쓰기를 원하는가?" 이 질문을 받은 학생들은 "그렇다"라고 대답하였다. 루이스는 학생들의 이 같은 대답에 대하여 "그럼 집으로 가라. 그리고 글을 써라"고 말하였다. 작품을 쓰고 싶으면 강의시간에 출석하는 것보다는 집에 돌아가서 글을 쓰는 것이 훨씬 유리할 것이라는 루이스의 이와 같은 말에서 결국, 작품창작활동은 인간의 자유정신에 의한 원초적인 정신활동이라는 것을 알 수 있다.

작품 창작활동과 마찬가지로, 독서행위 역시 오늘날까지 자유롭게 이루어지고 있다. 출판기술과 영상기술의 발달로 인하여 날이 갈수록 많은 문학작품이 나오고 있으며 독자들 역시 예전과는 달리 쉽게 문학작품을 접하고 있다.

이러한 문학작품에 다른 독서의 효용성은 여러 가지 측면에서 다양하게 생각될 수 있다.

문학의 기능에 대하여 백철은 교시적(敎示的) 기능과 쾌락적(快樂的) 기능으로 나누었으며, 최재서는 교시적 기능 대신에 교훈적(敎訓的) 기능이라는 말을 사용하였다. 그러나 본서에서는 문학의 기능을 감성적 기능과 이성적 기능으로 구분하여 고찰하려고 한다. 왜냐하면 인간은 크게 감성적 요소와 이성적 요소로 이루어져 있는데 문학작품은 인간의 이 두 요소에 지대한 영향을 주기 때문이다.

1) 감성적 기능

문학이 갖는 감성적(感性的) 기능은 쾌락적(快樂的) 기능과 정화적(淨化的) 기능으로 나누어서 생각할 수 있다.

(1) 쾌락적 기능

독자들이 문학작품을 읽는 목적은 무엇보다도 작품이 문학 특유의 즐거움을 주기 때문이다. 복잡한 기계문명과 함께 시간적으로 쫓기는 현대의 사회생활을 하는 독자들에게 문학작품이 즐거움을 주지 않는다면, 작품을 읽는 독자의 수는 훨씬 적어질 것이다. 그렇다고 해서 모든 문학작품이 독자들에게 즐거움을 주어야 한다는 것은 아니다. 독자들에게 충격적인 흥미를 유발시키지 못한 작품이나 독서완료 후에도 주제를 파악하기가 힘든 난해성이 짙은 작품들 중에서도 얼마든지 훌륭한 작품은 존재한다. 그러나 일차적으로 문학작품은 독자들에게 즐거움을 안겨다 주어야 한다.

일반적으로 문학의 쾌락적 기능은 넓은 의미에서 독자에게 즐거움을 주는 기능을 말한다. 즉, 쾌락적 기능은 순차적인 독서에 따라서 독자들에게 즐거움을 주는 것을 의미하며 철학적·종교적 즐거움보다는 인간의 감각적·원초적 즐거움을 주는 기능을 말한다고 볼 수 있다. 명랑소설·복수극·모험소설·기사소설·무협소설·추리소설·애정소설·도박소설·신데렐라형(型) 소설 등이 주는 즐거움이 여기에 해당한다.

> 옳다 알았다, 고추장만 먹이면은 되는구나, 하고 나는 속으로 아주 쟁그라워 죽겠다. 그때에는 뜻밖에 내가 닭쌈을 붙여 놓는 데 놀라서 울밖으로 내다보고 섰던 점순이도 입맛이 쓴지 눈살을 찌푸렸다.
> 나는 두 손으로 볼기짝을 두드리며 연방,
> "잘한다! 잘한다!"
> 하고 신이 머리끝까지 뻗치었다.
> 그러나 얼마 되지 않아서 나는 넋이 풀리어 기둥같이 묵묵히 서 있게 되었다. 왜냐하면 큰 닭이 한번 쪼인 앙갚음으로 호들갑스레 연거푸 쪼는 서슬에 우리 수탉은 찔끔 못 하고 막 곯는다. 이걸 보고서 이번에는 점순이가 깔깔거리고 되도록 이쪽에서 많이 들으라고 웃는 것이다.
> 나는 보다못하여 덤벼들어서 우리 수탉을 붙들어 가지고 도로 집으로 들어왔다. 고추장을 좀더 먹였더라면 좋았을 걸 너무 급하게 쌈을 붙인 것이 퍽 후회가 난다. 장독께로 돌아와서 다시 턱밑에 고추장을 들이댔다. 흥분으로 말미암아 그런지 당최 먹질 않는다.

나는 하릴없이 닭을 반듯이 누이고 그 입에다 궐련 물부리를 물리었다. 그리고 고추장 물을 타서 그 구멍으로 조금씩 들이부었다. 닭은 좀 괴로운지 킥킥 하고 재채기를 하는 모양이나 그러나 당장의 괴로움은 매일같이 피를 흘리는 데 댈 게 아니라 생각하였다.

그러나 한 두어 종지 가량 고추장 물을 먹이고 나서는 나는 그만 풀이 죽었다. 싱싱하던 닭이 왜 그런지 고개를 살며시 뒤틀고는 손아귀에서 빼드러지는 것이 아닌가. 아버지가 볼까 봐서 얼른 홰에다 감추어 두었더니 오늘 아침에서야 겨우 정신이 든 모양 같다.

그랬던 걸 이렇게 오다 보니까 또 쌈을 붙여 놓으니 이 망할 계집애가 필연 우리집에 아무도 없는 틈을 타서 제가 들어와 홰에서 꺼내 가지고 나간 것이 분명하다.

나는 다시 닭을 잡아다 가두고 염려는 스러우나 그렇다고 산으로 나무를 하러 가지 않을 수도 없는 형편이었다.

-중략-

나는 대뜸 달려들어서 나도 모르는 사이에 큰 수탉을 단매로 때려 엎었다. 닭은 푹 엎어진 채 다리 하나 꼼짝 못 하고 그대로 죽어 버렸다. 그리고 나는 멍하니 섰다가 점순이가 매섭게 눈을 홉뜨고 닥치는 바람에 뒤로 벌렁 나자빠졌다.

“이놈아! 너 왜 남의 닭을 때려죽이니?”

“그럼 어때?”

하고 일어나다가,

“뭐 이 자식아! 누 집 닭인데?”

하고 복장을 떼미는 바람에 다시 벌렁 자빠졌다. 그리고 나서 가만히 생각하니 분하기도 하고 무안도 스럽고 또 한편 일을 저질렀으니 인젠 땅이 떨어지고 집도 내쫓기고 해야 될는지 모른다.

나는 비슬비슬 일어나며 소맷자락으로 눈을 가리고는 얼김에 엉 하고 울음을 놓았다. 그러다 점순이가 앞으로 다가와서,

“그럼, 너 이 담부턴 안 그럴 테냐?”

하고 물을 때에야 비로소 살 길을 찾은 듯싶었다. 나는 눈물을 우선 씻고 뭘 안 그러는지 명색도 모르건만,

"그래!"

하고 무턱대고 대답하였다.

"요 담부터 또 그래 봐라, 내 자꾸 못살게 굴 테니."

"그래 그래, 인젠 안 그럴 테야."

"닭 죽은 건 염려 마라. 내 안 이를 테니."

그리고 뭣에 떠다밀렸는지 나의 어깨를 짚은 채 그대로 퍽 쓰러진다. 그 바람에 나의 몸뚱이도 겹쳐서 쓰러지며 한창 피어 퍼드러진 노란 동백꽃 속으로 폭 파묻혀 버렸다.

알싸한 그리고 향긋한 그 냄새에 나는 땅이 꺼지는 듯이 온 정신이 고만 아찔하였다.

"너 말 마라?"

"그래!"

조금 있더니 요 아래서,

"점순아! 점순아! 이년이 바느질을 하다 말구 어딜 갔어?"

하고 어딜 갔다 온 듯싶은 그 어머니가 역정이 대단히 났다.

점순이가 겁을 잔뜩 집어먹고 꽃 밑을 살금살금 기어서 산 아래로 내려간 다음 나는 바위를 끼고 엉금엉금 기어서 산 위로 치빼지 않을 수 없었다.

<김유정, 「동백꽃」 중>

김유정의 「동백꽃」은 닭싸움을 배경으로 하여 사춘기에 접한 남녀의 미묘하고도 원초적인 심리적 감정을 해학적으로 표현하고 있다.

보편적으로 이런 종류의 책에 대한 독서는 흥미진지 속에서 지속된다. 전개에 따른 독자의 기대치가 독서행위를 가속화시켜 준다. 이런 종류의 소설이 시나리오로 각색(脚色)되어져 영화와 TV드라마로 방영되어 많은 시청자들을 확보하는 것을 보면 문학이 갖는 쾌락적 기능과 독자들과의 관계양상을 다시 한 번 확인시켜 준다고 볼 수 있다.

그러나 여기에서 생각해야 되는 것은 독서의 진정한 즐거움에 대한 가치 규명에 있다. 왜냐하면 인간이 갖는 수많은 즐거움에는 그 가치면에 있어서 많은 차이를 가지고 있기 때문이다.

문학, 특히 현대문학에서의 쾌락적 기능은 짧은 독서 시간 속에서 본능적으로 제시되는 순간적 즐거움에 있다고 말할 수 있다. 오늘날에 있어서 흥미본위의 책에 대한 독자들의 수가 급증하고 있음을 볼 수 있다. 쾌락을 추구하는 독자들은 순간적인 즐거움에 의하여 나름대로 가지고 있는 고통과 고민을 독서 중에 잊어버리게 되지만 근본적으로는 떨쳐버릴 수는 없다고 생각된다.

따라서 이러한 쾌락적 문학작품은 독자들의 가치관에 따라서 부정적 효용성과 긍정적 효용성을 함께 지닌다고 볼 수 있다. 그리고 이러한 문학의 쾌락적 기능에 대응되는 기능으로서 문학의 정화적 기능을 생각할 수 있다.

(2) 정화적 기능

독자의 가치관이나 문학관, 혹은 수용미학(受容美學)의 정도에 따라서 문학작품에서 얻는 즐거움은 개별적으로 많은 차이를 가진다. 일반적으로 독자는 문학작품이 갖는 형식과 내용에서 즐거움을 느낀다. 그리고 독자에 따라서 소설·시·희곡·수필이 주는 즐거움과 그 느낌이 각각 다르게 나타난다는 것은 작품내용이 주는 정화작용(淨化作用)에 앞서 각 문학장르가 주는 정화적 기능이 서로 다르게 작용한다는 것을 의미한다. 가령, 소설보다는 시를 읽거나, 영화보다는 연극을 보는 사람이 시와 연극에서 색다른 즐거움을 느끼기는 것은 이러한 이유 때문일 것이다. 그러나 독자는 무엇보다도 작품내용에서 정신적 즐거움을 가장 많이 느낀다.

얇은 紗 하이얀 고깔은
고이 접어서 나빌레라.

파르라니 깍은 머리
薄紗 고깔에 감추오고,

두 볼에 흐르는 빛이
정작으로 고와서 서러워라.

빈 臺에 黃燭불이 말없이 녹는 밤에
梧桐잎 잎새마다 달이 지는데,

소매는 길어서 하늘은 넓고
돌아설 듯 날아가며 사뿐히 접어 올린 외씨버선이여.

까만 눈동자 살포시 들어
먼 하늘 한 개 별빛에 모도우고,

복사꽃 고운 뺨에 아롱질 듯 두 방울이야
세사에 시달려도 煩惱는 별빛이라.

휘어져 감기우고 다시 접어 뻗는 손이
깊은 마음속 거룩한 合掌인양 하고,

이밤사 귀또리도 지새우는 三更인데
얇은 紗 하이얀 고깔은 고이 접어서 나빌레라.
<조지훈, 「僧舞」>

위의 시는 승무를 노래한 것으로서 나비의 춤과 같이 추어지는 승무의 새로운 면을 묘사하고 있다. 승무를 나비의 춤으로 본 조지훈의 시

상이 독자의 관념을 넘어섰을 경우, 자신이 미처 생각하지 못했던 승무의 이미지에서 신선한 느낌을 가지게 된다고 볼 수 있다. "두 볼에 흐르는 빛이 / 정작으로 고와서 서러워라"에서는 승무를 추는 사람의 참된 내면세계를 느끼는 동시에 독자는 자신의 마음이 정화되는 듯한 기분을 가지게 된다. 이 시에서 독자는 카타르시스를 경험하게 되는데 이러한 것은 독자가 시인의 시상(詩想)과 교감(交感)이 이루어질 때 생기는 정신적 희열(喜悅)이라고 생각된다.

문학에서의 정화란 좋은 글 읽고 난 후에 복잡했던 생각이 정리되어지거나 억압되어진 감정이 해소되어지면서 맑아지는 듯한 느낌을 갖는 자체를 말한다. 순간적인 쾌락에 의한 즐거움과 카타르시스에 의한 즐거움에는 엄청난 차이가 있다고 볼 수 있다.

시에서뿐만 아니라 소설·영화·연극에서도 이와 유사한 정화작용을 느끼게 되는 것은 마찬가지이다. 예술적으로 승화된 작품에서는 이러한 카타르시스를 경험할 수 있지만, 인간의 순간적인 감정을 자극하는 작품에서는 정신적 정화를 느낄 수 없다.

문학작품에 의한 정화작용은 쾌락적 기능과는 또 다른 문학작품의 중요한 기능이라고 생각된다.

2) 이성적 기능

문학의 이성적(理性的) 기능이란 문학작품이 인간의 감성보다는 이성에 호소함으로써 독자의 이성적 사고가치를 심화, 혹은 명료화시키는 것을 말한다. 이러한 문학적 기능은 주로 도덕적이며 윤리적인 면에서 이루어지기 때문에 문학의 교시적(敎示的) 기능, 혹은 교훈적(敎訓的) 기능으로도 표현할 수 있다. 문학작품 자체가 인간과 사회의 문제점에 대한 제시인 이상, 문학작품은 인간이 가지는 이성적 가치판단에

유익을 주어야 한다고 생각된다.

이러한 문학의 이성적 기능은 한국의 고전문학에서도 찾아볼 수 있다. 「심청전」·「홍길동전」·「콩쥐팥쥐」 등에서 보이는 인과응보나 권선징악(勸善懲惡)의 사상은 인간에 대한 교화적(敎化的) 사상에서 비롯된 것이라고 말할 수 있다. 그리고 불교적(佛敎的)·유교적(儒敎的)·도교적(道敎的) 사상을 바탕으로 이루어진 이러한 한국고전문학의 작품 역시 인간에 대한 교화를 주목적으로 창작되었다고 생각된다.

엄격한 규범 속에서 살아온 개화이전의 사대부 및 유학자들은 즐기는 작품보다는 교훈적인 작품을 중요시하였으며 반면에 서민층에서는 삶의 애환과 시대를 풍자한 작품에 관심을 가졌는데 여기에서 중요한 것은 양사 모두가 인간이 갖추어야 할 도리를 추구하였다는 데에 있다.

문학의 이성적 기능에서 또 하나 생각할 수 있는 것은 문학당의정설(文學糖衣錠說)이다. 문학당의정설에서는 문학을 이해하기 어렵고 재미없는 사상에 달콤한 포장을 하여서 독자에게 전달하는 것으로 보고 있다. 즉, 일반 독자들의 정신적 성숙을 위하여 사상이라는 쓴 약에 달콤한 옷을 입혀 먹기 좋게 만든 것이 문학이라는 것이다.

이러한 문학당의정설의 근원은 로마의 시인 루크레티우스(T. Lucretius)의 글에서 찾아볼 수 있다. 그는 자신의 장편시인 「자연계(自然界, De Resum Nature)」에서 "의사가 어린아이에게 쑥탕을 먹이려고 할 때 그릇의 바깥쪽에 달콤한 꿀물을 칠한다. 그러면 철없는 아이는 입술에 속아서 쓰디쓴 약을 먹는다. 어린아이는 꿀물에 속았다고 할지라도 아무런 해를 받지 않고 도리어 그런 수단으로 말미암아 건강을 회복하게 된다. 그와 마찬가지로 이 철학(哲學) 속에는 아직도 철학의 맛을 보지 못한 사람들에게 있어서 너무도 쓴 내용이 들어 있기 때문에, 나는 나의 추리를 운문으로 되는 달콤한 노래로써 독자 앞에 바치려 했다. 이와 같이 시라고 하는 쾌적한 꿀을 발라 놓으면 독자의 마음을 끌 수 있을 것이고, 또 독자는 건전한 철학의 내용과 그 유익성을 섭취할 수 있을 것이다."라고 말하였다. 이러한 문학관은 이후에 고전주의 작가와 계몽주의 작가들에게 영향을 주어서 교훈설(敎訓說)의 토대가 되었으며 현대문학론에도 많은 영향을 주었다.

교훈적인 문학관은 이광수의 문학세계에서 찾아볼 수 있다. 그는 사람들을 교화시키고 무지한 국민들을 계몽(啓蒙)시키기 위하여 어려운 글을 쓰지 않고, 이해하기 쉬운 소설의 형태를 택하여 국민정서에 부합한 교훈적 작품을 발표하였다. 다음은 이광수의 대표적 작품인 「꿈」의 결말 부분이다.

> 조신은 이제야 분명히 제가 가는 곳을 알았다. 그러고는 아이들에게 끌리기 싫다는 송아지 모양으로 두 발을 버티고 허릿심을 쑥 빼어버리니 조신의 몸뚱이가 옥사장의 손에 잡힌 머리채에 디롱디롱 달렸다가 옥사장의 팔에 힘이 빠지니 땅바닥에 엉치가 퍽 떨어진다.
>
> "안 갈 테야? 이럴 테야? 난장을 맞고야 일어날 테야!"하고 옥사장들은 허리에 찼던 철편을 끌러 조신의 등덜미를 후려갈기며 끊어져라 하고 끄대기를 나꾸챈다.
>
> "아이구구."하고 조신은 일어선다.
>
> 벌써 형장이 가까운 모양이어서 조신의 두리번거리는 눈에는 사람들이 보였다. 옥사장이 덜미를 덮어 눌러서 몸이 기역자로 굽었기 때문에 사람들의 얼굴은 잘 안 보이고 아랫도리만 보였다. 그래도 혹시나 달례가 보이지나 아니하나 하고 연해 눈을 좌우로 굴렸다. 조신의 눈에는 거기 있는 사람들이 모두 달례인 것 같기도 하였으나 정말 달례는 보지 못하였다.
>
> 조신은 마침내 보고 싶은 달례도 보지 못하고, 하고 싶은 말도 못하고, 눈을 싸매고, 뒷짐을 지고, 목에 올가미를 쓰고 매어달려서 다리를 버둥버둥하였다.
>
> "살려주오, 살려주오."하고 소리를 질렀으나 제 귀에도 그 소리가 들

리지 아니하였다.

숨이 꼭 막혀서 답답하였다. 차차 정신이 흐려졌다.

"무서워서 어떻게 죽나. 죽은 뒤에 무엇이 있나?"하고 조신은 관세음보살을 염하면서 팔다리를 버둥거렸다.

"아이고, 나는 죽네, 관세음보살." 그리고는 조신은 정신이 아뜩하였다.

얼마를 지났는지,

"조신아, 이놈아, 조신아."

하고 꽁무니를 누가 차는 것을 조신은 감각하였다.

조신은 눈을 번쩍 떴다.

선잠을 깬 눈앞에는 낙산사 관음상이 빙그레 웃으시고, 고개를 돌리니 용선 노장이 턱춤을 추면서 웃고 있었다.

(조신은 이때부터 일심으로 수도하여서 낙산사성이라는 네 명승 중에 한 분인 조신 대사가 되었다.)

<이광수, 「꿈」 중>

「삼국유사(三國遺事)」의 '조신몽(調信夢)'설화를 수용하여 소설화한 이광수의 「꿈」은 불교적 사상을 바탕으로 하여 쓰여졌으며, 창작의 목적이 인생의 탐욕과 허욕의 허망함을 일깨워주는 데에 있다고 볼 수 있다.

프랑스의 사르트르(J.P. Sartre)도 교훈을 위한 사상적인 부류의 작가로 볼 수 있다. 그는 자신의 난해한 실존주의(實存主義) 사상을 쉽게 전달하기 위하여 소설과 희곡 장르들을 선택하였다. 그는 문학을 통하여 세상의 부조리를 고발함으로써 독자들을 중심으로 한 많은 사람들의 고정관념을 무너뜨리고 새로운 의식을 고취시켜주었다.

본서에서는 문학작품의 기능을 감성적 측면과 이성적 측면으로 나누어서 살펴보았다. 대부분의 문학작품은 어느 하나의 기능만을 가지고 있지는 않다. 설령, 작가가 하나의 기능만을 위하여 작품을 썼을지라도 그 작품에는 양자의 기능이 모두 포함되어 있음을 볼 수 있다.

이러한 의미에서 모든 문학작품은 이성적 기능과 감성적 기능을 동시에 가지되 단지, 작자의 의도에 따라서 그 비중이 다르게 나타난다고 볼 수 있다.

5. 문학과 타 예술

문예비평가의 대부분이 모든 예술은 본질적인 면에 있어서 동일한 것으로 보고 있다. 이러한 말은 절대적 진리는 아니지만, 충분한 설득력을 지니고 있는 주장이라고 생각된다. 왜냐하면 모든 예술이 아름다움을 창조한다는 면에 있어서 혹은 감동을 준다는 면에 있어서 동일하기 때문이다. 단지 표현하는 재료와 방법, 그리고 양식만이 다르다고 볼 수 있다. 예술이 초기에는 종합예술의 형태를 이루고 있었다는 것을 생각할 때 문학과 타 예술은 긴밀한 관계에 놓여 있다고 말할 수 있다.

문학이 예술의 한 부분임을 고려할 때 문학과 다른 예술과의 관계를 살피는 것은 문학을 이해하는 데에 있어서 매우 중요한 일이라고 생각된다. 따라서 문학을 다른 분야의 예술과 비교함으로써 문학의 위치정립과 함께 문학의 독자적인 가치를 인식해야 할 것이다.

1) 문학과 무용

문학과 타 예술장르를 생각할 때 우선 고찰할 수 있는 것이 무용(舞踊)이다. 모울톤은 '문학의 민요무용기원설'을 제시하면서 문학의 원시적 형태는 민요무용과 같은 것이었음을 말하고 있다. 그러나 오늘날의 무용은 일반적으로 대사가 없으며 작곡가가 만든 음악을 바탕으로 안

무가가 무용수를 통하여 작품의 주제를 표현하고 있다. 그리고 무용의 주 표현 매체는 몸의 동작이며 문학에서처럼 언어나 문자가 아니다.

무용은 상고시대(上古時代)에서부터 문학과 일정한 거리를 두면서 관계를 유지해 왔지만 문학보다는 오히려 음악과 좀 더 깊은 관계를 유지하여왔다. 그러나 문학과 무용과의 관계가 깊지 않은 것은 아니다.

프랑스의 시인 발레리는 드가의 그림을 좋아하였다. 왜냐하면 드가는 무용수를 모델로 하여 많은 그림을 그렸기 때문이다. 더욱이 발레리는 「드가론(論)」을 쓰기도 하였다. 발레리가 무용수를 모델로 하여 그린 그림을 좋아한 데는 문학적인 이유가 있었다. 발레리가 무용에 대한 깊은 관심을 가졌던 것은 무용수들의 움직이는 몸과 몸의 곡선에서 시의 리듬을 얻으려고 하였기 때문이다.

시의 리듬은 여러 곳에서 찾을 수 있다. 한국 전통의상의 곡선에서 찾을 수 있으며 바람에 흔들리는 나뭇가지에서도 찾을 수 있다. 발레리가 무용수의 곡선미(曲線美)와 율동(律動)에서 시의 리듬을 찾으려고 한 것은 무척 흥미로운 일이라고 생각된다.

이러한 문학과 무용의 관계는 한국의 탈춤이나 판소리의 시각에서 고찰할 수 있다. 그리고 전설이나 신화와 같은 구비문학이 무용화되는 경우를 고전적인 무용극(舞踊劇)에서 찾아볼 수 있다. 차이코프스키의 「백조의 호수」는 전설을 음악화(音樂化)하고, 그 음악을 무대 위에서 무용화한 것으로 볼 수 있는데 따라서 이 작품의 근원은 문학에 있다고 말할 수 있다.

현대문학작품에서 간혹 무용으로써 내용을 표현하는 경우가 있는데 이것은 문학이 무용을 수용하는 것으로서 특히, 시극(詩劇)에서 나타나고 있는 무용에서 찾아볼 수 있다. 장호의 시극 - 「수리뫼」·홍윤숙의 시극 - 「女子의 公園」·문정희의 시극 - 「나비의 탄생」 등의 작품에서는 작중인물들의 춤이나 무용수들에 의한 무용과 음악을 중요한 표현매체로 수용하고 있다. 다음은 문정희의 시극 - 「나비의 탄생」의 한 부분이다.

무희들 :

(합창)

구름가는 소리에도

귀를 엽니다.

이슬 오는 소리에도

목이 깁니다.

꿈처럼 아득한 그대여.

- 중략 -

무희A :

(독창)

벌레들은 불에 타 죽음도 모르고 불 속으로 뛰어들지요.

- 중략 -

신비한 음악, 신비한 조명 속에 여인과 신랑의 감미로운 환상의 묵극 시작된다.

안타까운 몸짓의 발레, -중략-

열반의 기쁨을 나타내는 장엄하고도 아름다운 합창곡과 함께 흰 날개 옷차림의 무희들 밀려나와 두 사람을 둘러싼다. 두 사람을 중심으로 벌어지는 화려한 춤 계속되는 가운데…….

<문정희, 시극 -「나비의 탄생」 중>

문정희의 「나비의 탄생」에서는 극적 요소와 함께 무용과 합창 그리고 독창이 조화를 이루며 시극을 진행시키고 있으며 특히, 시의 입체화를 위하여 사용되어지고 있는 무희(舞姬)들의 무용과 가창은 더욱 시적인 분위기를 창출한다고 볼 수 있다.[3)]

---

3) 이현원, 『한국 현대시극 연구』, 박사학위논문, 계명대학교 대학원 (2000), p.159.

현대의 무용은 여러 가지 양상을 띠고 있는데 다양한 매체를 통하여 춤동작이 이루어지고 있음을 볼 수 있다. 특히, 현대무용에서는 이상화의 「빼앗긴 들에도 봄은 오는가」·윤동주의 「서시(序詩)」등과 같은 특정한 시의 내용과 주제를 춤으로써 표현하기도 하는데 이것은 무용이 문학을 수용한 것으로 볼 수 있다.

따라서 예술이라는 측면에서 볼 때, 문학작품이 보이려는 의도와 무용의 예술적 이미지는 본질적인 면에 있어서 유사하거나 동일한 것이라고 말할 수 있다.

2) 문학과 음악

문학과 음악(音樂)과의 관계는 매우 긴밀한 것이라고 생각된다. 원시종합예술의 상태에 있어서도 문학과 음악은 불가분의 관계에 놓여 있었으며 오늘날에도 서로 지대한 영향을 주고 있음을 볼 수 있다.

성악곡(聲樂曲)에 있어서 가사와 곡은 밀접한 관계에 놓여 있다. 음악가들은 시인들의 많은 작품을 토대로 하여 많은 가곡을 작곡하였는데 특히, 슈베르트가 하이네의 시를 좋아하여 그의 작품에 많은 곡을 붙였다는 것은 널리 알려진 사실이다. 그리고 문학과 음악과의 관계가 극대화된 것이 오페라이다. 서양의 오페라는 한국에서의 판소리와 창극(唱劇)과 유사하다고 볼 수 있다.

오페라는 본질적인 면에 있어서 문학이 아니고 음악의 영역에 속하지만 오페라 대본(臺本)이 문학의 형식을 가지고 있다는 측면에서 볼 때 문학과 긴밀한 관계에 있다고 볼 수 있다. 그런데 이러한 오페라에서의 문학적인 요소를 특별히 강조한 음악가로서는 바그너를 들 수 있다. 바그너는 자신이 직접 대본을 쓰고 작곡을 하였는데 그는 기존의 오페라를 음악극(音樂劇)으로 개칭하면서 문학과 음악의 양면적 가치와 특징을 동시에 인정하고 수용하여 무대화시킴으로써 새로운 예술의 장을 열었다.

문학작품의 주제가 음악에 나타난 것은 성악곡과 오페라곡의 경우에서만은 아니다. 음악에 나타난 문학은 기악곡에서도 찾아볼 수 있다. 말라르메의 「목신(牧神)의 오후(午後)」는 드뷔시에 의하여 동일 제목의 기악곡으로 만들어졌다. 그런데 말라르메가 이 작품에 대한 창작적 영감을 얻은 것은 런던 국립미술관에 있는 부쉐(Boucher)의 그림에서였다. 이러한 문학과 음악, 그리고 미술에서의 창작적 관계양상은 서양예술사에서 자주 나타나고 있다. 따라서 현대적 예술의 경향을 고찰할 때에 문학을 비롯한 다양한 예술장르들은 서로 상호적 영향관계 하에서 변천·발전하여 왔다고 말할 수 있다.

형식적인 면에 있어서 시의 운율과 음악과의 관계 역시 밀접한 관계에 있다고 볼 수 있다. 포는 "시는 미의 운율적 창조이다"라고 논하였다. 그리고 고저음(高低音)이 있는 영국시(英國詩)와 사성(四聲)이 뚜렷한 중국시(中國詩)에서는 운율이 매우 중요시되고 있다.

또한 한국의 시문학이 음수율(音數律)을 중요시 여긴다는 것은 한국의 시인들이 운율을 지향한다는 뜻일 뿐만 아니라 동시에 음악을 지향하고 있는 것이라고도 볼 수 있다. 왜냐하면 한국의 전통 시가(詩歌)는 노래로서도 불리어졌기 때문이다. 시가문학에 있어서 '시(詩)'를 '시가(詩歌)'라고 표현한 자체에서 한국의 시에서는 음악성이 추구되었다는 것을 알 수 있다.

한국 현대시에서는 한국 고전음악의 리듬을 작품에 도입하려는 경향도 보이고 있다. 민요와 판소리, 그리고 탈춤의 리듬을 현대시에서 수용하는 것은 나름대로의 지니는 의미가 크다고 볼 수 있다. 그리고 현대시에서는 음악작품의 전체적 구조와 음악적 이미지를 수용한 작품을 찾아볼 수 있는데 4악장 형식인 피아노 소나타의 4부 구조를 시의 형식으로 수용한 야상(夜想)의 「Winter Sonata for Love in E minor Op.1」이 이러한 작품에 해당한다.

비 오는 들녘 언덕.

그것은
머언 겨울의 가시 끝에서
흰 옷을 벗었던 한 조각 얘기.

오늘은
슬픔 어린 발자국이 끝난
아름다운 곳에 서면
발밑에는, 가여운 풀들이 철썩이고
누구의 차가운 눈물인지도 알 수 없는
한 개 이슬이 서다.

별빛이 묻어 나온 네 머리카락을 흔들면
수정보다 맑은 종소리가
손끝에서 떨리고
가시의 입맞춤에
작은 하늘냄새가 나다.

지금은
따사로운 들녘 언덕.

그것은
머언 겨울의 폭풍 속에서
적을 수도 없었던 한 조각 얘기.
<야상, 「제1악장, '바이올린 꽃'」>

야상의 「Winter Sonata for Love in E minor Op.1. 제1악장, '바이올린 꽃'」은 '바이올린'이라는 악기의 내적 이미지와 '꽃'이라는 식물의 결정체적인 이미지를 결합시켜 작가가 추구하는 주제적 내용을 과거와 현재의 시간성 속에서 묘사하고 있다.

이와 같은 형식의 시는 시가 음악의 소나타 형식에 영향을 입은 것으로 고찰되고 있다. 이러한 작품에 있어서 시와 음악과의 영향관계에 대해서는 좀 더 체계적인 창작연구가 필요할 것으로 생각된다.

3) 문학과 미술

문학과 미술(美術)이 미를 추구하는 공통점이 있음을 인식한 문학가들은 전위적(前衛的) 예술작품에 대하여 보다 민감했던 미술가들에게 많은 관심을 기울였다고 볼 수 있다. 그러나 19세기에 있어서의 서양화가들 중에는 미술이 문학에서 수용해야 할 예술적 우수성이 그렇게 많지 않다고 생각한 작가들도 있었다. 이러한 것은 시인이나 소설가들이 미술에서 배우려고 노력한 것에 비하면 상반되는 것이라고 볼 수 있다.

그림과 조각(彫刻)만이 진정한 예술이라고 생각한 미술가들은 문학 자체를 인간과 사회를 이해하는 데 도움을 주는 창작물로만 생각하였다. 그들은 인식수단으로써 문학에 관심을 가졌다고 볼 수 있다. 그러나 시인이나 소설가 중에는 미술평론을 비롯하여, 화가나 조각가에 대한 작가론을 집필한 문학작가들을 많이 찾아볼 수 있다.

예술작품과의 상관관계를 떠나서라도 시인과 소설가와 화가와의 친분관계를 말해 주는 일화는 대체로 많은 편이다. 졸라와 세잔과의 관계라든지, 이상과 구본웅과의 관계 등은 일반적으로 잘 알려진 사실이다. 이들의 관계는 마치 문학의 사조와 미술의 사조가 상호영향관계 하에서 변천·발전한 것과 유사하게 나타나고 있다.

유미주의(唯美主義) 문학은 미술이 행하는 작업을 문학작품 속에서 이루어 보려는 시도에서 생긴 것으로 볼 수 있다. 예를 들어서 와일드는 그의 작품인 「도리안·그레이의 초상화(肖像畵)」를 통하여 한 폭의 그림이 가지고 있는 미(美)를 글로써 표현하려고 하였다. 이러한 와일드의 미술에 대한 문학적 시도는 문학에서 미술을 수용하는 과정에서도 이루어진 것이라고 말할 수 있다.

20세기에 들어 와서 문학과 미술과의 교류관계를 나타내는 예술적 양상은 이미지즘 문학의 형성에서 찾아볼 수 있다. 영국을 중심으로 전개되었던 이미지즘 문학운동은 특히, 시를 시각적(視覺的)·회화적(繪畵的)으로 쓰려고 한 데서 출발되었다. 그러나 이미지즘 시인들은 시에서의 운율을 배제하지 않았다. 파운드와 로웰 등을 중심으로 하여 이루어졌던 이 문학운동은 현대시의 창작기법에 많은 영향을 주었다고 볼 수 있다.

문학과 회화의 등가적(等價的) 시각에서의 표현은 생텍쥐페리의 「어린왕자」에서 찾아볼 수 있다. 생텍쥐페리는 「어린왕자」에서 그림을 단순한 삽화(挿畵)가 아닌 글과의 동등한 예술 표현물로써 수용·묘사하고 있다.

-그림 생략-

여섯 살 적에 나는 '체험한 이야기'라는 제목의, 원시림에 관한 책에서 기막힌 그림 하나를 본 적이 있다. 맹수를 집어삼키고 있는 보아 구렁이 그림이었다. 위의 그림은 그것을 옮겨 그린 것이다.

그 책에는 이렇게 쓰여 있었다. "보아 구렁이는 먹이를 씹지도 않고 통째로 집어 삼킨다. 그리고는 꼼짝도 하지 못하고 여섯 달 동안 잠을 자면서 그것을 소화시킨다."

나는 그래서 밀림 속에서의 모험에 대해 한참 생각해 보고 난 끝에 색연필을 가지고 내 나름대로 내 생애 첫 번째 그림을 그려 보았다. 나의 그림 제1호였다. 그것은 이런 그림이었다.

-그림 생략-

나는 그 걸작품을 어른들에게 보여 주면서 내 그림이 무섭지 않느냐고 물었다.

그들은 "모자가 뭐가 무섭다는 거니?"하고 대답했다.

내 그림은 모자를 그린 게 아니었다. 그것을 코끼리를 소화시키고 있는 보아 구렁이였다. 그래서 나는 어른들이 알아볼 수 있도록 보아 구렁이의 속을 그렸다. 어른들은 언제나 설명을 해주어야만 한다. 나의 그림 제2호는 이러했다.

-그림 생략-

어른들은 속이 보이거나 보이지 않거나 하는 보아 구렁이의 그림들은 집어치우고 차라리 지리, 역사, 계산, 그리고 문법 쪽에 관심을 가져 보는 게 좋을 것이라고 충고해 주었다. 그래서 나는 여섯 살 적에 화가라는 멋진 직업을 포기해 버렸다. 내 그림 제1호와 제2호가 성공을 거두지 못한데 낙심해 버렸던 것이다. 어른들은 언제나 스스로는 아무것도 이해하지 못한다. 자주자주 설명을 해 주어야 하니 맥 빠지는 노릇이 아닐 수 없다.

그래서 다른 직업을 선택하지 않을 수 없게 된 나는 비행기 조종하는 법을 배웠다. 세계의 여기저기 거의 안 가 본 데 없이 나는 날아다녔다. 그러니 지리는 정말로 많은 도움을 준 셈이었다. 한 번 슬쩍 보고도 중국과 애리조나를 나는 구별할 수 있었던 것이다. 그것을 밤에 길을 잃었을 때 아주 유용한 일이다.

나는 그리하여 일생 동안 수없이 많은 점잖은 사람들과 수많은 접촉을 가져 왔다. 어른들 틈에서 많이 살아온 것이다. 나는 가까이서 그들을 볼 수 있었다. 그렇다고 해서 그들에 대한 내 생각이 나아진 건 없었다.

조금 총명해 보이는 사람을 만날 때면 나는 늘 간직해 오고 있던 예의 나의 그림 제1호를 가지고 그 사람을 시험해 보고는 했다. 그 사람이 정말로 뭘 이해할 줄 아는 사람인가 알고 싶었던 것이다. 그러나 의례히 그 사람은 "모자군"하고 대답하는 것이었다. 그러면 나는 보아 구렁이도 원시림도 별들도 그에게 이야기하지 않았다. 그가 이해할 수 있는 이야기를 했다. 브리지니 골프니 정치니 넥타이니 하는 것들에 대해 이야기

하는 것이다. 그러면 그 어른은 매우 착실한 청년을 알게 된 것을 몹시 기뻐했다

<생텍쥐페리, 「어린왕자」 중>

서양화의 경우와는 달리 한국을 비롯한 중국과 일본의 산수화에서는 문학이 적극적으로 수용되어지고 있음을 볼 수 있다. 대부분의 산수화에는 담겨진 시문은 널리 알려진 시가 아니면 화가가 직접적으로 창작한 시이다. 특히, 김정희의 「세한도(歲寒圖)」는 그림과 글이 합쳐져서 이루어진 수작의 예술품으로 평가되고 있다.

시문(詩文)을 중시하는 문인화(文人畵)는 전문적인 직업화가들보다는 양반계층의 문인들에 의하여 그려졌다. 더욱이 조선시대의 문인들은 그림보다는 오히려 그림에 씌어진 글을 더 중요시하기까지 하였으며 또한 감상에 있어서도 그림과 글 내용과의 부합에 중점을 두었다고 말할 수 있다.

또한, 한국을 비롯한 여러 나라에서는 오랜 세월동안 글 자체가 가지는 회화성에 예술적 가치를 부여하여 왔다. 글의 내용과 함께 서체의 아름다움을 추구하는 서예는 문학과 미술과의 긴밀한 관계성을 직접적으로 드러내주고 있다.

이처럼 무용과 음악이 문학과 밀접한 관계에 있듯이 미술 역시 문학과는 본질적인 면에 있어서는 동일한 선상에 놓여 있다고 볼 수 있다.

6. 문학과 창작·비평

문학의 본질을 규명하기 위하여 많은 사항들이 고찰될 수 있다. 특히, 창작에 의하여 문학은 존재하고 비평에 의하여 문학의 예술적 가치

가 인정되는 것이라면 이러한 창작과 비평은 문학을 이해하는 데 있어서 논의되어져야 하는 실제적이고 절대적인 문학행위의 요소들이라고 볼 수 있다. 따라서 본서에서는 문학과 직접적으로 연결되고 있는 창작과 비평을 중심으로 논하기로 한다.

1) 문학과 창작

창작에 있어서 첫 번째로 생각할 수 있는 것이 작품에서 나타나고 있는 사상(思想)이다. 철학사상과 구별되는 문학사상은 작가가 추구하는 문학작품의 주제와 상통한다. 작품 주제의 본질적인 면에서 볼 때 소설·희곡·시의 내용은 주제에서 출발하여 주제로 끝을 맺는다고 볼 수 있다.

일반적으로 한 시대에서 풍미되었던 사상은 문학의 주제에 많은 영향을 주었다. 예를 들어서, 1950년대를 전·후로 하여 형성되었던 실존주의 사상이 전후문학가들의 작품에서 농도 짙게 나타나고 있는 것은 당시의 문학가들이 실존주의 사상에 많은 영향을 받았음을 말해주는 것이라고 볼 수 있다.

문학의 주제사(主題史)는 철학의 사상사(思想史)와 깊은 관계를 지닌다고 말할 수 있다. 왜냐하면 시인이나 소설가는 작품의 주제를 위하여 한 시대의 현상이나 사상에 대하여 깊은 관심을 가지기 때문이다. 사실, 작품의 생명성은 형식과 기법에 의하여 결정되어진다고 말할 수 있지만 좀더 거시적 안목에서 본다면 작품의 생명성은 작품의 토대를 이루고 있는 사상에 의하여 결정된다고 볼 수 있다.

세계문학사를 살펴 볼 때, 문학가 중에는 위대한 사상가도 있었음을 알 수 있다. 특히, 독일에서는 문학과 철학이 긴밀한 관계를 유지하면서 발전하였다. 그러므로 독일철학에 대한 사전 이해 없이 독일문학을 이해하는 데에는 많은 어려움이 따른다고 볼 수 있는데 이러한 것은 프랑스문학이나 영국문학에 있어서도 역시 마찬가지이다. 사르트르나 카뮈의 문학을 이해하기 위해서는 이들이 살았던 시대의 철학과 함께 이들이 가졌던 사상을 먼저 알아야 한다고 생각된다. 그리고 영국 낭만주의 시인인 코울리지는 전문적인 철학자였으며 엘리엇(T. S. Eliot) 은 철학에 대해서 깊이 연구한 작가로 알려져 있다. 이들이 자신들의 작품들을 통하여 시대적 문제들을 표현할 수 있었던 것은 시대의 흐름을 논할 수 있는 깊은 사상을 지니고 있었기 때문이라고 생각한다.

문학 사상과 철학 사상과의 관계 양상은 한국문학에서도 고찰될 수 있다. 한국의 전통적인 사상으로 볼 수 있는 불교(佛敎)·유교(儒敎)·도교(道敎)의 영향하에서 성장한 작가의 작품은 이러한 종교사상과 깊은 관련을 가졌다고 볼 수 있다. 또한 현대문학에 있어서 다양한 주제로써 나타나고 있는 기독교(基督敎)문학 역시 작가의 기독교 사상을 토대로 이루어진 것이라고 말할 수 있다.

창작에 있어서 두 번째로 생각할 수 있는 것은 인간학(人間學)이다.

문학을 인간학이라고 정의하는 데에는 다소의 이견이 제기될 수도 있다. 그러나 결국 인간의 문제를 다루는 것이 문학이라고 생각할 때, 문학을 창작하거나 연구하는 데에는 많은 의미가 부여될 수 있다고 생각된다.

인간학은 생물학적(生物學的) 인간학·철학적(哲學的) 인간학·문화적(文化的) 인간학·종교적(宗敎的) 인간학 등 여러 분야로 나누어져 있다. 이러한 다양한 인간학의 성립은 인간이란 존재를 여러 측면에서 고찰하고자 하는 데에서 이루어졌다고 볼 수 있다. 인간의 존재에 대한 문제는 인류의 출현에서부터 시작하여 오늘날에 이르기까지 인간이 갖는 영원한 과제인 동시에 현대문학의 과제라고 생각된다.

창작에 있어서 세 번째로 생각할 수 있는 것이 도덕성(道德性)이다.

문학이 기존 윤리도덕 체계에 제약을 받는 것에 대한 문제는 논자의 시각에 따라서 다르다고 볼 수 있다. 대부분의 전위(前衛)문학가들은 기존의 윤리도덕 체계를 초월하지 않고서는 자유로운 문학을 추구할 수 없다는 의견에 일치점을 모으고 있다. 즉 이들은 윤리문제에 대한 집착으로 인하여 자유로운 작품을 창작할 수 없음을 주장하고 있다.

인류의 정신적 산물인 예술이 윤리도덕의 제약으로부터 벗어나기 시작한 것은 현대예술이 형성되면서부터이다. 예를 들어서, 공공장소에서의 나부상(裸婦像)이나 누드화의 전시, 그리고 전라(全裸)의 상태에서 이루어지는 행위예술(行爲藝術) 등은 전근대사회에서는 수용될 수 없는 예술행위였다. 특히, 문학에 있어서 로렌스의 「차타레이 부인의 사랑」과 조이스의 「율리시스」, 그리고 하디의 「테스」가 출판되었을 때 종교계를 비롯한 교육계에서는 크게 반발하여 광장에서 소각시키거나 판매금지를 시켰다. 그리고 문단에서조차 혹평을 하였기 때문에 출판 당시에는 빛을 보지 못하였지만 현재는 명작으로서 평가되고 있다. 현재, 유럽을 중심으로 한 여러 나라의 작가들은 윤리도덕에 대한 규제를 받지 않고 자유로운 작품 활동을 하고 있음을 볼 수 있다.

유교사상과 기독교사상, 그리고 이슬람교사상이 중시되는 나라에서는 다른 나라에 비하여 지켜야할 금기사항 많기 때문에 특히, 남녀간의 애정적 표현물에 대해서는 많은 제약이 가해지고 있다. 특히, 문학에 대한 제약행위는 극동이나 중동의 여러 나라에서 흔히 찾아볼 수 있다. 그러나 한편으로 볼 때에는 전통적 윤리도덕체계가 창작에 있어서 부정적인 것만은 아니다. 왜냐하면 전통적 윤리도덕체계는 그 민족의 특성을 나타내는 것으로서 문학의 다양한 제재와 소재가 될 수 있기 때문이다.

문학작품 자체가 도덕성을 가져야만 하는지에 대해서는 많은 논란이 있지만 분명한 것은 선(善)에 대한 악(惡)의 승리를 주제로 삼는 것은 창작에 있어서 절대적인 금기사항이라고 생각된다.

창작에 있어서 네 번째로 생각할 수 있는 것은 종교(宗敎)다.

일반적으로 종교는 철학보다도 더 높은 차원에서 자리 잡고 있음을 볼 수 있다. 지난 수천년 동안 인간은 자신의 정신과 영혼을 절대자에 의지하여 왔다. 인간이 만든 신(god), 즉 강력한 힘이 투사되어진 신을 토대로 하여 형성된 종교이든, 아니면 절대적 존재인 창조신(God)을 토대로 하여 형성된 종교이든 간에 종교는 인간에게 지대한 영향력을 행사하였다.

문학은 이러한 종교와 깊은 관련을 맺어 왔으며 또한 앞으로 계속해서 맺어가야 만 할 것으로 생각되는데 특히, 기독교문학·이슬람문학·불교문학·유교문학·도교문학 등의 종교문학은 문학 중에서 가장 심오한 문학으로 볼 수 있다.

인간이 이루어 놓은 사상 가운데 가장 영원하고 위대한 사상은 종교사상이라고 생각된다. 영원·불변의 진리로써 인간의 마음을 감동시키는 동시에 자아를 깨닫게 하여주며 나아가서는 영혼의 눈을 뜨게 하여주는 것이 종교라고 볼 때, 이러한 종교는 인간의 창작물이라기보다는 신의 창작물이라고 보는 것이 합당하다고 생각된다.

가장 광범위한 종교문학은 성경으로 볼 수 있다. 왜냐하면 사상적인 면을 떠나서 성경은 불경에 비하여 다양한 문학양식으로써 이루어져 있기 때문이다. 전기문학·설화문학·전쟁문학·연애문학·시문학·교훈문학·극문학·수필문학·기행문학·역사문학·서간문학·예언문학 등의 다채로운 문학적 장르를 성경에서 찾아볼 수 있다.

따라서 종교가 갖는 위대한 불멸의 사상을 문학가들이 수용하여 창작을 한다는 것은 지극히 당연한 일이라고 생각된다. 셍케비치의 「쿼바디스」·호손의 「주홍 글씨」·헤세의 「싯다르타」는 기독교와 불교사상을 배경으로 한 대표적 작품으로 볼 수 있다.

예전에는 작가들이 절대자의 영광과 위대함을 표현하거나 설명하기 위하여 종속적인 관계 하에서 의무적으로 종교작품을 창작하기도 하였다. 즉, 작가 스스로의 의지가 아니라 타의나 율법적 신앙관에 의하여 작품을 창작하였다. 그러나 오늘날에는 많은 작가들이 진솔한 입장에서 자신이 추구하고 있는 종교관을 토대로 하여 작품을 창작하고 있는 것을 볼 수 있다.

점차적으로 세상이 각박해지고 인간성이 황폐해 가고 있는 현시점에 있어서, 많은 작가들은 적극적으로 종교를 수용하고 나아가서 혼신을 다하여 종교문학을 발전시켜야 하는데 특히, 한국 현대문학에 있어서 기독교 작품과 불교 작품들이 증가하는 것은 좋은 현상이라고 생각된다.

창작과 관련하여 다섯 번째로 생각할 수 있는 것은 심리학(心理學)이다.

근대소설의 대부분이 인간의 외부세계를 묘사하는 데 치중하였다면 현대소설은 인간의 내면세계를 파헤치고 분석하는 데에 중점을 두었다고 볼 수 있다. 물론, 희랍문학이나 중세문학에서도 작중 인물들의 심리상태가 나타나는 것은 사실이지만 현대문학에서의 심리적 묘사는 보다 과학적이고 체계적인 이론을 토대로 하여 이루어지고 있다. '오이디푸스 콤플렉스'·'일렉트라 콤플렉스'·'디펜스 메커니즘'·'의식의 흐름'·'아니마'·'아니무스' 등은 20세기 심리소설의 중요한 심리학적 제재로 볼 수 있다.

인간의 심리적 내면세계를 표출하는 것은 현대소설뿐만 아니라 현대시와 현대희곡에서도 쉽게 찾아볼 수 있는데 인간에 대한 이해의 도구로써 심리학을 수용하는 것은 하나의 좋은 문학적 방법이 될 수 있다.

프로이드의 「정신분석학(精神分析學)」은 20세기 예술에 지대한 영향을 주었는데 미술·음악·문학·무용·연극 등의 작품에서 프로이드 심리학의 이론적 요소를 찾아 볼 수 있다. 프로이드는 현대 인류의 사고방식을 크게 변화시킨 세 가지 요인으로서, 코페르니쿠스의 지동설과 다윈의 진화론, 그리고 프로이드 자신의 「정신분석학」을 말하고 있다.

다다(dada)와 연결될 수 있는 초현실주의는 이러한 심리학적 영향관계에서 이루어진 현대예술사조의 중요한 부분이다. 따라서 현대문학을 이해하기 위해서는 프로이드와 융 등의 심리학자에 의하여 이론화된 형태심리학·심층심리학·현상학적 실존주의 심리학 등에 대한 적극적인 탐구가 이루어져야 할 것이다.

창작에 있어서 여섯 번째로 생각할 수 있는 것은 사회과학(社會科學)이다.

작가와 작가들의 문학작품 자체가 사회와 연결되고 또한 사회를 배경으로 하고 있는 이상, 문학과 사회과학은 중요한 관계에 놓여 있다고 볼 수 있다.

사회과학에는 사회학·정치학·법률학·경제학·경영학 등 많은 분야가 있는데 특히, 사회학은 작가가 사회의 조직과 사회 속의 인간을 이해하고 또한 나아가서 작품을 만드는 데 있어서 많은 도움이 될 수 있다. 그리고 정치학·법률학·경제학 등은 작품 성향에 따라서 작가에게 중요한 자료를 제공할 수 있다고 생각된다.

문학이 우주의 삼라만상(森羅萬象)을 바탕으로 이루어졌다는 것은 문학이 우주의 삼라만상을 내포할 수 있다는 것을 의미한다. 결국, 어떤 분야이든 간에 문학과 무관하지 않는 것은 없다고 볼 수 있다.

2) 문학과 비평

창작이 문학의 일차적 작업이라면 비평(批評)은 문학의 이차적 작업이라고 말할 수 있다. 작품의 평가는 비평에 의해서 이루어진다. 즉 작가는 창작을 하고 비평가는 작품을 분석·평가한다. 그런데 작가들 중에는 비평가를 불신할뿐더러 자신의 작품에 대한 비평이 이루어지지 않기를 바라는 사람들이 상당수 존재한다. 그러나 문학에 있어서의 비평은 창작과 동등한 가치를 지니며 그 역할 역시 매우 중요하다고 볼 수 있다. 대부분의 작가들은 자신의 작품에 대한 평가가 긍정적인 시각에서 이루어지기를 바라지만 비평의 결과, 즉 호평(好評)과 혹평(酷評)이라는 결정적 상황 앞에서 많은 갈등을 해야만 한다.

창작물의 가치를 평가하는 비평은 다양한 시각에서 이루어질 수 있는데 첫 번째로 생각할 수 있는 것이 작품자체에 대한 비평, 즉 작품을 중심으로 하는 비평이다. 작품중심비평은 작품을 만든 작가의 전기와 작품이 만들어진 사회·문화적 배경, 그리고 그 작품에 대한 독자들의 반응과는 전혀 상관없이 작품만을 고찰·분석·평가하는 것이다. 예를 들어서, 윤동주의 「자화상(自畵像)」과 이상화의 「빼앗긴 들에도 봄은 오는가」를 비평함에 있어서 윤동주와 이상화의 생애를 비롯하여 심지어는 일제강점기라는 시대적 배경까지를 제외시키고 오직 작품만을 분석하고 평가하는 것이 작품중심비평이라고 말할 수 있다.

이러한 비평의 대표적인 것이 형식주의 비평과 구조주의 비평이다. 형식주의 비평은 문학의 형식을 중시하여 작품을 기본적으로 형성하고 있는 문자·수사법·문체 등을 분석하는 것으로서 엘리엇·리처즈·크로체 등이 대표적 형식주의 비평가들이다. 이들은 문학의 존재를 결정하는 것은 내용이 아니라 형식이라고 주장하고 있다.

구조주의(構造主義) 비평은 작품이 가지고 있는 언어적 구조나 내용적 구조를 분석하는 것으로서 레비 스트로스·프롭·그레마스[4] 등이 대표적 구조주의 비평가들이다. 소쉬르와 야콥슨의 구조언어학(構造言語學), 피아제의 구조이론, 그리고 바르트의 의복체계와 음식체계에 의한 사회관습들과 언어체계 등의 다양한 이론을 바탕으로 이루어지는 구조

4) 이선영, 『문학비평의 방법과 실제』 (삼지원, 2001), pp.182-187.

주의 비평은 비역사적인 비평으로 볼 수 있다.

이러한 작품중심비평에서는 작품자체의 가치를 중점적으로 조명하는 반면에 작가의 사상이나 시대적 배경고찰이 결여됨에 따라서 완전한 비평이 이루어질 수는 없다고 말할 수 있다. 두 번째로 생각할 수 있는 것이 작가를 중심으로 하는 비평이다. 작가중심비평에서는 작품자체보다는 작품이 이루어지는 과정과 작가의 생애, 그리고 작품의 시대적 배경들이 주 고찰 대상으로 선정된다. 작가의 삶이 곧 작품이며 작품이 곧 작가의 삶이라는 등식으로서 이루어지는 작가중심비평은 작가의 전기적 삶을 철저히 검증하고 총체적으로 파악한 후, 작품과 긴밀하게 연결시킴으로써 작품의 문학적 가치를 논한다. 작가중심비평의 대표적인 것이 역시·전기비평이다. 역시·전기비평은 작품의 현재성보다는 작품이 쓰여진 당시의 과거성에 집중하며 작가 자신과 작가가 의존하고 있는 문학적 관계를 중시한다. 즉 역사·전기비평은 작품의 원전·창작 시기의 언어와 관례·작가의 명성과 영향 등의 요소를 분석함으로써 작품의 가치를 규명한다고 볼 수 있다. 예를 들어서, 호손의 「주홍글씨」는 작가의 막연한 관점에서 쓰여진 것이 아니라 미국 개척기에 있어서의 철저한 청교도적 정신에서 비롯되는 인간들의 종교적 갈등을 바탕으로 창작되어진 것으로 보는 것이 역사·전기비평가의 시각이다.

역사·전기비평은 드라이든·존슨·뵈브·테느 등의 비평관에서 명확하게 나타나고 있다. 특히, 뵈브는 '그 나무에 그 열매' 라는 개념으로써 작가와 작품의 관계를 주종관계로 파악하고 작품자체의 가치를 작가의 생애에서 찾으려고 하였다.

세 번째로 생각할 수 있는 것이 사회·문화를 중심으로 하는 비평이다. 역사·전기비평이 작가중심의 상황들을 중요시 여긴다고 한다면 사회·문화중심비평에서는 작품과 작가가 갖는 사회적 배경을 중심으로 이루어진다고 볼 수 있다. 즉, 문학성의 주된 가치를 작가의 생애에서 찾는 것이 역사·전기비평이라면 문학성의 주된 가치를 사회적 배경에서 찾는 것이 사회·문화중심비평이라고 말할 수 있다. 사회·문화중심비평은 작품배경 면에 있어서 작가를 중심 고찰대상으로 삼는 역사·전기비평보다는 좀 더 거시적(巨視的)인 시각에서 이루어진다. 예를 들어서, 심훈의 「상록수(常綠樹)」를 논함에 있어서 일제강점기(日帝强占期)의 한국농촌현실문제와 이에 따른 학생들의 농촌봉사활동을 중점적으로 고찰·평가하는 것이라든지 안수길·손창섭·장용학·이범선·박연희·하근찬 등의 작품성을 한국동란 전후의 배경을 바탕으로 논하는 것 등은 사회·문화비평의 시각에서 이루어지는 것이라고 볼 수 있다. 일제강점기의 피폐한 농촌현실은 작가로 하여금 실제적 현실해결을 위한 작품을 제시하도록 하였으며 한국동란 전후의 한국적 상황은 복잡한 사회모순 속의 인간상을 그린 전후문학을 형성시킨 직접적 요인이 되었다고 볼 수 있는데 사회·문화중심비평가들은 이러한 사회적 요인을 중시한다고 말할 수 있다.

현대문학비평사에 있어서의 사회·문화중심비평, 즉 사회·문화비평은 서구의 사회주의 이론을 토대로 형성되었다. 경제적 빈곤층과 노동자들에게 관심을 두었던 마르크스와 엥겔스의 사회주의(社會主義) 사상은 사회·문화비평이 이루어지는 데 있어서 중요한 이론적 근거가 되었다. 아놀드·루카치·골드만 등은 대표적인 사회·문화비평가이다. 특히 골드만은 작품세계의 구조와 사회집단의 의식구조와의 상동관계를 밝힘으로써 소설구조와 사회구조가 갖는 연결체계의 의미를 파악하려고 하였다.

네 번째로 생각할 수 있는 것이 독자(讀者)를 중심으로 하는 비평이다. 독자반응비평이라고도 일컬어지는 독자중심비평은 작품자체와 작품을 창작한 작가, 그리고 작품의 배경보다는 무엇보다도 작품을 읽고 느끼는 독자들에게 일차적 관심을 갖는다. 독일 해석학(解釋學)의 영향을 받아서 발전한 독자중심비평은 문학에 있어서의 독자가 가지는 역할을 살피며 독자의 시각을 중요시 여긴다. 독자중심비평에서는 해당 작품에 대한 독자의 수나 판매량을 계산하여 특정시기에 있어서의 인기도를 측정하는 것이 아니라 독자가 가지는 해석능력(解釋能力)·수용가치(受容價値)·접근방식(接近方式)·기대치(期待値) 등의 다양한 독서사항을 바탕으로 하여 문학성을 평가한다.

하디의 「테스」가 출판 당시에 많은 혹평을 받았으며 또한 종교계로부터의 윤리적 지탄과 함께 독서거부운동이 일어났다고 해서 작품자체의 문학적 가치가 하락되는 것은 아니다. 어디까지나 작품의 가치는 독자의 진체 수에 의하여 결정지어지는 것이 아니라 진정한 수용능력을 가진 독자에 의하여 올바르게 평가될 수 있다고 생각된다. 당시에는 도덕적 문제를 일으킨 「테스」가 현대에서는 명작으로 평가되고 있는 것은 이러한 이유 때문이라고 볼 수 있다.

에코·프린스·가다머·이저·야우스[5]등은 독자중심비평의 기틀을 마련하고 발전시킨 비평가들이다. 이중 야우스는 독서에 있어서의 해석학을 강조하고 수용미학(受容美學)과 수용역사(受容歷史)라는 두가지 측면에서 수용이론을 연구한 대표적 독자중심비평가라고 말할 수 있다.

7. 문학과 자연과학

현대문명은 자연과학(自然科學)을 바탕으로 발전되어왔으며 또한 발전되어가고 있다. 과학자들은 자연과학의 원리를 이용하여 각종 문명

---

5) 홍문표, 『문학비평론』(양문각, 1995), pp.408-415.

의 이기(利器)들을 만들어 냈고, 인간들은 그것들을 사용하고 있다. 그러나 인간이 만든 문명의 이기들은 오히려 인간의 정신을 지배하기까지에 이르렀다. 예전에는 인간들에게 있어서 최고의 숭배대상이 신(神)이었지만 이제는 자연과학이 낳은 문명이 또 하나의 절대적 숭배 대상으로 부각되기 시작하였다. 자연과학이 생성한 문명은 인간의 삶을 윤택하게 할 수도 있고, 반면에 인류전체를 순식간에 멸망시킬 수도 있게 되었다. 마치, 우라늄의 쓰임에 따라서 전기가 만들어질 수도 있고 또한 핵폭탄이 만들어질 수 있는 것과도 같다.

과학문명은 면전에 있는 엄연한 사실이며 현실이다. 현대과학문명은 예술의 세계로 깊숙이 스며들어 문학작품이 피할 수 없는 작품의 배경이나 매체로써 자리 잡고 있다. 세계문화사에 있어서 자연과학은 인문학과 자주 충돌되면서 공존되어왔다. 인문학자들, 특히 신학자들은 자연과학자들과 많은 논쟁을 벌였는데 기존의 천동설과 코페르니쿠스의 지동설·기존의 창조론과 다윈의 진화론 등은 이들간의 대표적인 논쟁이라고 볼 수 있다.

인문학이 형이상학(形而上學)이라면 자연과학은 형이하학(形而下學)이라고 말할 수 있다. 인문학과 자연과학의 대립은 본질적으로 형이상학과 형이하학의 대립에 있다. 그러나 이 양자의 대립은 어느 한쪽만의 소멸을 가져온 것이 아니라 오히려 이 양자가 공존할 수 있는 발판이 되어왔다. 이러한 문학과 자연과학과 관계되는 몇 가지 사항들을 살펴보면 다음과 같다.

첫째, 문학가들은 자연과학으로부터 형식적인 요소를 수용하려고 노력하였는데 이러한 노력의 결과로서 이들은 자연주의 문학을 형성시켰다. 자연주의 문학가들은 자연과학의 연구방법론을 문학에 도입하여 대상을 논리적으로 분석·연구하고 또한 문학작품으로 재구성하려고 하였다.

플로베르와 모파상이 추구했던 사실주의에서는 대상을 있는 그대로 표현하려고 하였다. 플로베르는 바닷가에서 모파상에게 수많은 모래알을 보여 주면서 똑같은 모양의 모래알은 하나도 없듯이, 세상에서 똑같은 뜻을 가진 단어는 하나도 없음을 말하였다. 이러한 것은 플로베르가 대상을 있는 그대로 묘사하기 위하여 정확한 단어를 선택해야한다는 것을 모파상에게 암시하여 준 것이다. 그러나 대표적인 자연주의 작가인 에밀 졸라는 사실주의 기법에 만족하지 않고 새로운 문학기법을 연구하였다. 에밀 졸라는 소설의 기법이 자연과학적 현상이 보여 주는 합리성(合理性)과 논리성(論理性)을 구비해야 된다고 생각하였다. 그의 소설인 「목로주점(木櫨酒店)」은 19세기 후반부에 있어서 프랑스 노동자들이 갖는 생활을 면밀히 관찰·분석함으로써 이루어졌다. 그는 이 작품을 통하여 자본가들에 의해 착취당하는 하류층의 비참한 삶을 고발하는 동시에 경제적·성적인 면에서 이중으로 억압받고 있는 여성의 현실적 문제를 제기하고 있다. 즉 그는 자연주의적인 기법을 토대로 하여 어두운 사회현실을 분석·고발함으로써 자본가들의 잘못된 가치관을 바꾸고자 하였다. 또한 그는 「제르미날」을 통하여 석탄광부들의 삶과 비참한 노동과정을 자세히 나타내고 있음을 볼 수 있다.

둘째, 비평문학과 자연과학과의 시각적인 양상을 생각할 수 있다. 비평가들 중, 특히 사회·문화비평가들은 사회현실을 주관적 견해 없이 그대로 직시하고 이를 바탕으로 문학작품과 직접적인 연결을 추구하고 있다. 그리고 자연과학자들은 객관적(客觀的) 시점과 해부학적(解剖學的) 고찰을 중요시한다. 이러한 객관적 시점에 있어서 사회·문화비평에서의 시각과 자연과학적 고찰방식은 서로 공통성을 가진다고 볼 수 있다. 또한 형식주의 비평가들은 문학의 존재를 결정하는 것은 내용이 아니라 형식에 의하여 이루어진다고 보고 있으며 문학의 형식을 분석하기 위하여 자연과학적인 시각을 수용하고 있다. 이들은 작중 인물들의 갈등상황이나 작가의 창작목적, 그리고 작품의 역사적 배경에는 관심이 없으며 오직 작품 자체로 일관되는 현재 작품에 문학의 중요성을 두고 있다. 이들의 작품분석방식은 자연과학자들의 수학적 분석방식과 유사하다고 볼 수 있다.

사회·문화비평과 형식주의 비평의 선구자들은 문학비평과 자연과학적 사고방식 사이에 유사한 함수관계가 있는 것으로 인식하였다. 이들은 "객관적으로 분석할 수 없는 것은 인정할 수 없다"라는 시각으로써 감성을 배척하고 이성에 모든 것을 호소하였다. 상상보다는 현실·경험적 사고를 중시하는 이들의 논리는 상대적 이론 비평가들에게 많은 공격을 받았지만 현대 비평에 있어서는 중요한 비평이론으로서 평가되고 있다.

셋째, 현대문학에서는 과학문명의 여러 양상을 작품의 제재와 소재로 담고 있다. 19세기 중엽에 들어서면서부터 자연과학 연구가 활발히 진행되어졌는데 이러한 자연과학 연구에 의한 산물들은 철학·종교·문학 등의 여러 부문에 지대한 영향을 끼쳤다. 특히, 20세기에 들어서면서부터 자연과학은 급격히 발달하여 문명의 주체가 불확실한 상황에까지 이르게 되었다. 현재에 있어서는 인간이 과학문명을 지배할 수 있는 가능성보다는 과학문명이 인간을 지배할 수 있는 가능성이 더욱 더 커졌다고 볼 수 있다.

자연과학에 대한 문학가들의 관심은 과학소설이라는 장르를 형성시키게 되었다. 과학소설이 처음 출현했을 때에는 비교적 가볍게 취급되어 오락물처럼 되는 듯하였으나 시간이 흐름에 따라서 그 문학적 영역이 점차적으로 확대되었다. 예를 들어서, 웰스의 「타임머신」은 영국문학사에서 발표 당시보다는 현재에 더욱 더 높이 평가되고 있음을 볼 수 있다.

본격적인 과학소설의 출현은 미국에서부터 시작되었다. 달에 대한 탐사가 성공적으로 이루어진 1960년대 이후부터는 많은 과학소설들이 출간되기 시작하였으며 특히, 독자층으로부터 호평을 받은 과학소설들은 각색되고 영화로 만들어졌다. 과학소설을 바탕으로 한 영화가 세계적으로 흥행되었던 1980년대 전·후의 경우, 미국에서 출판된 단행본 과학소설의 수와 한국에서 출판된 단행본 문학작품의 수는 거의 대등하였음이 출판통계자료에서 나타나고 있다. 또한 당시의 출판통계자료를 보면 당시 미국에서의 월간 과학잡지에 게재된 단편과학소설의 수는 한국의 월간 문예지에 나오는 단편소설의 수보다 훨씬 많았음을 알 수 있다.

미국 다음으로 과학소설이 많이 출판되는 나라는 일본과 프랑스, 그리고 러시아이다. 이러한 나라들은 문학과 함께 과학이 발달된 나라였기 때문에 앞선 문학이 가능하였으리라고 생각된다. 특히, 일본의 작가들은 국외 과학소설을 수 십 년간 종합적으로 수용하고 연구하였는데 그 결과로서 현재는 많은 과학소설이 출간되고 있다. 그런데 무엇보다도 중요한 것은 미국과 일본에서는 과학소설사와 과학소설작법, 그리고 과학작가론 등과 같은 다양한 이론서적들이 많이 간행되고 있다는 데에 있다.

현대 과학문학은 일반적으로 문명예찬적인 작품과 문명비판적인 작품들로 나누어서 생각할 수 있다.

문명예찬의 대표적인 문학모임으로서는 미래파(未來派, Futurism)를 들 수 있다. 미래파는 20세기 초에 이탈리아에서 일어난 신예술운동의 한 부류이다. 이들은 정적 예술에 반대하고 동적(動的) 감각의 새로운 형식으로써 미래적인 꿈의 아름다움을 표현하려고 하였으며 또한 기계의 시대를 찬양하고 심지어는 기계적 문물에 의한 전쟁을 추구하기도 하였다.

이와 같은 문명예찬적인 문학시각과는 달리 또 다른 많은 문학가들은 과학문명에 대하여 부정적 시각으로써 문학작품을 창작하였다. 이들은 과학문명을 현대의 괴물로 규정짓고 인간성을 짓밟는 이러한 부정적 존재의 행위를 규탄하였다. 또한 이들은 문명예찬론자에 대하여 맞서서 항거하고 자연친화운동(自然親和運動)을 전개하였다. 왜냐하면 이들은 현대문명예찬론자의 문학행위는 결국은 인류의 종말을 재촉하는 비인간적 행위라고 보았기 때문이다.

문명비판적인 작품의 고전적 작품으로서는 엘리엇(T. S. Eliot)의 「황무지」와 김기림의 「기상도(氣象圖)」 등을 들 수 있다. 이들의 작품에서는 산업화에 따른 인간성 말살의 문제가 주지적 관점에서 서술되고 있다.

현대 과학문학에서는 과학문명의 발전으로 인한 폐단, 즉 유전자 복제와 온난화로 인한 지구의 기상문제 등의 문제를 작품의 중요한 제재로써 선정하고 있음을 볼 수 있다.

사실, 철학에는 과학철학이라는 분야가 있어서 자연과학으로부터 배우기도 하고 또한 한편으로는 이를 제어하기 위하여 자연과학의 모순된 점을 지적하기도 한다. 과학철학자들은 자연과학에서 철학연구의 방법을 도입하는 단계를 벗어나서 자연과학을 이해하고 과학이 나아가야 할 방향을 연구·제시하고 있음을 볼 수 있다.

고전적인 문학가들은 자연과학과 문학은 전혀 관계가 없는 것으로 생각하고 있다. 또한 이들은 자연과학자가 문학을 연구하거나, 혹은 문학가가 자연과학을 연구하는 것은 무의미한 것으로 보고 있다.

현대 문학가들은 과학문명을 수용·비판하여 인류가 과학문명으로 인하여 불행해지지 않고 오히려 더욱더 행복해지는 길을 연구·모색하여 독자들에게 작품으로써 제시해야 한다고 생각된다. 특히, 한국 현대문학이 이런 분야에서 위대한 문학업적을 남기지 못한 것은 자연과학에 대한 기존작가들의 무관심 때문이었다고 볼 수 있다.

문학과 자연과학은 긴밀한 관계에 놓여 있다. 왜냐하면 문학의 과제와 자연과학의 과제는 인간의 행복을 위한 동일 선상에서 공존하는 과제이기 때문이다.

8. 문학의 장르

문학장르의 유무(有無)에 대한 문제와 문학장르 구별의 필요성에 대한 문제는 문학이 발생한 이래로부터 지금까지 많은 논쟁을 불러일으켰다. 문학장르에서 비롯되는 여러 가지 문제에 대한 명확한 답은 기존의 장르적 현상과 논리를 토대로 하여 단순하게 제시되어질 수는 없다. 왜냐하면 기존 문학의 장르는 항상 새로운 문학장르에 의하여 기본 양식이 흔들려 왔으며 그 개념 또한 다르게 정의되어졌기 때문이다. 그러나 일반적으로 볼 때 문학비평가들은 장르를 구분하고 있으며 대부분의 작가들 역시 구분되어진 장르 하에서 창작을 하고 있다. 정확한 원칙에 따른 장르 구별 작업이 어려움에도 불구하고 문학이론가들이 장르를 구분하는 것은 문학의 종류를 체계화시킴으로써 얻어지는 문학적 조화성(造化性)과 편의성(便宜性) 때문이라고 볼 수 있다.

웰렉(R. Wellek)이 논한 바와 같이 문학의 장르는 하나의 제도로서 볼 수 있다. 규범이 따르는 문학장르의 제도는 문학장르의 혼란을 막아주고 문학장르의 질서를 유지시켜준다. 물론, 기존 질서는 새로운 질서에 의하여 무너지거나 교체되기도 하지만 이러한 문학장르의 제도는 문학장르 구분에 있어서 중요한 역할을 한다고 말할 수 있다.

문학의 장르를 구분하는 방법에는 여러 가지가 있다. 대부분의 문학가들은 글의 형식에 따라서 장르를 구분하고 있다. 이러한 분류방식은 장르가 변천·발전한다는 문학관에서 비롯된 것이라고 볼 수 있다. 그러므로 이러한 장르구분이 문화사적 진화론자들에 의하여 본격적으로 논의된 것은 결코 우연이 아님을 알 수 있다. 그리고 논자에 따라서 장르의 변천과 발전에 대해서도 많은 이견을 보이고 있다. 그러나 무엇보다도 중요한 것은 문학은 그 시대에 알맞은 형태를 취하고 있다는 사실에 있다.

문학장르는 일반적으로 세 가지 기본형, 즉 서정양식(抒情樣式)·서사양식(敍事樣式)·극양식(劇樣式)으로 구분되어진다. 이와 같은 세 가지 양식에 따른 문학장르의 구분은 아리스토텔레스(Aristoteles)의 『시학』에서 서술되고 있는 문학장르를 토대로 하여 이루어졌다. 이러한 세 가지 양식은 중세와 근대를 거치면서 현대문학의 장르로 자리 잡았다고 볼 수 있다. 즉, 서정양식은 서정시(抒情詩)로 연결되어 현대시로, 서사양식은 서사시(敍事詩)로 연결되어 현대소설로, 극양식은 극시(劇詩)로 연결되어 희곡으로 정착되어졌다고 말할 수 있다.

서정양식에는 민요(民謠)·향가(鄕歌)·고려가요(高麗歌謠)·경기체가(景幾體歌)·시조 (時調)·가사 (歌辭)·잡가(雜歌)·서정시(抒情詩)·오드(ode)·엘레지(elegy)·목가(牧歌)·소네트(sonnet)·풍자시(諷刺詩) 등이 있으며, 서사양식에는 민담(民譚)·전설(傳說)·신화(神話)·서사시(敍事詩)·소설(小說) 등이 있다. 그리고 극양식에는 희곡(戱曲))·시극(詩劇) 등을 포함시킬 수 있다.

이러한 문학장르는 운문(韻文)과 산문(散文)으로 구분될 수 있다. 운문에 의한 운문양식은 서정양식과 연결되며 산문에 의한 산문양식은 서사양식과 연결될 수 있다. 그리고 이 양자의 양식을 동시에 수용하는 양식이 극양식이라고 말할 수 있다. 그러나 운문양식과 연결되는 서정양식에는 하위 장르인 산문시가 있음을 감안할 때 이러한 운문양식과 산문양식에 의한 장르 분류는 완벽하지 못하다고 볼 수 있다. 그러므로 이러한 운문과 산문은 문학의 형태이기보다는 문장의 형태라고 할 수 있다. 구인환과 구창환은 『문학개론(文學槪論)』에서 운문과 산문에 의한 문장의 특징을 다음과 같이 설명하고 있다.

① 운문은 일정한 규율에 따라 배열(排列)하는 문장이고 산문은 아무런 규율이 없이 배열하는 문장형태이다.

② 운문은 고대에서부터 있어 온 문장형태이고 산문은 근대에 이르러서 발달된 문장형태이다.

③ 운문은 리듬이 중심이 되며 산문은 의미가 중심이 된다.

④ 운문은 정서적이고 감정적인 효과를 주는 문장이고, 산문은 윤리적(倫理的) 이지적(理智的)인 효과를 주는 문장이다.

⑤ 운문정신은 주관과 서정성이고 산문정신은 객관성과 실제적 과학정신을 뜻한다.

⑥ 산문은 운문에 대치되는 개념과 시에 대립하는 개념이라는 이중의 의미를 가진다.

이와 같은 운문과 산문에 대한 특징 설명 중에서 위의 ③과 ⑤에서는 다소의 문제점이 제기될 수 있다. 왜냐하면 운문은 형태에 있어서 리듬을 중심으로 하지만 내용에 있어서는 의미를 중심하고 있으며 또한 산문에서도 리듬이 있는 문장이 많이 나타나고 있기 때문이다. 일반적으로 시는 어느 장르보다도 상징적 시어를 중요시하고 있음을 볼 수 있으며 이효석의 「메밀꽃 필 무렵」 등의 소설에서는 내재적 운율이 나타나고 있음을 볼 수 있다. 그리고 운문의 정신은 주관성뿐만 아니라 객관성에서도 찾을 수 있다. 역사적 사건을 제재로 쓰여진 호머의 「일리아드」와 「오디세이」는 주관적 시각보다는 객관적 시각에 의하여 이루어진 서사시라고 볼 수 있다.

Ⅱ. 시 론

시의 본질에 대한 정의는 시의 형성과 함께 많은 논자들에 의하여 제시되어져 왔다. 시가 문자로써 표현되던 역사시대(歷史時代)에서부터 모든 시인은 자신이 내린 시의 정의와 시관(詩觀)에 입각하여 독창적인 작품 세계를 추구하여왔으며 비평가 역시 자신이 생각하고 있는 시의 정의와 시관(詩觀)에 의하여 시를 비평하고 있음을 볼 수 있다.

1. 시의 개념

시의 본질에 대한 정의는 시의 형성과 함께 많은 논자들에 의하여 제시되어져 왔다. 시가 문자로써 표현되던 역사시대(歷史時代)에서부터 모든 시인은 자신이 내린 시의 정의와 시관(詩觀)에 입각하여 독창적인 작품 세계를 추구하여왔으며 비평가 역시 자신이 생각하고 있는 시의 정의와 시관(詩觀)에 의하여 시를 비평하고 있음을 볼 수 있다.

일반적으로 시는 영어로 Poetry라고 표기한다. Poetry에는 '행동한다·창조한다'라는 뜻이 내포되어 있다. Poesy로도 표기되는 Poetry는 Poem과 구별되는데 이러한 Poetry는 본질적인 시와 집합적인 시, 즉 정형시·자유시·산문시, 혹은 어느 특정 작가의 전체적인 시를 의미한다. 이와는 달리 Poem은 하위 장르 속에서의 시와 개별적인 시, 즉 정형시·자유시·산문시 속에서의 시와 한 작가의 부분적인 시를 의미한다. 또한, 시인을 지칭하는 Poet는 '무엇을 만드는 사람'이라는 의미를 지니고 있다.

'창조와 행동'의 의미를 지니고 있는 시의 정의는 시대·문예사조·시의 변화·논자의 시각 등에 따라서 다양하게 내려지고 있다. 특히, 현대의 초현실주의 시·해체시(解體詩)와 같은 난해시(難解詩)에 대한 정의는 각양각색으로 제시되어지고 있음을 볼 수 있다. 시에 대한 정의가 다양하게 제시되어지고 있는 것은 무엇보다도 시적 대상을 보는 작가의 시각이 다양하기 때문이라고 생각된다.

조지훈은 시인이 가지는 시관(詩觀)에 대하여 "모든 시관(詩觀)은 그 시인(詩人)의 우주관(宇宙觀)에서 비롯된다. 그러나 시인(詩人)의 우주관(宇宙觀)은 논리의 기초 위에 구조(構造)되는 것이 아니라 생명의 직관(直觀) 속에 체험되는 것이다."[6]라고 말하였다.

조지훈은 위의 글에서 시관을 우주관이라고 하는 거시적 관점과 생명의 직관이라고 하는 미시적 관점과 상관시켜서 논하고 있는데 거시적 관점에서 이루어지는 우주관은 어떤 방대하고 특별한 논리에 의하여 이루어지는 것이 아니라 아주 작은 생명의 직관에 의하여 이루어짐을 말하고 있다. 그리고 생명의 직관도 이론이나 간접적 경험에 의하여 얻어지는 것이 아니라 시인의 직접적인 체험에 의하여 이루어짐을 강조하고 있다. 따라서 그는 생명성에 의한 경이 속에서 시인의 시관이 형성됨을 말하고 있는 것으로 볼 수 있다.

엘리엇(T. S. Eliot)은 "시(詩)에 대한 정의의 역사는 오류(誤謬)의 역사이다."라고 말하였다. 여기에서 엘리엇은 각 개인이 내린 시에 대한 모든 정의 자체에 오류가 있는 것이 아니라 시에 대한 정의는 절대적인 것이 아니라 상대적인 것임을 말하고 있다. 한 특정 시대에서 절대적으로 받아들여졌던 정의도 시대가 변함에 따라서 그 인식의 양상이 전혀 다르게 나타날 수 있으며, 그리고 또 다른 시각을 가진 시인이나 비평가가 출현함에 따라서 새로운 정의가 하나씩 늘어날 수 있다고 볼 수 있다.

시가 출현한 이후부터 현재까지 대부분의 시인이나 문학가들은 시에 대한 자신의 견해를 표하거나 기록하였는데 중요한 것은 이들이 타 논자와의 견해와는 약간의 차이가 나는, 혹은 전혀 다른 견해를 제시하였다는 데에 있다. 따라서 시에 대한 정의의 종류는 논자들의 수만큼이나 되리라고 생각된다. 지금까지 제시된 시에 대한 대표적인 정의를 보면 다음과 같다.

① 아리스토텔레스(Aristoteles) : 시는 율어(律語)에 의한 모방이다.

② 포(A. Poe) : 시는 미의 운율적 창조이다.

---

6) 조지훈, 『詩의 原理』(신구문화사, 1959), p.12.

③ 매콜리(Macaulay) : 시란 우리들이 상상 위에 환상을 불러일으키는 방식으로 언어를 사용하는 기술, 즉 화가가 색채로 하는 일을 언어로 하는 기술을 말한다.

④ 엘리엇(T. S. Eliot) : 시는 정서의 표출이 아니라 정서로부터의 도피요, 개성의 표현이 아니라 개성으로부터의 도피다.

⑤ 웰렉과 워렌(R. Wellek and A. Warren) : 시를 구성하는 두 개의 주요한 원리는 격조(格調)와 은유(隱喩)이다.

⑥ 스펜서(S. Spender) : 시는 언어의 비평이다.

⑦ 김기림 : 시는 언어의 건축이다.

⑧ 공자(孔子) : 子曰 詩三百一言而蔽之曰 思無邪(자왈 시삼백일언이 폐지왈 사무사)

⑨ 서경(書經) : 詩言志 歌永言 聲依永 律和聲(시언지 가영언 성의영 율화성. 시는 뜻을 말하고, 노래는 말을 읊는 것이고, 소리는 길게 억양을 붙이는 것이고, 가락은 소리가 고르게 된 것이다.)

⑩ 키츠(Keats) : 시는 위대하고 겸손한 것이다.

⑪ 괴테(Goethe) : 나의 시는 나의 커다란 참회이다.

⑫ 워즈워드(Wordsworth) : 시는 강한 감정의 자연적 발로이다.

⑬ 셸리(Shelley) : 시는 가장 행복한 심성의 최고 열락(悅樂)의 순간을 표현한 기록이다.

⑭ 보왈로(Boileau) : 시는 유용하게 즐거이 진리를 말하는 것이다.

⑮ 허드슨(W. H. Hudson) : 시는 상상과 감정을 통한 인생의 해석이다.

⑯ 릴케(Rilke) : 시는 체험이다.

⑰ 칼라일(Carlyle) : 우리들은 음악적인 사상을 시라고 부른다.

⑱ 시드니(P. Sidney) : 시는 가르치고 즐거움을 주려는 의도를 가진 말하는 그림이다.

⑲ 아놀드(M. Arnold) : 시는 시적 진리와 시적 미의 법칙에 의한 비평에 알맞은 상태에 있는 인생의 비평이다.

⑳ 김용호 : 시는 인간의 사상과 감정을 율동적인 운문으로 표현한 문학의 한 장르이다.

㉑ 조지훈 : 우주의 생명적 진실이라는 시의 본질이 사상의 정서적 감동이라는 시의 작용을 통하여 언어의 율동적 조형이라는 시의 표현을 갖출 때, 여기 한 편의 시가 나타나는 것이다.[7)]

㉒ 러스킨(Ruskin) : 시는 고상한 정서의 고상한 영역을 상상에 의하여 음악적 형식으로 암시(暗示)한 것이다.

㉓ 파운드(E. Pound) : 시는 영감을 받은 일종의 산술이다. 그것은 우리에게 추상적인 수(數)나 삼각(三角)이나 구형(球形)같은 방정식이 아니고, 인간 감정의 방정식을 주는 것이다.

이상에서 볼 수 있듯이 논자들은 자신의 문학관에 따라서 시의 중요한 한 면을 부각시켜 서 정의를 내리고 있다. 그러므로 위에서 나열된 시의 정의들은 자기 나름대로의 독특한 특성을 지니고 있다. 그러나 서로들간에 일치점이나 공통성이 전혀 없는 것은 아니다. 시가 어떤 독창적인 형식을 가져야 한다는 것과 시 창작의 주된 작업은 하나의 이미지를 창조하는 데에 있는 것으로 보려는 시각 등은 대부분의 정의에서 공통적으로 보이는 양상들이다.

다양성을 보이는 위의 정의들은 첫째, 시의 형식을 중심으로 하여 내린 정의, 둘째, 시의 의미를 중심으로 하여 내린 정의, 셋째, 시의 형식과 의미를 함께 중요시하여 내린 정의로 구분되어진다고 볼 수 있다. 그러나 유사한 정의라고 하더라도 한 정의가 반드시 다른 한 정의와 부

---

7) 조지훈, 『詩의 原理』, p.66.

합된다고 볼 수는 없다고 생각된다.

위의 정의 중에서 ①에서 ⑦까지의 정의는 시의 형식을 중심으로 하여 정의를 내리고 있으며 ⑧에서 ⑯까지의 정의는 의미를 중심으로 하여 정의를 내리고 있음을 볼 수 있다. 그리고 ⑰에서 ㉓까지의 정의는 주제와 의미를 함께 중요시하여 정의를 내리고 있음을 볼 수 있다.

시의 형식을 중요시하여 시의 정의를 내린 대부분의 문학가들은 문학사에서 고전주의자와 신고전주의자로 일컬어지는 시인들이다. 이들이 형식을 중시하여 시의 정의를 내리는 것은 자신들의 추구하였던 문학관, 즉 고전주의와 신고전주의 시각에서 비롯된 것으로 볼 수 있다.

시의 의미를 중요시하여 시의 정의를 내린 대부분의 문학가들은 낭만주의 계열에 속하는 문학가들이다. 또한 이러한 주제 중심의 정의는 고대동양의 문학관에서 부분적으로 나타나 보이고 있다. 형식을 중요시하는 고전주의 문학관에 반하여 의미를 중시하는 낭만주의 문학관을 지향하는 작가들이 시의 형식보다는 주제를 더욱 부각시킨 것은 당연한 일이라고 생각된다.

형식과 의미를 함께 중요시하여 시의 정의를 내린 문학가들은 형식과 의미 중에서 어느 한 면에 치우치지 않고 정의를 내렸다. 이들은 거시적 관점에서 시의 정의를 내리고 있으며 시가 갖추어야 할 형식과 의미를 동시에 추구하였다는 면에서 종합적인 정의라고 생각한다.

이와 같이 시의 정의는 특히, 작가가 지향하고 있는 문예사조와 작가의 문학적 개성에 따라서 각양각색으로 나타나고 있음을 볼 수 있다. 시의 정의는 절대적인 것이 아니라 상대적인 것으로 볼 수 있다. 그리고 시의 정의는 단순한 사고에서가 아니라 중후한 사상에서 비롯될 때 작가 자신은 물론이고 타인이 공감할 수 있는 참다운 정의가 될 수 있을 것이라고 생각된다.

2. 시의 기본 성격

1) 정서의 표출화

정서(情緖)란 어느 특정 대상에 대하여 일어나는 다양한 감정을 뜻한다. 이 정서는 문학 창작에 있어서 뿐만 아니라 시 창작과 시 비평에 있어서 절대적 요소로 간주되고 있다. 시는 시인이 가지는 생물이나 무생물에 대한 정서를 표출화(表出化) 시킨 창작물이다. 그리고 대상에 대하여 느낀 감동을 다양한 매체를 통하여 나타낸 표현물이다. 한 대상을 표현한다는 것은 시의 가장 중요한 성격중의 하나이다. 철학이나 과학은 논리적 지식을 발견하고 이를 밝히기 위하여 정립시키는 데에 그 목적이 있지만 시는 시인의 마음에 느껴진 감동을 언어로써 묘사하여 독자들과 함께 공감대를 형성하는 데에 그 목적이 있다.

시인이 시를 통하여 정서를 그려내는 것은 고대시가에서나 현대시에 있어서 크게 다를 바가 없다. 허드슨(Hudson)은 시를 정서적이며 상상적인 것으로 이해해야 하는 것으로 보고, 그 자체를 생명의 해석이라고 말하였다. 물론 이러한 견해는 허드슨 자신의 독특한 시관(詩觀)에서 비롯된 것이라고 볼 수 있을 것이다.

꽃가루와 같이 부드러운 고양이의 털에
고운 봄의 香氣가 어리우도다.

금방울과 같이 호동그란 고양이의 눈에
미친 봄의 불길이 흐르도다.

고요히 다물은 고양이의 입술에

포근한 봄졸음이 떠돌아라.

날카롭게 쭉 뻗은 고양이의 수염에
푸른 봄의 生氣가 뛰놀아라.
<이장희, 「봄은 고양이로다」>

이장희는 봄의 향기와 불길, 그리고 졸음과 생기를, 고양이의 털과 눈, 그리고 입술과 수염으로써 구체화(具體化)하였다. 이러한 고양이에 대한 시는 '고양이'라고 하는 대상이 없이는 이루어질 수 없으며 가령 존재한다고 하더라도 고양이에 대한 느낌 없이는 이루어질 수 없다. 그리고 고양이에 대한 느낌이 있다고 하더라도 고양이에 대한 감동 없이 오직 이장희만의 상상적인 추리에 의하여 이루어질 수는 없다. 즉, 위의 시는 고양이에 대한 감동에서 형성되어지는 시적 정서가 문자로써 구체화 된 것이라고 볼 수 있다. 따라서 「봄은 고양이로다」는 이장희만의 정서에 의하여 이장희만의 언어로써 표출된 시라고 말할 수 있다.

이러한 시에서 나타나는 정서는, 다만 그 정서의 내용과 성향이 다를 뿐, 일반적인 시에서도 찾아 볼 수 있다. 주제를 뒷받침하는 독특한 정서가 시에 담겨질 때, 비로소 그 작품은 시로서의 생명을 가지게 된다고 볼 수 있다.

시인의 정서는 사회가 변화하고 시대적 가치가 바뀜에 따라 변화하는 것이라고 보는 문학가와 전혀 그렇지 않다고 보는 문학가들로 나뉘어진다. 전자의 경우, 현대와 같이 과학문명이 인간의 가치관을 변혁시키는 상황에 있어서는 더욱 그러하다고 볼 수 있다. 그러나 꽃·사랑·죽음·증오·환희 등에 대하여 근본적으로 가지는 인간의 정서 등을 기존의 시와 연관시켜볼 때에는 이와는 반대의 입장을 취하게 된다.

이러한 시의 정서를 이분법적 시각으로써 분석하기보다는 정서는 시의 절대적 요소이며 시를 존재케 하는 긍정적인 요소로서 보아야 한다. 그리고 작가는 인간이 가지는 근본적인 정서를 바탕으로 하여 환경적 요소에 의하여 일시적으로 변화하는 가시적 정서를 수용함으로써 좀더 새로운 현대시의 모색을 시도할 수 있다.

2) 형식의 간결성과 내용의 함축미

시에 있어서 형식(形式)의 압축(壓縮)과 이에 따른 간결성(簡潔性)은 타 문학장르에 비하여 시가 내세울 수 있는 가장 독특한 표현방식인 동시에 중요한 특징 중의 하나이다. 또한 그 형식이 간결해짐에 따라서 그 내용 역시 함축적 미를 추구하게 되는 것이 시라고 말할 수 있다. 특정한 주제 아래에서 제재와 소재를 구체적으로 표현하고 묘사·확대하는 것이 소설이라고 한다면 이와는 달리 주제 표현내용을 가급적이면 함축시키는 것이 시라고 볼 수 있다.

한 편의 장편소설이 말하고 있는 내용을 한 편의 시로써 표현할 수 있다. 그렇다고 해서 긴 내용을 짧게 줄이는 작업 자체가 시 창작을 의미하는 것은 아니다. 시 창작에 있어서 대상이 가지는 이미지와 그 이미지에서 얻어지는 주제를 함축적으로 표현하기 위하여서는 전체 구조를 간결하게 하고, 또한 제재와 소재를 간단·명료화시킴으로써 통일된 소우주(小宇宙)를 형성시켜야 한다.

소설의 전체적 구조도 산만함이 없이 잘 짜여져야 하지만, 특히, 시의 구조는 더욱 간결하게 짜여져야 한다. 즉, 시의 생명은 형식의 간결미와 이에 따라서 이루어지는 내용의 함축미에 있다고 말할 수 있다.

> 머언 산 青雲寺
> 낡은 기와집

山은 紫霞山
봄 눈 녹으면

느릅나무
속잎 피는 열 두 구비를

청노루
맑은 눈에

도는
구름
<박목월, 「청노루」>

박목월의 「청노루」는 한 폭의 동양화를 보는 것만 같은 느낌을 준다. 그러면서도 이 시는 한 폭의 그림보다 더욱 더 간추려져 있음을 볼 수 있다. 「청노루」에서는 "무엇을 그리느냐가 문제가 아니라, 무엇을 그리지 않느냐 하는 것이 문제이다."라고 말한 앙리 마티스의 그림 창작법과 유사한 창작기법이 나타나고 있다. 즉, 이 시에서는 형식의 간결미가 농도 짙게 나타나고 있다. 청노루와 청운사(靑雲寺)가 있는 산의 정경을 시로 표현하기 위해서는 청노루를 비롯한 주위의 다양한 사물들이 소재로 선정될 수 있다. 그러나 청운사가 있는 산의 모든 것을 나타내려고 한다면 오히려 산만한 글이 될 것이며 특히, 청노루가 가지는 신선한 이미지는 다른 사물의 이미지에 의하여 분산되어진다고 말할 수 있다. 또한 이 시를 산문과 같은 긴 문장 형태로 바꾸어 표현하였을 때, 그 글은 독자의 문학적 감수성에 호소될 수 없을뿐더러 독자들은 문학적 긴장의 완화로 인하여 이 시가 가지는 간결미를 거의 느끼지 못하게 될 것으로 생각된다.

즘이라는 문학사조가 제1차 세계대전을 전·후하여 영국과 미국을 중심으로 형성되어지게 되었다. 이미지즘을 추구하는 시인들은 형태에 있어서 자유시를 취하고 정확한 영상(映像)과 심상(心象)을 표현할 수 있는 기법을 모색하였다. 현대시에서 회화성을 찾고자한 이미지즘 선구자로서는 흄(T. E. Hume)과 파운드(E. Pound)를 들 수 있다.

> 군중 속에서 유령처럼 나타나는 이 얼굴들
> 까맣게 젖은 나뭇가지 위의 꽃잎들
> <파운드, 「지하철 정거장에서」>

총 2행으로 이루어진 파운드의 「지하철 정거장에서」는 그의 시중에서 가장 짧은 작품으로서, 이미지즘 시인으로서의 파운드를 논할 때 자주 인용되는 대표적인 이미지즘 계열의 시이다. 이 작품에서는 작가가 파리의 어느 어두운 지하철 정거장에서 금시 도착한 승객들의 밝은 얼굴들을 보고 순간적으로 느낀 감동과 이미지가 회화적으로 표현되고 있다.

「지하철 정거장」에서 나타나는 이미지는 작가의 상상력과 깊은 관계가 있는데 이러한 이미지는 상상적 경험을 바탕으로 생겨나는 것이라고 볼 수 있다. 즉 풍부한 상상력에 의하여 시적 심상과 영상이 형성되는 것이라고 말할 수 있다.

따라서 이미지와 상상의 관계는 매우 긴밀한 유기적 관계에 놓여 있다고 볼 수 있다. 창작론(創作論)의 시각에 있어서 문학가들은 작가는 상상력이 풍부해야함을 논하고 있다. 왜냐하면 이들은 작품을 이루게 하는 원천적인 힘이 상상력에 있는 것으로 보고 있기 때문이다.

베르니(J. Bernis)는 "상상력은 일반적으로 심상을 낳게 하는 정신의 능력으로 정의된다. 그리고 여기서 심상이라고 하는 것은 어떤 경우에는 감각을 환기(喚起)시킨 대상이 이미 사라져 버린 뒤의 그 감각의 단순한 재생물(再生物)을 뜻하기도 하고, 또 어떤 경우에는 우리의 환상이 멋대로 만들어내는 창조물을 뜻한다."라고 논하였다. 이와 같이 베르니는 이미지를 낳게 하는 능력이 상상력에 있으며 비록, 창작 대상물이 사라진 후에도 상상력에 의하여 감각이 재생될 수 있는 것으로 보고 있음을 알 수 있다.

웰렉과 워렌(R. Wellek, A. Warren)은 『문학의 이론』에서 "문학이라는 용어는 우리가 그 용어를 상상적인 문학의 예술에 한정하여 사용할 때 가장 좋은 것처럼 보인다."[9]라고 논하고 있다. 이들의 말에서처럼 문학에 있어서의 상상은 매우 중요한 것으로서 이러한 상상은 시적 이미지와 연결될 수 있다. 또한 이러한 상상은 무(無) 에서 이루어지는 것이 아니라 경험에 의하여 이루어지는 것이라고 볼 수 있는데 릴케가 "시는 체험이다."라고 한 것은 이러한 이유 때문이라고 생각된다.

이와 같이 서로 긴밀한 관계에 놓여 있는 이미지와 상상은 작가의 체험을 바탕으로 이루어지며 시의 특징을 나타내는 핵심적 요소 중의 하나라고 볼 수 있다.

3. 시의 언어

1) 언어의 양면성

고대에서부터 고전주의에 이르기까지의 대부분의 시인들은 시에서 사용되어지는 언어는 고상해야하며 또한 비세속적인 성격을 지녀야 된다고 생각하였다. 이러한 시어에 대한 문제는 극소수의 작가들에 의하여 간혹 제기되어왔는데 그 중요성이 부각되어 본격적으로 제기된 글

9) René Wellek and A. Warren, *Theory of Literature*(Penguin University Books, 1973), p.22.

중의 하나를 워즈워드의 '서정시집 서문(序文)'에서 찾아볼 수 있다. 워즈워드는 기존의 형식적인 시어에 대하여 인식을 달리 하였다.

> 내가 이 시편들(서정시집)에서 계획한 주목적은 일상생활에서 사건과 상황을 택하여 전시편을 통해서 그것을 될 수 있는 대로 사람들이 실제로 사용하는 언어로써 얘기하거나 기술하려는 것이었고, 동시에 그것에 어떤 상상의 착색(着色)을 하여 일상적인 것도 특이한 양상으로 보이도록 하려는 것이었다.[10]

위의 글에서와 같이 워즈워드는 사람들이 실제로 사용하는 언어와 기술할 수 있는 언어로써 시어를 구축하려고 하였으며 시어의 세계를 과감하게 확대하려고 하였다.

쉼표·마침표·느낌표 등의 부호까지를 포함하는 시어가 한 특정 문장에 있어서 사용되어진 위치에 따라서도 그 뜻을 변화시킬 수 있는 것이라면, 시에 사용되는 언어에 있어서 타자의 제한이 적용된다는 것은 시에서 뿐만이 아니라 문학창작 그 자체에 있어서도 허용될 수 없다.

이러한 시점에 있어서 현대 시인들이 시어 사용에 제한을 두지 않으려는 것은 당연한 일이라고 볼 수 있다. 뿐만 아니라 시 창작에 있어서 기호나 도형까지도 수용하여 시 세계를 확대하려는 현대문학사조의 진행과정에 있어서 시어에 대한 시비를 가리는 것은 순수한 창작관에서 발로된 것이 아니라고 볼 수 있다.

프라이는 언어를 '자기 표현적 언어'·'실용적 언어'·'상상적 언어' 이상, 세 가지로 나누었는데 보편적으로 시어는 외연의 언어와 내포의 언어·과학적 언어와 정서적 언어·기술적 묘사를 위한 언어와 표현적 묘사를 위한 언어, 이상 세 가지 시각에서 고찰할 수 있다.

---

10) 白鐵, 『批評의 理解』(민중서관, 1968), p.105.

첫째, 언어에는 외연(外延)과 내포(內包)의 두 가지 속성이 있는데 시어에도 외연적 언어와 내포적 언어가 있다.

논리학(論理學)에 있어서 외연이란 주어진 개념이 적용될 수 있는 사물의 범위를 말하며 내포는 어떠한 개념이 포함하고 있는 성질의 전체를 말한다. 이러한 외연과 내포를 언어학적 시각에서 볼 때 외연은 단어가 가지는 사전적 의미, 즉 겉으로 드러나고 있는 일차적인 의미를 말하며 내포는 단어가 사용되었을 때 가지는 상징적 의미, 즉 안으로 가지고 있는 속성과 같은 이차적인 의미를 말한다. 보편적으로 과학적인 문장에 있어서는 외연적 언어 해석이 요구되며 문학적인 문장에 있어서는 내포적 언어 해석이 요구된다고 볼 수 있다. 시 창작에 있어서 매우 중요하게 이루어지는 시어에 대한 작업은 곧 내포적 언어에 대한 작업이라고 볼 수 있다.

> 내가 그의 이름을 불러주기 전에는
> 그는 다만
> 하나의 몸짓에 지나지 않았다.
> 내가 그의 이름을 불러주었을 때
> 그는 나에게로 와서
> 꽃이 되었다.
>
> 내가 그의 이름을 불러준 것처럼
> 나의 이 빛깔과 香氣에 알맞는
> 누가 나의 이름을 불러다오.
> 그에게로 가서 나도
> 그의 꽃이 되고 싶다.
>
> 우리들은 모두
> 무엇이 되고 싶다.

너는 나에게 나는 너에게
잊혀지지 않는 하나의 눈짓이 되고 싶다.
<김춘수, 「꽃」>

위의 시에서 쓰여진 '꽃'이란 단어는 일상적인 꽃만을 의미하는 것은 아니다. 「꽃」에서는 여러 가지 의미들을 생각할 수 있다. 만일 이 시에서의 '꽃'이 식물이 아니라 사람을 의미한다고 한다면 이 때 '꽃'이란 시어는 내포적 언어라고 볼 수 있다. 시에서의 내포적 언어는 상징적 언어와 깊은 관계를 가진다고 볼 수 있다.

둘째, 언어는 과학적 언어와 정서적 언어로 나누어서 생각할 수 있다. 이러한 구분은 객관적 사실을 정확하게 논리적으로 전달하려는 기능 중심의 언어와, 주관적 감동을 문학적으로 표현하려는 정서적 언어에 의한 것으로 볼 수 있다.

과학적 언어는 대상물과의 관계에 있어서 일대일의 대응관계로 존재하는데 오직 한 가지 뜻만을 가지게 되며 논리적으로 명확하게 서술되는 언어이다.

> 고전(古典) 물리학(物理學)의 기본 뼈대를 형성하는 Newton 역학(力學)의 운동법칙(運動法則)은 다음과 같다. 제 1법칙 : 물체에 외력(外力)이 작용하지 않으면 정지하고 있는 물체는 언제까지나 정지하고, 운동하고 있던 물체는 그 운동방향으로 등속도(等速度)운동을 계속한다. 이와 같은 것을 물체의 관성(慣性)이라 부르므로, 관성이라는 용어를 써서 다시 표현하면 제 1법칙은 "외력(外力)이 작용하지 않으면 물체의 관성(慣性)은 보존된다"라고 짧게 말할 수 있으며, 따라서 제 1법칙은 다른 말로 '관성(慣性)의 법칙(法則)'이라고 불리운다.[11]

11) 自然科學敎材編纂委員會, 『自然科學의 理解』 (계명대학교 출판부, 1979), p.40.

위의 글에서 사용되고 있는 자연과학에 관한 용어들은 그 의미가 분명하며, 상징에 의한 또 다른 유추(類推)를 불가능하게 한다. 그러나 정서적 언어는 작가가 느낀 정서를 문학적으로 표현할 수 있는 언어인 동시에 독자의 문학적 감수성을 자극하는 언어로 볼 수 있다. 정서적 언어에 있어서의 '정서'는 심리학과 미학 등 여러 가지 측면에서 논할 수 있다. 미국의 심리학자 제임스(W. James)는 『심리학 원리』에서 "자극이 되는 사실을 지각한 뒤를 따라 신체적 변화들이 나타나는데, 그 변화의 의식이 바로 정서"라고 논하고 있다.

미학자(美學者)들은 미적 경로(aesthetic process)를 거쳐서 형성되는 인간의 감정을 정서로 보고 있는데 이러한 정서가 곧 미적 정서라고 볼 수 있다. 보쌍끄(B. Bosanquet)는 『미학삼강(美學三講, Three Lectures on Aesthetic)』에서 미적 정서의 특징으로서 영속성(永續性)·상관성(相關性)·공통성(共通性) 등을 들고 있다. 따라서 시에 있어서의 정서적 언어는 영속적이고 생명성이 넘치는 언어로 승화되어 독자에게 미적 정서를 불러일으킬 수 있어야 한다.

셋째, 언어는 기술적 묘사를 위한 언어와 표현적 묘사를 위한 언어, 이상 이 두 가지 측면에서 살펴볼 수 있다.

기술적 묘사를 위한 언어는 대상을 과학적으로 정확하게 나타내는 언어를 말하며, 언어의 외연적 특성을 이용하여 진술하거나 전달하는 기능을 가지고 있다. 이러한 언어가 추상적으로 사용되어진다면 독자의 판단을 흐리게 할 수 있다. 그러므로 기술적 묘사를 위한 언어는 대상을 그대로 재현시키는 직접적인 언어로서, 정확성을 목적으로 사용되는 경우가 대부분인 만큼 합리적·논리적·객관적인 묘사를 위한 언어가 되어야 한다.

표현적 묘사를 위한 언어는 기술이 아니라 표현을 목표로 하는 언어이다. 이러한 언어는 객관적인 정확도보다는 주관적 감성을 바탕으로 이루어진다고 볼 수 있다.

> 順伊 뒷山에 두견이 노래하는 사월 달이면
> 비는 새파란 잔디를 밟으며 온다.
>
> 비는 눈이 水晶처럼 맑다.
> 비는 하아얀 眞珠목걸이를 자랑한다.
>
> 비는 垂楊버들 그늘에서
> 한종일 銀色 레이스를 짜고 있다.
>
> 비는 대낮에도 나를 키스한다.
> 비는 입술이 함숙 딸기물에 젖었다.
>
> 비는 고요한 노래를 불러
> 벗 향기 풍기는 黃昏을 데려온다.
>
> 비는 어디서 자는지를 말하지 않는다.
> 順伊 우리가 촟불을 밝히고 마주 앉을 때,
>
> 비는 밤 깊도록 窓 밖에서 종알거리다가
> 이읏고 아침이면 어디론지 가버린다.
> <장만영, 「비」>

장만영의 「비」는 함축적 언어들을 이용하여 여러 가지 비의 이미지를 이어 놓은 표현적 묘사의 특성을 잘 보여주고 있다. 이러한 언어들은 독자의 상상력을 자극시켜 작품에 탐닉(耽溺)할 수 있는 효과를 낼 수 있다. 위의 시에서와 같이 비가 잔디를 밟으며 오는 것과 비가 버드나무 밑에서 레이스를 짜는 것, 그리고 비가 키스를 하는 것 등은 시인의 주관적 시각에서 이루어지는 것이며 이러한 묘사를 위한 언어는 당연히 표현적 묘사를 위한 언어를 바탕으로 한다고 볼 수 있다.

그런데 한편으로는 현대시에 있어서의 기술적 묘사를 위한 언어와 표현적 묘사를 위한 언어는 서로 대치되는 것이 아니라 상호보완적 관계로 볼 수 있다. 문학작품, 특히 시가 전적으로 표현적 묘사를 위한 언어만으로써 이루어지는 것은 아니며 또한 사실을 그대로 서술하는 기술적 묘사를 위한 언어를 제외시키는 것으로서도 이루어지는 것은 아니다. 사실, 의미의 전달을 목적으로 하는 시에서 기술적 묘사를 위한 언어를 알맞게 적용시킬 때 현대시의 언어적 영역은 더욱 더 확대될 수 있다. 따라서 이 두 가지 언어를 함께 수용함으로써 현대시 창작의 다양한 진로를 모색해야 할 것으로 생각된다.

2) 난해성과 애매성

현대시에서 논란의 대상이 되는 것 중의 하나가 시에 있어서의 난해성(難解性)이라고 말할 수 있다. 독자들은 물론이고 문학가들 중에서 조차 현대시의 난해성에 대하여 많은 이의를 제기하고 있다. 이의를 제기하는 대부분의 문학가들은 독자들이 시를 쉽게 이해할 수 있고 보다 시와 친숙해지기 위해서는 시 자체가 쉬워야 함을 말하고 있다. 이런 문제에 대한 심각성은 특히 시낭독회에서 절실하게 느낄 수 있다. 왜냐하면 정독으로써도 이해할 수 없는 작품이 청각으로써 이해될 수는 더욱 없기 때문이다.

그 동안 많은 비평가들이 현대시의 난해성에 대하여 다양한 문제점을 제기하고 또한 그 원인에 대하여 자신들의 의견을 제시하였다. 일부 시인들은 현대사회가 복잡해짐에 따라서 자연히 시의 구조 자체가 복잡해졌음을 말하고 있다. 이러한 현대시의 난해성은 대부분이 시어의 애매성(曖昧性)에서 비롯되고 있음을 볼 수 있다.

눈은 살아 있다.
떨어진 눈은 살아 있다.
마당 위에 떨어진 눈은 살아 있다.

기침을 하자.
젊은 시인이여 기침을 하자.
눈 위에 대고 기침을 하자.
눈더러 보라고 마음 놓고 마음 놓고
기침을 하자.

눈은 살아 있다.
죽음은 잊어버린 영혼과 육체를 위하여
눈은 새벽이 지나도록 살아 있다.

기침을 하자.
젊은 시인이여 기침을 하자.
눈을 바라보며
밤새도록 고인 가슴의 가래라도
마음껏 뱉자.
<김수영, 「눈」>

위의 시에 있어서 주제어로써 사용되어지고 있는 '눈'이라는 시어는 여러 가지로 해석될 수 있다. 독자에 시각에 따라서 '눈'은 하늘에서 내리는 눈을 기본으로 하여 순수성·희망·사랑·의지·연인·절개 등으로 해석될 수 있다. 다양한 시점에서 시어가 가지는 상징적 의미를 논할 수 있다는 것은 또 하나의 문학적 가치가 부여될 수 있지만 여기에는 작자가 의도하는 의미와의 일치에 대한 해석적 불안이 초래될 수 있다.

즉 시어의 애매성은 독자에게 문학적 즐거움을 주는 반면에 문학적 불안을 유발시킬 수도 있다.

울만(S. Ullman)은 『의미론개설(Semantics, An Introduction)』에서 애매성을 언어학적 측면에서 음성적 애매성·문법적 애매성·어휘적 애매성, 이상 세 가지로 나누고 있다.

또한 엠프슨(Empson)은 『애매성의 일곱 가지 유형(Seven Types of Ambiguity)』에서 책명 그대로 애매성을 일곱 가지 시각에서 고찰하고 있다. 이러한 애매성에 대한 언어학적 연구의 결과는 절대성을 띤 것은 아니지만 시에 나타나는 애매성과 직접 연결될 수 있다.

그런데 이러한 시어의 애매성에 따른 난해성이 농후한 시는 의도적인 측면과 비의도적인 측면에서 고찰될 수 있다. 애매성이 담긴 시어를 사용함으로써 의도적으로 창작되어진 난해한 시에는 나름대로의 독특한 문학적 가치가 부여될 수 있지만 그렇지 않은 경우의 난해한 시는 혹평으로 이어질 수 있다. 의도적인 난해한 시에 있어서의 시어는 한 가지 뜻을 가진 직설적인 시어에서 느낄 수 없는 상상력을 독자들에게 제시할 수 있지만 비의도적인 난해한 시에 있어서의 시어는 어휘적 혼란을 초래시키는 것은 물론이고 문학적 불쾌감마저 줄 수 있다.

> 캄캄한공기를마시면肺에해害롭다. 肺에끄름이앉는다. 밤새도록나는몸살을앓는다. 밤은참많기도하드라. 실어내가기도하고실어들여오기도하고하다가잊어버리고새벽이된다. 肺에도아츰이켜진다. 밤사이에무엇이없어졌나살펴본다. 習慣이도로와있다. 다만내奢侈한책이여러장찢겼다. 憔悴한 結論우에아츰햇살이仔細히적힌다. 永遠히그코없는밤은오지않을듯이.
>
> <이상, 「아츰」>

이상의 「아츰」은 초현실주의(超現實主義) 작품이다. 현대시 중에서 초현실주의 계열의 시가 가장 난해성을 지니고 있다. 문법을 거의 고려치 않고 있는 위의 시에서는 '아침'을 표현하기 위하여 '밤'을 상대적 소재로 삼고 있음을 볼 수 있다. 그러나 사실상 '밤'에 대한 묘사가 매우 어렵게 이루어지고 있으며 그 애매성으로 인하여 주제가 쉽사리 들어나지 않고 있다.

엘리엇(T. S. Eliot)은 그의 『문학론』에서 난해한 시에 대하여 논하고 있는데 그는 서툴게 표현된 시와 그럴 듯하게 보이는 시가 난해성을 유발시키는 것으로 보았다.

애매성을 지닌 시어로 인한 시의 난해성은 애매성을 지닌 시어에 의하여 난해성이 극복될 수 있기 때문에 현대시인들은 애매성을 지닌 시어를 사용하되 시어는 주제와 관련된 의미를 지닌, 문학적 책임성이 동반된 내포적 언어로써 이루어져야한다고 생각된다.

4. 시의 운율

시문학이 형성되었을 때부터 시에 있어서의 운율(韻律)은 필수적인 구성요소였다. 문학의 기원으로 간주되고 있는 민요무용에서는 집단가무(集團歌舞)를 행하기 위한 리듬이 매우 중요시되었다고 볼 수 있으며 고대의 개인적 서정가요나 집단가요에서 시의 운율이 확연하게 드러나고 있다.

또한 시에 있어서의 운율은 단순한 리듬의 기능만을 수행하는 것이 아니라 그 위치에 따라서 시적 감동을 변화시켜 준다. 왜냐하면 운율은 의미와 유기적인 관계를 맺고 있기 때문이다.

고전적인 영국·미국 시와 프랑스 시가 낭송될 때 청자들이 그 의미보다는 발화에서 언어적 감동을 받는 것은 시를 이해시켜주는 시어의 의미 때문이 아니라 시를 느끼도록 하는 시어의 운율 때문이다. 그리고 시의 주제에 적합한 운율은 더욱 더 시적 감동을 준다고 볼 수 있다.

많은 논자들이 시의 운율적 요소를 강조하였다.

하우프만(Hauptman)은 요한복음의 "태초(太初)에 말씀이 있었다"를 "태초에 리듬이 있었다"로 바꾸어서 시의 운율을 강조하였다. 조지훈은 "시상(詩想)이 떠오르면 동시에 거기에 알맞은 운율이 떠오른다."라고 말하였으며 포(E. A. Poe)는 "시는 미(美)의 운율적 창조"라 논하였다. 그리고 허드슨(Hudson)은 "시의 정서와 상상은 특별한 표현방법을 통해야 하는데, 그 형식이란 물론 규칙적이고 운율적인 시어나 율격"이라고 말하였다.

시의 운율은 운율을 강조하는 정형시의 형식에서 벗어나기 위하여 만들어진 새로운 형식의 시, 즉 자유시가 형성되면서부터 그 모습과 기능이 달라지기 시작하였다. 자유시를 추구하는 현대 시인들은 얽매였던 원칙에서 벗어나 자유로운 운율을 창조하였다. 그들은 시의 운율을 없앤 것이 아니라 제재에 알맞은 운율을 창안하였다고 볼 수 있다.

자유로운 운율을 지닌 자유시는 기존 형식이나 운율에 의존하여 창작되었던 정형시에 비하여 작품 주제면에 있어서도 자유로운 사상을 표현할 수 있는 새로운 장르로 발전하게 되었다. 그리고 "자유시는 자유로워서 창작이 쉬우며 정형시는 형식에 얽매어져 있어서 창작이 어렵다."라고 보는 견해는 정형시와 자유시를 올바르게 이해하지 못한 데서 비롯된 것으로 볼 수 있다. 운율은 어느 문예사조에서든지 중요시되었으며 어떠한 장르의 시를 창작하든지 간에 그 시작에는 많은 노력이 필요로 한다고 생각된다.

자유시의 운율은 기존 틀에서 벗어나 새로운 아름다움을 창조하려는 자유로운 시관(詩觀)에서 형성되었다. 그로나 현대시가 점차적으로 발전되면서 영국·미국의 이미지즘 시인들은 시의 자유율보다는 이미지의 시각화에 중점을 두고 창작을 하였다. 그리고 이들은 "박자는 메트로놈으로 해야 한다"는 등의 독자적인 운율관(韻律觀)을 가지고 있었다.

이러한 영국·미국의 이미지즘 시인들이 가졌던 시관과는 달리, 미래파(未來派)의 마리네티와 아폴리네르 등의 시인들은 시를 도형화(圖形化)시키는 작업을 하여 형상시(形象詩)를 비롯한 새로운 장르의 시를 발표하였다. 이들은 운율과 상관없이 축약된 시어와 기호, 그리고 숫자 등을 사용하여 회화적인 시를 창작하였다. 이러한 시는 낭송될 수 없는 시로서 단지 시각에 의존하여 해석적 접근이 가능하다고 볼 수 있다.

일반적인 시에서 나타나고 있는 시의 운율은 외재율과 내재율로 나누어서 고찰 할 수 있다.

1) 외재율

글의 표면에 흐르고 있는 리듬을 외재율(外在律)이라고 하는데 이 운율은 정형성(定型性)을 가지고 있으며 외형률(外形律)이라고도 일컫는다. 작품을 이루는 문장에 일정한 규칙성을 부여함으로써 형성되는 외재율은 시 장르의 주된 요소로써 유효·적절하게 이용되어지고 있다. 특히, 외재율은 자유시나 산문시보다는 시조와 같은 정형시에서 많이 사용되어지고 있음을 볼 수 있다. 기존 시에서 나타나고 있는 외재율은 다음과 같이 몇 가지로 나누어 살펴볼 수 있다.

첫째, 음성률을 살펴볼 수 있다

음성률(音聲律)은 음(音)의 고저(高低)와 장단(長短), 그리고 강약(强弱) 등을 바탕으로 하여 이루어지는 운율이다. 이러한 음성률은 한시(漢詩)에 있어서의 평측법(平仄法)에서 잘 드러나고 있다. 중국어에는 사성(四聲), 즉 평성(平聲)·상성(上聲)·거성(去聲)·입성(入聲)이 있다. 이

중에서 평성은 평(平)이며, 그 외의 것은 측(仄)이 되는데 이러한 평(平)과 측(仄)을 이용하여 고저운(高底韻)을 만든다.

음성률은 영국시(英國詩)에서도 찾아볼 수 있는데 이러한 운율은 한시에서처럼 영국시의 근간을 이루고 있다. 영국시의 리듬은 강음(强音)의 주기적인 반복에 의해서 일어나며[12] 이 성질을 이용하여 영국 시의 기본 리듬 형식인 음성률이 만들어진다. 음의 강약에 따라서 형성되는 영국 시의 운율은 음보(音步, foot)를 기본단위로 한다. 음보는 원칙적으로 강세(强勢, stress)가 있는 강음절 하나와 강세가 없는 약음절(弱音節) 하나 혹은 둘로 형성되는데, 여기에는 여러 가지 종류가 있다.

일반적인 관례에 따라서 강세가 있는 음절을 '/'로 표하고 강세가 없는 음절을 '×'로 표할 때, 다음과 같은 음보의 실례를 들 수 있다.

> Iambus(×/), Trochee[tróuki:](/×), Anapaest [ǽnəpi:st] (××/), Dacty [dǽktil] (/××), Spondee [Spɔ́ndi:] (//), Amphibrach [ǽmfibræk] (×/×), Amphimacher [æmfiməsə] (/×/), Pyrrhic [pirik] (××) 등이다.[13]

이러한 음성률은 한국 현대시에서는 거의 나타나지 않는다고 볼 수 있다. 왜냐하면 한국어는 본질적으로 음의 고저성(高低性)에 의하여 이루어지지 않고 있기 때문이다. 따라서 시인들이 시 창작에 음성률을 수용하는 것은 매우 어렵다고 볼 수 있다.

둘째, 음위율을 살펴볼 수 있다.

음위율(音位律)은 음(音)의 위치(位置)에 의하여 만들어지는 운율이다. 시의 행중에서 알맞은 음절을 택하여 형성되어지는 음위율은 두운(頭韻, alliteration), 요운(腰韻, assonance), 각운(脚韻, rhyme) 등으로 이루

---

12) 崔昌鎬, 『英詩槪論』 (精研社, 1965), p.20.
13) 최창호, 『영시개론』, pp.21-26.

어진다. 시어의 반복성 등을 이용하여 만들어지는 음위율은 영국 시나 한시에서 매우 중요시 여길뿐더러 한국 시에서도 찾아볼 수 있다.

(나)두 야 간다.
(나)의 이 젊은 나이를
눈물로야 보낼거야
(나) 두 야 가련다.

(아)늑한 이 항군들 손쉽게야 버릴거냐
(안)개같이 물어린 눈에도 비최나니
<박용철, 「떠나가는 배」 중>

질경이(를) 캐러가(세) 치마폭(에) 담고 오(세)
질경이(를) 캐러가(세) 허리춤(에) 끼고 오(세)
<유석빈 역, 「詩經」 중>

위에서 제시한 박용철의 「떠나가는 배」와 「시경」의 시는 음위율이 나타나고 있는 작품들이다. 「떠나가는 배」에서의 1행의 첫 음절인 '나'와 2행의 첫 음절인 '나', 그리고 4행의 첫 음절인 '나'에서는 두운이 나타나고 있음을 볼 수 있으며 5행의 첫 음절인 '아'와 6행의 첫 음절인 '안'에서도 역시 마찬가지이다. 또한 「시경」의 시에서 '를'·'세'·'에'는 요운을 이루고 있으며 '세'는 각운을 이루고 있음을 볼 수 있다.

셋째, 음수율을 살펴 볼 수 있다.

음수율(音數律)이란 음(音)의 수(數)에 의하여 만들어지는 운율이다. 한국어의 본질적 특성상 고저와 장단, 그리고 강약을 이용한 시 창작이 어려웠기 때문에 한국어를 바탕으로 하는 시 창작에 있어서는 이 음수율이 적용되었다. 음수율을 바탕으로 하고 있는 한국의 시에서 주로 많이 보이고 있는 음수율은 3·3조, 3·4조, 4·4조, 7·5조 등이다. 한국의 민요와 가사, 그리고 시조 등은 이러한 음수율을 바탕으로 하여 이루어졌다고 볼 수 있다.

엄마야 누나야 강변(江邊) 살자
뜰에는 반짝이는 금모래빛,
뒷문밖에는 갈잎의 노래
엄마야 누나야 강변(江邊)살자
<김소월, 「엄마야 누나야」>

김소월의 「엄마야 누나야」는 민요시(民謠詩)라고 일컬어지는 작품 중의 하나로서 이 시에서는 정형적인 음수율인 3·3·4조와 3·4·4조를 중심으로 운율을 이루고 있다. 이러한 음수율은 한국의 시조나 민요를 토대로 하여 이루어진 현대시조와 현대 민요시에서 비교적 잘 나타나고 있음을 볼 수 있다.

2) 내재율

글의 내면에 흐르고 있는 리듬을 내재율(內在律)이라고 하는데 외재율이 정형시를 중심으로 이루어지는 반면에 이 내재율은 자유시를 중심으로 이루어지고 있음을 볼 수 있다. 내재율은 외재율처럼 표면상으로 뚜렷하게 나타나지 않고 있기 때문에 쉽게 고찰되지 않는다.

이러한 내재율을 지향하는 작가들 대부분이 정형시보다는 자유시를 추구하는 시인들이다. 그러나 이들은 외재율을 전적으로 부정하지는 않으며 오히려 시 창작에 있어서 부분적으로 수용함으로써 개성적인 자유시를 창작하고 있음을 볼 수 있다.

자유시가 형성되던 때부터 내재율을 표현하기 위한 다양한 시각에서의 모색작업이 많은 작가들에 의하여 이루어져 왔다. 현재까지 내재율에는 분명하게 단정지어서 지칭할 수 있는 운율이 없지만 내재율을 형성시키는 기법에 따라서 의미에 의한 내재율·유포니(euphony)에 의한 내재율·파열음에 의한 내재율·성유법에 의한 내재율 등을 들 수 있다.

첫째, 의미(意味)에 의한 내재율은 주로 반대되는 의미와의 대칭적(對稱的) 관계에 의하여 형성되어지는 운율이다.

> 싸움하는사람은즉싸움하지아니하던사람이고또싸움하는사람은싸움하지아니하는사람이었기도하니까싸움하는사람이싸움하는구경을하고싶거든싸움하지아니하던사람이싸움하는것을구경하든지싸움하지아니하는사람이싸움하는구경을하든지싸움하지아니하던사람이나싸움하지아니하는사람이싸움하지아니하는것을구경하든지하였으면그만이다.
>
> <이상, 「烏瞰圖 詩 第三號)」>

위의 시에서와 같이 이상은 '싸움하는사람'과 '싸움하지않는사람'이라는 상반관계에 놓인 인물을 설정하여 반복적 묘사로써 시의 내용을 이끌어가고 있음을 볼 수 있다. 여기에서 독자들은 '싸움하는사람'과 '싸움하지않는사람'이 가지는 의미적 대립에서 내면적인 운율을 느낄 수 있다.

둘째, 유포니에 의한 내재율은 유포니현상이 나타나는 시어에 의하여 이루어지는 운율이다. 즉, 발음이 쉽거나 듣기에 유쾌한 음의 특질을 이용한 시어를 사용함으로써 내면적인 운율을 창조하는 것이다. 한국어에 있어서 모음과 'ㄹ·ㄴ·ㅇ' 등은 울림소리로서 다른 음에 비하여 부드러운 소리를 내는데 이러한 음이 담긴 시어를 사용하거나 모음조화가 이루어지는 시어를 선택함으로써 독자에게 운율의 느낌을 줄 수 있다.

들길은 마음에 들자 붉어지고
마을 골목은 들로 내려서자 푸르러진다.
바람은 넘실 천 이랑 만 이랑
이랑이랑 햇빛이 갈라지고
보리도 허리통이 부끄럽게 드러났다.
<김영랑, 「오월」 중>

김영랑의 「오월」은 제목에서조차 부드러운 음과 경쾌한 리듬을 느낄 수 있다. 그는 한국어가 지니고 있는 맑고 아름다운 음의 특징을 시어에 적용시킨 대표적 시인이다. 그는 위의 시에서와 같이 '천 이랑 만 이랑'·'이랑이랑' 등의 울림소리가 내재된 시어를 사용하여 그 만의 독특한 내재율을 형성하고 있음을 볼 수 있다.

셋째, 파열음(破裂音)에 의한 내재율은 파열음 현상이 나타나는 시어에 의하여 이루어지는 운율로서 유포니에 의한 내재율과는 상반되는 음의 현상을 바탕으로 형성되어진다. 한국어에서 'ㅋ·ㅌ·ㅍ' 등은 파열음으로서 다른 음에 비하여 강한 소리를 내는데 이러한 음이 담긴 시어를 사용함으로써 내재적인 운율을 만들 수 있다. 강한 음이 담긴 시어들은 순수시(純粹詩)보다는 참여시(參與詩), 특히 전쟁시(戰爭詩)나 프롤레타리아 시에서 많이 보인다. '포탄·탄환·폭발·대포·철책·권총·충격·혁명·투사·쟁취·재판·처단' 등의 단어는 음은 물론이고 그 의미에서조차 복합적인 강한 내재율을 느끼게 한다.

넷째, 성유법(聲喩法)에 의한 내재율은 소리·동작·상태 등의 내용적 의미를 유사한 음성으로 직접 묘사하여 표현된 시어에 의하여 이루어지는 운율로서 여기에는 의성어(擬聲語)에 의한 내재율과 의태어(擬態語)에 의한 내재율이 있다.

처얼썩 처얼썩 척 쏴아아.
따린다. 부순다. 무너버린다.
태산 같은 높은 뫼 집채 같은 바윗돌이나
요것이 무어야 요게 무어야.
나의 큰 힘 아느냐 모르느냐 호통까지 하면서
따린다. 부순다. 무너버린다.
처얼썩 처얼썩 척 튜르릉 콱
<최남선, 「海에게서 少年에게」 중>

최남선의 「海에게서 少年에게」에 있어서 1행의 '처얼썩 처얼썩 척 쏴아아'와 7행의 '처얼썩 처얼썩 척 튜르릉 콱'은 파도를 의성어로써 표현한 것으로서 경쾌한 내재율이 나타나고 있음을 볼 수 있다.

'쿵쿵·타박타박·톡톡·콰르릉' 등의 의성어와 '이글이글·살랑살랑·솔솔·넘실넘실' 등의 의태어는 현대시에서 내재적인 운율을 형성하는 시어로써 자주 사용되고 있음을 볼 수 있다.

5. 시의 수사적 기교

시에 있어서의 대상에 대한 묘사는 직접적인 표현방식과 간접적인 표현방식에 의하여 이루어진다. 그러나 현대시에서 직접적인 표현방식보다는 간접적인 표현방식이 보다 중점적으로 이루어지고 있는 것은 시인이 자신의 느낌을 정서적 언어로써 표현함에 있어서 그 시적 감동을 다양하게 표현·전달하려는 데에 있다. 이러한 표현방식은 수사적(修辭的) 기교에 의해서 이루어지는데 전달하려는 의미나 감동을 강조 내지는 변화시키기 위해서도 여러 가지 수사적 기교가 필요하다고 볼 수 있다.

루이스는 "시는 언제나 사물과 사물을 비교하는 것"이라고 논하면서 시의 수사적 기교를 강조하였다. 개성적이고 참신성을 요하는 시의 수사적 기교는 크게 비유법과 상징법으로 나누어서 살펴볼 수 있다.

1) 비유법

비유(比喩)란 어떤 현상이나 사물을 그와 비슷한 다른 현상이나 사물을 서로 관계시켜서 표현하는 것을 말한다. 이러한 비유에 있어서는 표현하려는 대상의 유사성(類似性)과 대비성(對比性)인 유비(類比), 즉 사물상호간에 대응적으로 존재하는 동등성이나 동일성이 적용되어 진다. 시인들은 비유를 통하여 회화와 같이 더욱 뚜렷한 정체를 표현할 수가 있다. 모울톤은 "비유란 회화적인 비교이다"라고 논하였다.

비유의 형식은 비유하는 대상과 비유되는 이미지로써 이루어진다. 비유에 있어서 비유하는 대상을 원관념(原觀念)이라고 칭하며, 비유되는 이미지를 보조관념(補助觀念)이라고 일컫는다.

비유에는 여러 가지가 있는데 크게 직유와 은유로 구분하여 살펴볼 수 있다.

첫째, 직유를 살펴 볼 수 있다.

직유(直喩, simile)는 일명 명유(明喩)라고도 하는데, 'A is like B'와 같은 형식을 가진다. 이러한 형식은 '…같은'·'…같이'·'…처럼'·'…만한'·'…ㄴ양'·'…ㄴ듯'·'만큼' 등과 같이 원관념에 대한 보조관념의 비교로써 이루어진다. 비유하는 말과 비유되는 이미지를 직접 비교하는 직유는 일반적으로 널리 사용되는 수사법으로써 상투적이고 피상적인 보조관념을 취하게 되면 진부한 느낌을 주지만 이색적이고 신시한 보조관념을 취하게 되면 새로운 느낌을 주게 된다. 실례로써 이상의 시에서 보이는 '헝겊 심장(心臟)', '콩크리트 전원(田園)' 등은 새로운 이미지를 나타내는데, 이처럼 시에서의 직유에는 독특한 문학적 감수성이 내재되어 있어야 한다. 단지 유사한 것과의 비교만이 직유인 것으로 보는 데에는 독창적 표현에 있어서 많은 문제점이 제기될 수 있다.

이러한 비유법에 있어서의 직유는 서술적 직유(descriptive simile)와 강의적 직유(intensifying simile)로 구분되어지며, 서술적 직유에는 단순직유(simple simile)와 확장직유(expanded simile)가 있으며, 강의적 직유에는 관용직유(proverbial simile)와 머리소리 직유(alliterative simile)가 있다.

서술적(敍述的) 직유에 있어서의 단순직유(單純直喩)는, 비유하는 심상과 비유되는 심상이 한 개의 단어로 이루어지는 것으로서, 직유법 중에서 가장 간단한 비유법이다. 단순직유는 '샛별 같은 눈'·'앵두 같은 입술' 등과 같이 단순한 원관념과 보조관념만으로 구성되어 있다.

단순직유가 낱말이 낱말을 비유하는 것인 데 반하여, 확장직유(擴張直喩)는 비유하는 보조적인 이미지가 주어와 서술어를 곁들인 것을 말한다.[14)]

강의적(强意的) 직유에 있어서의 관용직유(慣用直喩)는 독창적으로 창안된 비유가 아니라 관용적으로 쓰여지고 있는 기존 직유를 말하는데 이 직유는 특정한 시적 의미를 비유하는 데에 중점이 있는 것이 아니라 문장을 강조하는 데에 주목적이 있다고 볼 수 있다. '쏜살같이'·'비호같이'·'두꺼비 파리 잡아먹듯'·'닭 쫓던 개 지붕 쳐다보듯' 등과 같은 것이 관용직유이다.

머리소리 직유는 두운법(頭韻法)의 형식으로 이루어진 직유를 말한다. 머리소리 직유는 한국 시에서는 잘 나타나지 않고 있으나 영국·미국의 시에서 비교적 잘 나타나고 있다. 예를 들어서 'As clear as crystal·As dry as

---

14) 金相善, 『文章修辭學』 (일조각, 1974), p.210.

dust·As good as gold·As pure as pearl'에서 나타나고 있는 수사법을 머리소리 직유라고 볼 수 있다.

또한 황석우의 「夕陽은 커진다」에서의 '살 향기와 같은 속심 있는 웃음'이란 표현에서 '살'의 'ㅅ'이 두운(頭韻)으로 되어있고, '같은'에 의해서 직유가 되고 있는데 이러한 것에서도 일종의 머리소리 직유가 나타나고 있음을 볼 수 있다.

둘째, 은유를 살펴볼 수 있다.

은유(隱喩, metaphor)란 본래의 뜻을 숨기고 유추나 공통성의 암시에 따라서 다른 사물이나 관념으로 대치하여 표현하는 것을 말하는데 'A=B'라는 관계, 즉 동일성의 비교로써 이루어진다. 원관념과 보조관념의 내포적 등가를 바탕으로 하는 은유는 직유에 비하여 비교적 과감한 언어적 묘사로써 이루어지는 수사법이다.

은유의 어원은 희랍어(希臘語)의 metaphora에서 찾아볼 수 있는데, metaphora는 '너머로'라는 의미를 지닌 meta와 '가져가다'라는 의미를 지닌 pherein에서 연유되었다. 이러한 은유는 언어작용의 한 특이한 조합으로서, 이에 의하여 한 사물의 양상이 다른 하나의 사물로 넘겨지거나 옮겨져서 두 번째의 사물이 마치 첫 번째 사물처럼 서술되는 것을 가리킨다.15)

은유는 현대시가 갖는 특징 중의 하나로써 간주되기도 하는데 어떤 의미에서는 현대시가 구축된 출발점이라고도 볼 수 있을 것이다.

> 내 마음은 湖水요.
> 그대 저어 오오.
> 나는 그대의 흰 그림자를 안고, 玉같이

15) T. Hawkes, 『隱喩』, 沈明鎬 譯 (서울대학교 출판부, 1979), p.7.

그대의 뱃전에 부서지리다.

내 마음은 촛불이오.
그대 저 문을 닫아 주오.
나는 그대의 비단 옷자락에 떨며, 고요히
最後의 한 방울도 남김없이 타오리다.

내 마음은 나그네요.
그대 피리를 불어주오.
나는 달 아래 귀를 기울이며, 호젓이
나의 밤을 새이오리다.

내 마음은 落葉이오.
잠깐 그대의 뜰에 머무르게 하오.
이제 바람이 일면 나는 또 나그네같이, 외로이
그대를 떠나리라.
<김동명, 「내 마음은」>

위의 시에서 '내 마음은 湖水요'·'내 마음은 촛불이요'·'내 마음은 나그네요'·'내 마음은 낙엽이요'는 은유에 의하여 표현되어지고 있다. '내 마음'은 원관념이며, '湖水'·'촛불'·'나그네'·'낙엽'은 보조관념으로 볼 수 있다.

이러한 은유에는 단순은유와 복합은유가 있다.

단순은유(單純隱喩)는 가장 간단한 은유로서 그 형식은 'A＝B'로써 이루어진다.

봄바람은 안기기 잘하는 나비
여름바람은 핥기 잘하는 곰

가을바람은 울기 잘하는 송아지
겨울바람은 달리는 성낸 말
<황석우, 「四季의 바람」>

황석우는 위의 시에서 사계절의 바람을 각각 '나비·곰·송아지·말'로 비유하고 있는데 한 개의 원관념과 한 개의 보조관념을 내포적 등가에 의하여 대응시킨 것이라고 볼 수 있다.

복합은유는 두 개 이상의 심상으로써 비유되는 은유를 말하는데 'A＝B, A＝C, A＝D'와 같이 한 개의 원관념에 대하여 두 개 이상의 보조관념이 동일성에 의하여 비유된다.

그것은 구비쳐오는 集團의 북소리
그것은 꽃밭, 그것은 깃발, 億萬의 발맞춤.
<이철균, 「바다를 보면」 중>

이철균은 '그것', 즉 바다를 '북소리·꽃밭·깃발·발맞춤'으로 표현하고 있는데 'A＝B, A＝C, A＝D, A=E'같은 형식으로 이루어지는 복합은유를 수용하고 있음을 볼 수 있다.

2) 상징

시의 수사적 기교에 있어서 비유와 함께 중요한 수사법이 상징(象徵)이다. 어떤 개념이나 추상적인 사물을 구체적인 것으로 나타내는 상징은 문학에서 뿐만이 아니라 철학·종교학 등의 타학문영역에서도 중요한 논란의 대상이 되어 왔다.

상징을 뜻하는 Symbol의 어원은 희랍어의 Symbolon에서 찾아볼 수 있는데 Symbolon은 희랍 사람들 사이에서 서로 친목을 도모하기 위하여 나눠 가진 신표나 증표를 의미하였다.

어반(W. H. Urban)은 『언어와 진실』에서 상징이 가지는 네 가지 속성을 제시하고 있는데 그는 첫째, 모든 상징은 무엇인가를 표시하며 둘째, 모든 상징은 이중의 지시를 가지며 셋째, 모든 상징은 진실과 허구를 포함하며 넷째, 모든 상징은 이중의 적절성이 있음을 논하였다.

특정한 의미를 이해시키고 전달하는 데에 있어서 함축적인 기능을 가지고 있는 상징은 그 기존 상징체계(象徵體系)에서 볼 때 은유와는 긴밀한 관계에 놓여 있다. 은유가 유동적이고 개방적이며 또한 상대적이고 변화성이 많으며 특수적인 데 비하여 상징은 고정적이고 폐쇄적이며 또한 절대적이고 변화성이 적으며 일반적이라고 볼 수 있다. 다시 말해서, 은유는 작자의 전적인 자의를 바탕으로 하는 원관념에 대한 보조관념의 비유로써 이루어지지만 상징은 작자의 전적인 자의를 바탕으로 하는 원관념에 대한 보조관념의 비유로써 이루어지지 않는다. 예를 들면, 국가·민족·종교·기구·병원·학교·계급·부서·사랑·전쟁·평화 등을 상징하는 상징물(象徵物)과 상징체(象徵體), 그리고 상징어(象徵語) 등은 한 개인의 감성에 의하여 이루어지는 것이 아니다. 원관념에 대한 보조관념이 상징으로 이루어질 때에는 많은 제약이 따른다고 볼 수 있다. 비록, 전위적 시인이라고 하여도 검정색을 사랑과 평화를 의미하는 상징어로 사용하는 데에는 많은 제약이 따르게 되는 것이다.

브룩스(C. Brooks)와 워렌(R. P. Warren)은 『시의 이해』에서 상징에 대하여 다음과 같이 말하고 있다.

> 상징은 원관념이 생략된 은유로 보인다. '소녀들의 장미동산에 있는 여왕 장미'라고 하면 은유지만, 시인이 단순히 그가 취급하는 사람의 성질을 암시하기 위하여 장미를 가리킬 뿐으로 비유적인 틀을 지시하지 않는다면, 그는 장미를 상징으로 바꾼 것이다. 우리는 비유적인 전화(轉

> 化)를 강조할 때 은유라는 말을 쓴다. 예컨대 '소녀는 장미이다'라고 하면 장미의 특질이 소녀에게 전화(轉化)된다. 그러나 다른 어떤 것을 대신하는 것으로서의 대상이나 행동을 생각할 때, 우리는 상징이란 말을 쓰는 것이다. 그러므로 상징은 의미를 지적하는 표적이다.[16)]

처음부터 장미는 정열과 사랑을, 십자가는 기독교를, 백합화는 순결을, 비둘기는 평화를 의미한 것은 아니다. 이러한 상징적 의미는 전체성(全體性)에 의하여 형성되어지는 것이다. 그리고 특정 은유가 오랜 시간이 지나거나 혹은 큰 사건을 계기로 하여 고정관념(固定觀念)으로 인식될 때에 이 개별적 은유는 전체적 성질을 갖춘 상징이 되고 있음을 볼 수 있다.

그런데 상징은 이러한 기존의 상징뿐만이 아니라 새롭게 창조되는 상징이 있다. 이러한 새로운 상징은 은유에 비하여 제약을 많이 받는 기존의 상징과는 달리, 은유 못지않게 작가의 자의에 의하여 만들어진다. 시 창작면에서 볼 때 후자의 상징이 더욱 더 많은 문학적 가치를 지니는 것이라고 생각된다. 기존의 상징체계를 수용하는 시인들은 독창적인 표현에 있어서 많은 제약을 받지만 새로운 상징을 추구하는 시인들은 표현적 자유를 누린다. 이러한 시점에 있어서 시인은 상징을 창조하는 일익을 담당한다고 볼 수 있다.

> 갈색 눈의 천사처럼
> 나 그대의 침실로 찾아가서
> 밤의 어둠과 함께 조용히
> 그대에게 숨어들리.

---

16) C. Brooks and R. P. Warren, *Understanding Poetry*, p. 556.

그리하여 나 그대에게, 갈색의 여인이여!
<보들레르,「유령」 중>

보들레르(P. C. Baudelaire)의 「유령」은 그의 시집 『악(惡)의 꽃』에 수록된 작품중의 하나이다. 보들레르는 『악의 꽃』을 통하여 상징주의 시문학을 창안하고 제시하였는데 여기에서의 '악의 꽃'은 꽃이 상징하는 '선'과 '아름다움'이라는 기존의 고정관념을 파괴하고 반대의 개념에서 이루어진 상징어라고 볼 수 있다. '유령'이라는 제목에서부터 '갈색 눈의 천사·밤·어둠·갈색의 여인' 등의 시어는 모두가 독창적인 상징어들이라고 말할 수 있다.

3) 반어 법

반어법(反語法)이란 문장의 뜻을 강조하기 위하여 반어를 사용하는 수사법을 말하는데 이 수사적 기교는 문장에 나타난 뜻과 이면의 뜻이 전혀 다르게 표현하는 것을 목적으로 이루어진다. 일반적으로 아이러니(irony)와 같은 뜻으로 쓰이는 반어법은 '어떤 것을 말하면서 전혀 다른 것을 뜻하는 것'·'비난하기 위하여 칭찬하고, 칭찬하기 위하여 비난하는 것'·'비웃고 조롱하는 것' 등으로 정의되기도 한다. 예를 들어서, "나는 그대를 영원히 잊으리다. 꿈속에서도 사막에서도 광야에서도 정말 그대를 잊으리다"에서와 같이 "나는 그대를 완전히 잊는다"라는 뜻이 이 문장에 담겨있는 것이 아니라 이와는 정반대로 "나는 그대를 죽어도 잊지 못한다"라는 뜻이 담겨있음을 볼 수 있다.

또한 "그대는 비평을 참 잘한다! 나의 시는 졸작이다! 그대는 나보다 백 배 천 배 훌륭하다!"와 같은 문장에서는 한 작가가 자신의 시를 혹평한 비평가에 대하여 반어법으로써 공격하고 있음을 볼 수 있다. 반어법과 동일하게 쓰이는 아이러니가 '반어'란 뜻과 함께 '풍자(諷刺)'·'비꼼'의 의미를 지니는 것은 이와 같이 그 수사적 기교가 부정적 대상에 대한 풍자를 위하여 많이 사용되어지기 때문이다.

이러한 반어법은 언어상의 아이러니(verbal irony)와 극적 아이러니(dramatic irony)로 나누어서 살펴볼 수 있다.

첫째, 언어상(言語上)의 아이러니는 실질적 의미를 나타내기 위하여 표면적으로는 전혀 반대의 언어를 사용하는 아이러니를 말한다. 언어상의 아이러니에서는 일반적으로 유순한 언어가 사용되어지는 반면에 그 내용에는 비교적 강한 의미가 내포되어 있음을 볼 수 있다.

반어로써 반대의 뜻을 나타내는 이러한 수사적 기교는 시에서 자주 사용되어지고 있다.

나 보기가 역겨워
가실 때에는
말없이 고이 보내드리우리다.

영변에 약산
진달래꽃
아름 따다 가실 길에 뿌리우리다.

가시는 걸음 걸음
놓인 그 꽃을
사뿐이 즈려 밟고 가시옵소서.

나 보기가 역겨워
가실 때에는
죽어도 아니 눈물 흘리우리다.
<김소월, 「진달래 꽃」>

김소월은 「진달래 꽃」에서 연인과의 이별에 대한 슬픔과 연인에 대한 그리움을 반어로써 묘사하고 있다. 그는 침묵의 진실을 김현승의 「눈물」에서와 같이 눈물의 진실로까지 승화시켜서 표현하고 있다.

마지막 행의 "죽어도 아니 눈물 흘리우리다"라는 표현은 눈물을 전혀 흘리지 않겠다는 의지를 담고 있는 것이 아니라 눈물을 한없이 흘리려는 강력한 의미가 내포되어 있다. 따라서 이러한 수사적 기교는 직설적인 표현에 비하여 독자에게 훨씬 감동적인 호소력을 주는 것이라고 생각된다.

둘째, 극적(劇的) 아이러니는 희곡에 한정된 아이러니가 아니지만 주로 희곡의 무대화, 즉 연극에서 나타나고 있는 아이러니를 근간으로 하여 이루어진 아이러니이다.

> 오디세우스는 이제 양손에 활을 들고 그 소유주의 긴 부재중에 벌레나 먹지 않았나 해서 그 활을 뒤틀어 보고 이리저리 시험을 해 보고 있었다. 구혼자들은 서로 눈짓을 하면서 으레 하는 빈정거리는 말들을 하고 있었다. "허, 대단한 전문가로군. 활에 대해서도 일가견을 지닌 모양인데! 활을 비틀어 보고하는 모습으로 봐서 틀림없이 집에서 활 수집을 하거나 활 공장을 차리려고 하는 것 같군. 마치 무언가 인생에 유익한 것을 떠돌아다니면서 배운 것 같군!"

「오디세이」의 클라이맥스로 이어지는 위의 글에서는 구혼자들이 오디세우스를 알아보지 못하고 놀리는 장면이 나타나고 있다. 구혼자들이 가졌던 오디세이에 대한 시각, 즉 '떠돌이 궁사(弓師)'는 사실상 '영웅 오디세이'를 의미하고 있으며 이 '영웅 오디세이'에 의하여 극적 반전이 이루어진다고 볼 수 있다. 연극이 관객에게 줄 수 있는 최고의 감동은 희극적 내지는 비극적 결과를 낳게 하는 극적 반전에 있다고 볼 수 있다. 희곡이나 연극에서 이러한 극적 반전을 나타내는 문장이나 상황은 매우 중시되는 요소이다. 따라서 이러한 극적(劇的) 반전(反轉)을 형성시키는 아이러니를 극적 아이러니라고 정의 할 수 있다. 극적 아이러니는 「오이디푸스」·「안티고네」·「햄릿」·「로미오와 줄리엣」 등의 극에서뿐만 아니라 소설, 영화 등에서도 비교적 잘 나타나고 있음을 볼 수 있다.

이러한 아이러니는 외관(外觀)과 현실의 상반(相反) 또는 부조화(不調和)를 바탕으로 하고 있으며 또한 대조되는 대상과의 격차가 크면 클수록 그 효과는 크게 나타난다고 생각된다.

4) 역설

역설(逆說)이란 일반적으로 모순(矛盾)된 말을 지칭하는데 수사법 차원에서의 역설이란 표면적으로는 그 의미가 진리와 이치에 모순되는 것처럼 보이지만 이면에는 일종의 진리와 진실이 내재되어 있음을 보여주는 수사적 기교를 말한다. 즉, 역설이란 일반화된 관념이나 의견, 그리고 이치에 맞지 않는 진술로써 의도하는 사실이나 진리를 보여주는 것이다. 그리고 이 역설은 패러독스(paradox)와는 동일성을 지닌다.

예를 들어서, 성경(聖經)에서의 "좁은 문으로 들어가라"라는 말은 표면적으로는 전혀 이치에 전혀 맞지 않는다. 그러나 성경에서는 "멸망으로 인도하는 문은 크고 그 길이 넓어 그리로 들어가는 자가 많고 생명으로 인도하는 문은 좁고 길이 협착(狹窄)하여 찾는 이가 적음이니라."는 부연설명으로써 그 이면에 진리가 있음을 말해주고 있다.

> 남들은 자유를 사랑한다지만 나는 복종을 좋아하여요.
> 자유를 모르는 것은 아니지만 당신에게는 복종만 하고 싶어요.
> 복종하고 싶은 데 복종하는 것은 아름다운 자유보다도 달콤합니다.
> 그것이 나의 행복입니다.

그러나, 당신이 나더러 다른 사람을 복종하라면 그것만은 복종할 수 없읍니다.
다른 사람을 복종하려면 당신에게 복종할 수 없는 까닭입니다.
<한용운, 「복종」>

이 시는 "남들은 자유를 사랑한다지만 나는 복종을 좋아하여요."란 역설로써 시작되고 있다. 그리고 3행에서는 "복종하고 싶은 데 복종하는 것은 아름다운 자유보다도 달콤합니다."에서처럼 1행에서 나타나고 있는 역설에 대한 근원적 해답이 제시되고 있다. 따라서 한용운의 「복종」은 역설적 상황에서 파악해야 만이 이 시가 의도하는 진정한 의미를 파악할 수 있다. '복종'을 자유와 상대되는 속박의 개념으로써 그대로 받아들인다면 진리에 의한 무한한 자유성을 추구하는 한용운의 종교시와는 거리가 멀어지게 될 수밖에 없다. 불법(佛法) 속에서의 복종은 곧 무한한 자유를 의미한다. 이러한 것은 마치 성경에서의 "진리가 너희를 자유케 하리라" 라는 역설과 일맥상통하는 것으로 볼 수 있다.

슬퍼하는 자는 복이 있나니
슬퍼하는 자는 복이 있나니
슬퍼하는 자는 복이 있나니
슬퍼하는 자는 복이 있나니
슬퍼하는 자는 복이 있나니
슬퍼하는 자는 복이 있나니
슬퍼하는 자는 복이 있나니
슬퍼하는 자는 복이 있나니
저희가 영원히 슬플 것이오
<윤동주, 「八福」>

윤동주는 「八福」에서 성경에서 나타나고 있는 예수의 사상을 모티브

로 하여 자신이 의도하는 진리를 역설로써 표현하고 있다. 성경의 구절을 재구성하여 창작되어진 위의 시에서의 '슬퍼하는 자'는 외연적 차원에서가 아니라 내포적 차원에서 해석되어져야 한다.

브룩스는 『역설의 언어』에서 "역설이란 간접적 표현이며, 이 간접적 표현이 바로 시적 언어나 구조의 일반적 특징인 것이다"라고 주장하고 있는데, 사실, 역설은 반어보다도 독자의 문학적 감수성(感受性)에 더욱 더 깊이 호소할 수 있는 수사적 기교라고 생각된다.

6. 시의 구조

언어학적 측면에서 볼 때, 시의 문장인 시문(詩文)은 음소(音素)·음절(音節)·단어(單語)·어절(語節)로써 이루어진다면 구조적인 측면에서 볼 때 시의 형태는 시어(詩語)·시행(詩行)·시연(詩聯)으로써 이루어진다.

시어는 한 개의 음절이나 두 개 이상의 음절로써 이루어진 단어와 시적 부호를 말한다. 물론 이 단어와 시적 부호는 일정한 의미를 내포하고 있어야만 한다. 그리고 시어와 가장 작은 단위의 시문을 이루는 음절과 어절은 음보(音譜, foot)를 형성하게 된다.

시어와 시문은 시행(line)을 이루며, 이러한 시행이 한 개 이상 모여서 연(stanza)을 형성한다. 또한 연이 한 개 이상 모여서 한 편의 시를 이루게 되는데, 이러한 시의 형태는 연시(聯詩)와 비연시(非聯詩)로 구분되어지며 비연시는 시행 자체만으로써 시적 구조를 이룬 시를 말한다.

이
개미들을 위하여

六月은
연분홍
잠옷 속에 있는 少女의

이마 위에서 푸른
六月은
銃殺되고
<김봉건, 「개미를 소재로 하나의 詩가 쓰여지는 理由」>

위의 시에서 살펴볼 수 있듯이 1행에서의 '이'는 한 음절로 이루어진 한 개의 단어인 동시에 시행이다. 김봉건의 「개미를 소재로 하나의 詩가 쓰여지는 理由」에서 나타나고 있는 시의 구조에 대하여 김춘수는 다음과 같이 논하고 있다.[17)]

> 위의 詩에서 '이', '六月은', '연분홍' 등을 各各 끊어서 한 行으로 配置한 것은 보통의 散文에서는 보기 드문 일이다. 특히 '이'라는 代名詞 하나가 한 行을 이루는 일은 거의 없다. 알베르 세시에(Albert Sechehaye)는 이것을 簡潔文(monoréme)이라고 하고 있다. 單語 하나, 感嘆詞 하나가 월의 구실을 하는 수가 있다. 가령 이 詩의 경우처럼 '이'라는 代名詞 하나가 그 다음에 配置된 行과 비길만한 意味의 重量을 가지고 있을 때도 하나의 簡潔文의 구실을 한다. '이'를 作者는 强調하고 싶었던 것이다.

이와 같은 시의 행과 연이 가지는 역할을 살펴보면, 첫째, 시의 행과 연은 운율을 형성하여주며 특히, 시행은 운율의 한 단락을 형성하고, 운율과 운율 사이를 연결시켜 준다고 볼 수 있다. 둘째, 시의 행과 연은 의미의 단락을 표시하는데 이 중에서 시행은 각각 독립된 의미를 지니

17) 金春洙, 『詩論』(송원문화사, 1974), pp.10-11.

고 있으며, 이러한 시행이 연결되어 시가 형성되는 것이라고 볼 수 있다. 셋째, 시의 행과 연은 이미지의 움직임을 선명하게 해 주는데 의미의 단락뿐만 아니라 시각적 움직임 을 보여 주기도 한다. 특히, 기존의 시행과 연을 변형시켜 시각적 움직임을 보여주는 경향은 현대시에 와서 더욱 두드러지게 나타나고 있는데 그 시적 구조의 양상은 매우 다양하게 이루어지고 있음을 볼 수 있다.

눈보라 비껴 나는
-全-君-街-道-
퍼뜩 차창으로
스쳐가는 인정(人情)아!

외딴집 섬돌에 놓인

하　나
둘
세 켤레

<장순하, 「고무신」>

장순하의 「고무신」은 기존의 시적 구조를 바탕으로 새로운 형태의 시를 추구하고 있으며 특히, 시각적 이미지를 중심으로 창작되었음을 볼 수 있다. '눈보라·차창·외딴집·섬돌' 등의 서정적 시어로써 한편의 영상을 보여주고 있는 이 시는 모더니즘 계열의 난해성이 짙은 초현실주의 시나 형상시(形象詩)와는 달리 비교적 차분한 느낌을 주는 구조를 이루고 있다.

현대시의 정신이 자유성에 있는 것이라면 주제적 내용은 물론이고 그 내용을 이루는 구조 역시 다양성을 바탕으로 자유롭게 이루어져야 할 것이다.

7. 시의 주제

주제(主題)란 작품에서 나타나고 있는 주된 사상을 말한다. 그리고 주제는 주제의 재료로 볼 수 있는 제재(題材)에 의하여 이루어지며, 작가가 수용한 여러 가지 소재(素材)의 조합에 의하여 표현되어 진다. 한 작품에 있어서의 주제적 사상은 작가가 표현하고자 하는 근본적인 내용이라고 볼 수 있다. 따라서 주제는 작품의 형식보다는 작품내용과 긴밀한 관계에 놓여 있다고 말할 수 있다.

서정주는 그의 『시문학원론(詩文學原論)』에서 시의 주제와 직접적인 관계에 있는 시의 내용을 주정적(主情的) 내용·주지적(主知的) 내용·주의적(主意的) 내용으로 나누고 있는데, 주정적 내용에는 감각을 주로 한 것·정서를 주로 한 것·정조를 주로 한 것이 있으며 주지적 내용에는 기지를 주로 한 것·지혜를 주로 한 것·예지를 주로 한 것이 있음을 논하고 있다.[18)]

프라이(N. Frye)는 『비평의 분해(Anatomy of Criticism)』에서 내용을 의미(meaning, Dianoia)와 이야기(narrative, Mythos)로 나누고 있는데 그는 의미를 '문학작품이 전달하려는 의미'임을 말하고 있다. 또한 그는 이러한 의미를 문학적 의미(literal meaning)·기술적 의미(descriptive meaning)·형식적 의미(formal meaning)·원형적 의미(archetypal meaning)·신비적 의미(anagogic meaning)의 시각에서 고찰하고 있다.

시의 주제는 시의 내용을 만들고 시의 내용은 다시 그 시의 주제를 표현하게 된다. 따라서 시의 주제는 무엇보다도 독자에게 감동을 줄 수 있는 내용에 의하여 표현되어져야 한다. 왜냐하면 독자에게 감동을 줄

---

18) 徐廷柱, 『詩文學原論』 (정음사, 1969), pp.46-48.

수 있는 내용에 의하여 표현되어진 주제만이 독자에게 감동을 줄 수 있기 때문이다.

사실, 시의 역할은 주제적 사상을 독자에게 전달하는 데에도 있지만 보다 주된 역할은 주제적 사상을 근간으로 하여 이루어진 문학적 감동을 독자가 느낄 수 있도록 표현하는 데에 있다고 볼 수 있다. 즉 시는 사상을 전달하는 도구로써 존재하는 것이 아니라 사상을 표현하는 그 자체로써 존재하는 것으로 볼 수 있다. 그리고 그 표현이 시적인 감동을 주기 위해서는 표현을 담고 있는 내용이 시적 감동으로써 이루어져야 한다.

시의 주제가 전달과 강요의 차원에서가 아니라 감동의 차원에서 표현되어지기 위해서는 시정신(詩精神)과 진실성을 바탕으로 하여 그 내용이 이루어져야 한다. 시정신은 에스프리(Esprit), 혹은 포에지(Poesy)로 지칭되는데 엄밀하게 볼 때 프랑스문학에서 사용되는 에스프리는 영문학에서 사용되는 포에지에 비해 기지적인 측면이 보다 강하게 자리잡고 있음을 볼 수 있다. 그러나 중요한 것은 시정신과 에스프리, 그리고 포에지는 '시가 근본적으로 추구하는 정신'을 의미한다는 데에 있다.

대부분의 시인들이 이러한 시정신을 시문학의 근본으로 삼는 것은 시의 본질적 성격에 입각하여 주제를 표현하려는 자세에서 비롯된 것으로 볼 수 있다.

시의 주제가 감동의 차원에서 표현되어지기 위해서는 진실성을 바탕으로 이루어져야 한다. 일반적인 시각에서 진실성을 바탕으로 창작된 詩와 그렇지 못한 시를 구분한다는 것은 매우 어려운 일이라고 생각된다, 왜냐하면 시에 있어서의 진실성 판단을 위한 절대적인 기준이 없기 때문이다.

루이스(C. D. Lewis)는 『시학입문(詩學入門)』에서 「어떤 때에 시는 시가 되지 않는가?」라는 논제를 제시하고 다음과 같이 말하고 있다.

> 시의 규칙을 완전히 지키고 기술적 면에서 보아도 전혀 '흠'이 없는 시면서도 마치 텅 빈 골짜기의 기와집처럼 호화스럽기만 할 뿐, 죽어 있는 시가 있다. 그런가 하면 다듬은 품이 거칠고 시로서의 풍채가 고운데도 없으면서도 이상하게 그 시를 읽으면, 때리면 울리듯 우리의 상상력에 콱 질려오는 시가 있다. -중략-
>
> 한 편의 詩가 우리의 마음속에 불러일으키는 감정이 그 詩의 좋고 그른 것을 정하는 절대의 테스트는 되지 않는다고 할지라도, 그래도 역시 그것이 최초의 테스트임은 확실하다.[19]

루이스는 위의 글에서와 같이 좋은 시란 형식적인 아름다움에 있는 것이 아니라 상상력을 자극하고 감동이 있는 시의 내용에 있음을 말하고 있다.

또한 루이스는 같은 글에서 "이 시는 그 소리에 거짓이 없는가? 이 시의 감정엔 아무 것도 섞인 것이 없는가? 나를 속이는 것이 아닐까?"와 같이 독자가 가질 수 있는 좋은 시에 대한 물음을 말하고 있는데 여기에서 그는 좋은 시란 진실성에 의하여 창작된 것이어야 함을 단언하고 있다.

따라서 시인은 주제의 재료로 볼 수 있는 제재를 선정하고 그 표현을 위하여 여러 가지 소재를 수용·조합(調合)하는 데 있어서 진실된 자세로써 임해야 한다. 단지 호기심이나 우연, 그리고 강요에 의하여 시를 쓴다면 그 시는 결코 독자를 감동시킬 수 없다.

시적 감동과 진실성을 바탕으로 이루어져야 하는 시의 주제는 작자의 의도에 따라서 다양하게 나타나고 있음을 볼 수 있다. 특히, 사랑·죽음·고독·실존·승화·인정·환희·허무·해방·초월·도피·파괴·결합 등의 안목에서 미세하게 분류될 수 있는 현대시의 주제는 고대시가나

19) C. D. 루이스, 『詩學入門』, 張萬榮 譯 (정음사, 1974), p.191.

타 문학장르에서처럼 역사적인 차원에서 이루어지는 주제와 인간 본연적인 차원에서 이루어지는 주제로 크게 구분될 수 있다.

> 그 날이 오면, 그 날이 오면은
> 삼각산이 일어나 더덩실 춤이라도 추고
> 한강물이 뒤집혀 용솟음칠 그 날이
> 이 목숨이 끊어지기 전에 와 주기만 하량이면
> 나는 밤하늘에 나는 까마귀와 같이
> 종로의 인경을 머리로 드리받아 올리오리다.
> 두개골은 깨어져 산산조각이 나도
> 기뻐서 죽사오매 오히려 무슨 한이 남으오리까.
> <심훈, 「그 날이 오면」 중>

심훈의 「그 날이 오면」은 조국의 광복을 염원하며 창작된 민족저항주의 시이다. 그는 민족의 현실적인 문제를 인식하고 이에 따른 조국의 진정한 독립에 대한 바램을 애국정신과 동포애를 제재로 하여 이와 같은 시로써 표현하였다고 볼 수 있다. 위의 시에 있어서 직접적인 소재로 사용되고 있는 '삼각산·한강물' 등의 시어는 민족이라는 전체성을 나타내고 있으며 '까마귀'는 조국의 해방을 위하여 헌신하려고 하는 작자 자신을 뜻하는 것임을 알 수 있다.

> 아득한
> 그 어느 날인가부터
> 虛- 虛-
> 바람 부는 대로
> 사뭇 옮겨 다니며
> 피었다 가고
> 또 가서 피어나고…….

흐르는 별을 따라
이름 없이
아쉬움 없이
한갓 남모를 사랑을 안고
저마다 고고한 野源을 찾아
그렇게
하늘 모퉁이를 떠돌며
피는 게란다.
<고암, 「민들레」>

고암(古岩)의 「민들레」는 인간 삶의 근원적 진리를 찾기 위하여 정착성보다는 이동성을, 개별적 특수성보다는 개별적 보편성을 지향하는 한 인간의 모습을 서정적 시어로써 나타낸 시라고 볼 수 있다. 그리고 「민들레」에서는 '바람·별·野源'이라는 자연성을 지닌 소재와 '이름·아쉬움·사랑'이라는 인간성을 지닌 소재를 수용·조합하여 인간의 내면적 실존성을 묘사·표현하고 있다.

또한 이 시의 작가는 부유(浮遊)하는 한 인간의 존재성을 민들레의 특성에 투사시킴으로써 인간이 지니는 근원적인 삶의 문제와 갈등을 제시하고 있음을 볼 수 있다.

이 숲이 누구 숲인지 알 듯도 하여라.
하지만 그의 집이 마을에 있으니–
그의 숲이 눈으로 싸이는 것을 보러
내 여기 멈춤을 그는 보지 못하리.

내 작은 말은 반드시 이상하게 여기리라
한해 중에서도 가장 어두운 저녁
숲과 얼어붙은 호수 사이

가까이 농가(農家)도 없는 곳에 멈추는 것을.

말은 방울을 짤랑 흔든다.
무슨 잘못이 있나 하고.
오직 다른 소리라곤 느린 바람과
솜털 같은 눈송이가 휩쓰는 소리.
숲은 아름답고 어둡고 깊다.
그러나 나는 지켜야 할 약속이 있어
잠들기 전에 여러 마일을 가야만 한다.
잠들기 전에 여러 마일을 가야만 한다.
<프로스트(R. Frost), 「눈 내리는 저녁 숲가에 서서」>

프로스트의 「눈 내리는 저녁 숲가에 서서」는 역사적 시각의 차원과 인간의 본연적 시각을 동시에 수용하고 있다. 이재호는 "눈 오는 저녁 숲가에 서서 아름다운 설경(雪景)을 감상하나 그가 잠들기 전에 인류에게 수행해야 할 사회적 책임이 있어 다시 세계로 들어가기로 생각한다."[20]라는 감상평으로써 이 작품의 주제적 내용을 논하고 있다.

따라서 심훈의 「그 날이 오면」에서의 주제가 역사적 시각의 차원에서 이루어진 것이라면 고암의 「민들레」에서의 주제는 인간의 본연적 시각의 차원에서 이루어졌다고 말할 수 있다. 그리고 프로스트의 「눈 내리는 저녁 숲가에 서서」는 이 두 가지 시각이 융합되어 쓰여졌다고 볼 수 있다. 특히, 이러한 시가 독자에게 감동을 줄 수 있는 것은 작품의 내용이 시대의 진실성과 인간의 진실성을 바탕으로 창작되었기 때문이라고 생각된다.

20) 이재호, 『장미와 나이팅게일』 (종로서적, 1980), p.82.

8. 시의 종류

1) 형태상의 분류

(1) 정형시

정형시(定型詩)란 일정한 규칙이나 형식에 의하여 이루어진 시를 말한다. 이러한 정형시는 기존의 고정된 형식뿐만 아니라 현대시에 있어서 작자 스스로가 창안한 일정한 규칙과 형식에 의하여 창작된 시 모두를 포함한다. 한국의 정형시 장르 중 가장 대표적인 것이 고시조(古時調)이다. 다음은 이조년(李兆年)의 작품이다.

> 이화(梨花)에 월백(月白)하고 은한(銀漢)이 삼경(三更)인 제
> 일지춘심(一枝春心)을 자규(子規)야 알랴마는
> 다정(多情)도 병(病)인 양하여 잠 못 들어 하노라.
> <이조년, 「이화(梨花)에 월백(月白)하고」>

서정주는 『시문학원론』에서 정형시가 일정한 율의 제한과 일정한 운의 제한을 가진 일정한 형식의 시임을 말하고 있다.[21] 그런데 정형시에 있어서의 문제는 '일정한 규칙이나 형식'과 '일정하지 않은 규칙이나 형식'이 가지는 애매성과의 대립에서 일어난다. 실례로써 한국의 현대시조가 가지는 정형성에 대한 문제점을 들 수 있는데 논자들 중에서는 현대시조의 형식이 갖는 불규칙성 때문에 현대시조가 갖는 정형적 형식을 부정하고 있다. 이들은 시조가 갖는 형식적 운율, 즉 초장(初章)의 3·4·3(4)·4와 중장(中章)의 3·4·3(4)·4, 그리고 종장(終章)의 3·5·4·3의

21) 徐廷柱, 『詩文學原論』, p.19.

음수율을 지키지 않은 시조들이 많이 고찰되고 있으며 나아가서는 시조를 정형시에 묶어두는 것은 문학적으로 잘못된 것임을 논하고 있다.

외형적 운율을 중시하는 정형시는 협의의 정형시와 광의의 정형시로 나누어서 고찰할 수 있다.

협의의 정형시는 시행의 음절수와 시행의 수가 절대로 변하지 않는 시를 말한다. 중국의 오언절구(五言絶句)나 칠언율시(七言律詩) 등의 한시(漢詩)와 일본의 화가(和歌)와 배구(俳句)는 절대적인 규칙적 음수율에 의하여 창작되기 때문에 협의의 정형시로 볼 수 있다.

問余何事栖碧山(문여하사서벽산)
笑而不答心自閑(소이부답심자한)
桃花流水宛然去(도화유수완연거)
別有天地非人間(별유천지비인간)
<이백, 「山中答俗人」>

이백(李白)의 「山中答俗人」은 자연인의 안빈낙도를 표현한 한시로서 중국의 전형적인 칠언율시(七言古詩)로 볼 수 있다. 가령 위의 시에서 한 개의 글자라도 첨가되거나, 혹은 삭제되어도 시의 전체적 균형은 잃게 될 것이며 내용 또한 변화될 수 있는 것이다.

광의의 정형시는 특정 정형시가 요구하는 일정한 규칙과 형식을 따르면서도 시행의 음절수와 시행의 수가 부분적으로 변형되는 시를 말한다. 역으로 표현하면, 특정 정형시가 요구하는 일정한 규칙과 형식의 부분적 요소, 즉 시의 구조를 이루는 행(line)의 음절수나 시행의 수, 그리고 연의 수중에서 어느 한 부분을 수용한 시를 정형시로 볼 수 있다.

한국의 시조·민요·가사·창가 등은 전혀 변하지 않는 완전한 규칙에 의하여 이루어지는 것은 아니지만 시행의 음절수·시행의 수·연의 수 중, 한·두 가지의 제약 속에서 이루어진 것이므로 정형시로 볼 수 있다.

그립다
말을 할까
하니 그리워

그냥 갈까
그대로
다시 더 한 번

저山에도 까마귀 들에 까마귀
西山에는 해진다고
지저귑니다.
<김소월, 「가는 길」>

김춘수는 『시론』에서 김소월의 「가는 길」은 시의 각 일련이 삼행씩의 일정한 행 구분을 하고 있는 것도 있지만 문장이 율문(7·5조)으로 되어 있기 때문에 자유시가 아니라 정형시로 보아야함을 논하고 있다.[22] 즉, 그는 김소월의 「가는 길」을 광의의 시각에서 정형시로 보고 있음을 알 수 있다.

(2) 자유시

자유시(自由詩)는 기존의 정형시가 지닌 형식적인 제약에서 벗어나서 자유로운 형식에 의하여 이루어진 시를 말한다. 보편적으로 정형시가 외재적 운율을 가지는 데 반하여 자유시는 내재적 운율을 가지고 있

22) 金春洙, 『詩論』, pp.17-18.

음을 볼 수 있다.

자유시를 논하는 데 있어서 문제가 되는 것은 형식에 대한 '자유'가 지니는 의미에 있다. 시 창작에 있어서, 시 형식으로부터의 자유는 시의 형식적 요소까지를 수용할 수 있는 시인의 문학적 자의(自意)에 의하여 이루어지며 시의 형식적 요소를 파괴하거나 방임시하는 시인의 문학적 자의(恣意)에 의하여 이루어지는 것은 아니라고 생각된다. 즉, 자유시는 문학적 책임이 따르는 작자의 자의(自意)를 바탕으로 하여 이루어지는 것이지 문학적 책임이 없는 자의(恣意)에 의하여 이루어지는 것이 아니라고 볼 수 있다.

자유시 자체도 하나의 형식이 될 수 있으며 창작의 자유에 있어서 구속의 요소가 될 수가 있다.

따라서 시 형식으로부터의 진정한 자유란 기존의 형식을 무시하는 것이 아니라 표현하고자 하는 시의 내용과 가장 조화를 이룰 수 있는 시의 외형을 창조하는 것이라고 볼 수 있다. 일면의 시각에 있어서는 기존 정형시의 형식보다도 더욱더 새로운 참신한 형식을 자유롭게 만들어내는 것도 시 형식에 대한 자유라고 말할 수 있다. 그러므로 문학적 의미에 있어서의 자유시 창작은 정형시 창작보다 오히려 더 많은 난점이 따른다.

자유시를 논하는 데 있어서 또 다른 하나의 문제가 되는 것은 자유시가 갖는 운율에 대한 것이다. 새로운 시 형식을 위한 자유로운 창조는 새로운 시 형식을 창조하기 위하여 사용할 수 있는 재료에 제한이 없음을 전제로 한다. 일반적으로 내재율을 지향하는 자유시가 진정한 의미에 있어서의 자유성을 가지기 위해서는 내용의 표현에 따라서 정형시의 외재율을 부분적으로 수용할 수 있어야 된다고 생각된다. 김소월과 김영랑 그리고 박목월의 작품에서는 시의 정형성과 시의 자유성이 서로 조화를 이루면서 나타나고 있음을 볼 수 있다. 다음은 한국 현대시사(現代詩史)에 있어서 자유시의 효시로 평가되고 있는 주요한의 「불놀이」이다.

> 아아 날이 저문다. 서편(西便) 하늘에, 외로운 강(江)물 우에, 스러져가는 분홍빛 놀……. 아아 해가 저물면 해가 저물면, 날마다 살구나무 그늘에 혼자 우는 밤이 또 오건마는, 오늘은 사월(四月)이라 파일날, 큰 길을 물밀어가는 사람 소리…… 듣기만 하여도 흥성스러운 것을, 왜 나만 혼자 가슴에 눈물을 참을 수 없는고?
>
> 아아 춤을 춘다, 싯벌건 불덩이가 춤을 춘다. 잠잠한 성문(城門) 우에서 나려다보니, 물 냄새, 모래 냄새, 밤을 깨물고 하늘을 깨무는, 횃불이 그래도 무엇이 부족(不足)하여 제 몸까지 물고 뜯을 때, 혼자서 어두운 가슴 품은 젊은 사람은, 과거(過去)의 퍼런 꿈을 찬 강(江)물 우에 내어던지나, 무정(無情)한 물결이 그 그림자를 멈출 리가 있으랴? – 아아, 꺾어서 시들지 않는 꽃도 없건마는, 가신 임 생각에 살아도 죽은 이 마음이야, 에라, 모르겠다, 저 불길로 이 가슴 태워버릴가 이 설음 살라버릴가, 어제도 아픈 발 끌면서 무덤에 가 보았더니 겨울에는 말랐던 꽃이 어느덧 피었더라마는, 사랑의 봄은 또 다시 안 돌아오는가, 차라리 속 시원히 오늘밤 이 물속에…… 그러면 행여나 불쌍히 여겨 줄 이나 있을가…… 할 적에 퉁, 탕, 불티를 날리면서 튀어나는 매화포, 펄떡 정신(精神)을 차리니, 우구구 떠드는 구경꾼의 소리가 저를 비웃는 듯, 꾸짖는 듯. 아아, 좀 더 강렬(强烈)한 열정(熱情)에 살고 싶다. 저기 저 횃불처럼 엉기는 연기(煙氣), 숨막히는 불꽃의 고통(苦痛) 속에서라도 더욱 뜨거운 삶 살고 싶다고 뜻밖에 가슴 두근거리는 것은 나의 마음……
>
> <주요한, 「불놀이」 중>

조지훈은 이러한 자유시의 특성에 대하여 다음과 같이 논하고 있다.

> 요컨대 자유시(自由詩)는 정형시(定型詩)의 규격을 벗어남으로써 시정신(詩精神)을 자유롭게 확장 활용한 것이요, 산문(散文)에 시적(詩的)

운율을 배정함으로써 산문(散文)의 고삽성(苦澁性)을 해소한 자(者)이다. 다시 말하면 형식에 있어서 산문적(散文的) 자유성(自由性)을 얻고, 내용에 있어서 산문적(散文的) 율조(律調)를 얻어 이 양자를 조화(調和)하는 곳에 자유시(自由詩)가 위치하는 것이다.[23)]

자유시는 휘트먼과 프랑스의 상징주의 시인들에 의하여 형성되어진 것으로서 당시의 문학적 관점에 있어서는 기존의 정형시를 거부한 하나의 전위시나 실험시(實驗詩)였다고 볼 수 있다. 포스트모더니즘 시에서 나타나고 있는 해체시를 비롯한 다양한 양상을 지닌 시들은 기존의 자유시가 갖지 못한 문학성을 추구하기 위한 새로운 개념의 자유시로 볼 수 있다.

(3) 산문시

산문시(散文詩)는 산문의 형식으로 이루어진 시를 말한다. 정형시와 자유시가 각각 외재율과 내재율을 지향하고 있는 반면에 산문시는 이러한 운율에 제약을 받지 않는다.

이러한 산문시에는 문학장르적 문제점이 제기될 수 있는데 그 중 하나가 산문시와 산문과의 변별성에 있다. 일반적인 산문과 거의 동일한 형식으로 이루어진 장편 산문시는 장르적 혼란을 불러일으키기도 한다. 그러나 산문시와 산문은 표현 기법이나 창작정신이 서로 다른 문학장르이다. 산문시는 분석적이고 세부적 묘사로 이루어지는 점에 있어서 산문과 동일성을 보이지만 대부분의 산문에서는 찾아볼 수 없는 시적 감동과 시정신이 내재되어 있다는 점에서 산문과는 다르다고 볼 수 있다.

---

23) 趙芝薰, 『시의 원리』, p.176.

벌판한복판에꽃나무하나가있소. 近處에는꽃나무가하나도없소. 꽃나무는제가생각하는꽃나무를熱心으로생각하는것처럼熱心으로꽃을피워가지고있소. 꽃나무는제가생각하는꽃나무에게갈수없소. 나는막달아났소. 한꽃나무를爲하여그러는것처럼나는참그런이상스러운흉내를내었소.

<이상, 「꽃나무」>

이상의 「꽃나무」는 형식적인 면에 있어서 산문과 동일한 구조로써 이루어지고 있다. 그러나 「꽃나무」에서는 시의 특성인 동시에 시정신을 효과적으로 전달하는 기법인 압축미(壓縮美)와 상징적 시어가 확연하게 나타나고 있다.

산문시가 갖는 또 다른 하나의 문학장르적 문제점은 자유시와의 변별성에 있다. 사실, 이상의 「꽃나무」를 산문으로 보려는 논자들도 있지만 대부분의 논자들이 이 시를 자유시로서 보고 있다.

한국어 문장의 특성을 고려할 때 산문시와 자유시의 차이는 시행의 구분에 있다고 볼 수 있다. 산문시는 시행을 중요시하지 않는 반면에 자유시는 시행을 중요시한다. 그리고 시의 특성을 고려할 때, 산문시와 자유시의 차이는 운율의 유무(有無)에 있다고 볼 수 있다. 산문시에서도 운율을 나타낼 수 있지만 산문적 특성상 운율을 중요시하지 않는다. 그러나 자유시에서는 내재율을 중요시하며 나아가서 새로운 운율을 추구하기까지 한다. 따라서 산문시와 자유시는 서로 다른 변별적 자질이 내재되어 있는 것이다.

다음은 타고르(R. Tagore)의 대표적인 산문시로 평가받고 있는 「기탄잘리」중 60번째의 시이다.

끝없는 세계의 해변에 아이들이 모여들고 있습니다. 머리 위에는 무한한 하늘이 펼쳐져 있습니다. 바다의 파도는 잠시도 쉬지 않고 일렁거리고 있습니다. 끝없는 세계의 해변에 아이들이 떠들고 춤을 추면서 모여

들고 있습니다.

아이들은 모래로 집을 짓고, 조개껍데기를 가지고 즐겁게 놀이합니다. 마른 잎으로 작은 배를 만들어서 깊은 바다에 띄우기도 합니다. 아이들은 이세계의 해변에서 놀고 있습니다.

아이들은 수영을 하는 방법을 모릅니다. 바다에 그물을 던지는 방법도 모르고 있습니다. 진주를 채취하는 어부는 바다 속을 누비고 상인들은 배를 타고 여행을 합니다. 아이들은 조약돌을 모으다가 다시 흩어 놓습니다. 아이들은 숨겨진 보물을 찾지도 않고, 그물을 던지려고 하지도 않습니다.

바다는 미소를 지으면서 파도를 일으키고 있습니다. 해변의 미소는 창백하게 반짝거리고 있습니다. 죽음을 실어오는 파도는 어머니가 아기를 요람에 재우면서 들려주는 것처럼, 아무런 의미도 없는 노래를 아이들에게 들려주고 있습니다. 바다는 아이들과 함께 뛰놀고 있습니다. 해변의 미소는 파랗게 빛납니다.

끝없는 세계의 해변에 아이들이 모여들고 있습니다. 길을 잃은 폭풍우는 하늘에서 방황하고, 배는 사나운 바다에서 난파를 당합니다. 죽음이 넘치고 있어도, 아이들은 여전히 장난을 즐깁니다. 끝없는 세계의 해변에 많은 아이들이 모여들고 있습니다.

<타고르, 「기탄잘리」 중 '60-해변에서-'>

신(神)에게 바치는 송가(頌歌)'라는 뜻을 지닌 「기탄잘리」는 103편의 산문시로 이루어져 있는데 타고르는 이러한 산문체 시를 통하여 종교적·명상적·신비적 시상(詩想)을 표현하였다고 볼 수 있다.

현대시의 대부분이 정형시와 산문시보다는 자유시로써 이루어져 있다. 그러나 이러한 것은 바람직한 현상은 아니라고 생각된다. 현대문학의 정신이 내용과 형식면에 있어서의 다양성을 바탕으로 하고 있을 뿐만 아니라 시내용의 표현을 자유시에만 의존한다는 것에는 많은 창작적 문제점이 제기될 수 있다. 정형시와 산문시 자체는 물론이고 이들 문학장르가 지닌 특성을 바탕으로 하여 다양한 내용을 표현할 수 있는 새로운 형식이 모색되어야 할 것이다.

2) 내용상의 종류

(1) 서사시

서사시(敍事詩)에 있어서의 '서사(敍事)'란 사실을 있는 그대로 기록하는 것을 말한다. 그리고, 서사시를 의미하는 epic은 라틴어의 epicus, 그리스어의 epikos, 즉 epos에서 온 말로서, '말·이야기·노래'를 뜻하고 있다. 서사시의 본질은 주관적이기보다는 객관적인 시점에서 역사적인 사실을 구체적으로 묘사하거나 음송(吟誦)하는 데 있다. 따라서 서사시란 역사적인 사실과 신화, 그리고 전설이나 영웅의 사적(事蹟) 등을 문학적 요소를 바탕으로 하여 나타낸 장편의 시라고 볼 수 있다.

고대의 서사시는 호머(Homer)의 「일리아드」와 「오디세이」 등에서 볼 수 있듯이, 민족적 영웅을 중심으로 하는 역사적 사건을 서술한 장중한 장시(長詩)를 뜻했지만, 현대의 서사시에서는 테니슨(Tennyson)의 「이녹 아덴」에서처럼 개별적인 사건을 서술한 장시(長詩)를 포함한다. 그리고 고대 서사시에 있어서의 제재는 역사적 사실에서 비롯되어야 하는 과거 지향성을 지니고 있으며 그 내용의 표현은 운문으로써 이루어져 있다. 즉, 고대의 서사시는 과거의 사실을 객관적 시각에서 전달하는 운문시(韻文詩)라고 볼 수 있다.

허드슨은 서사시가 가지는 이러한 객관성에 주안점(主眼點)을 두고 서사시를 가리켜 객관시(客觀詩, objective poetry)라고도 명명하였다. 또한 서사시의 형식적 특색으로서는 산문적 문체를 수용한 시문형식(詩文形式)과 서술적인 표현형식(表現形式) 등을 들 수 있다.

한국에서의 서사시 장르는 일반화되지 못하였다고 볼 수 있는데 김동환의 「국경의 밤」·김용호의 「남해찬가(南海讚歌)」등에서 서사시의 요소를 찾아볼 수 있다. 다음은 한국 현대시사에 있어서 서사시의 효시라고 평가되고 있는 김동환의 「국경의 밤」이다.

"아하, 무사히 건넜을까,
이 한밤에 남편은
두만강을 탈없이 건넜을까?
저리 국경 강안(江岸)을 경비하는
외투(外套) 쓴 검은 순사가
왔다 - 갔다 -
오르명 내리명 분주히 하는데
발각도 안 되고 무사히 건넜을까?"

소금실이 밀수출(密輸出) 마차를 띄워놓고
밤 새 가며 속 태우는 젊은 아낙네,
물레 젓는 손도 맥이 풀어져
'파!' 하고 붙는 어유(魚油) 등잔만 바라본다.
북국(北國)의 겨울밤은 차차 깊어 가는데.
<김동환, 「國境의 밤」 제1부 1장>

허드슨은 서사시를 성장의 서사시와 예술의 서사시로 구분하고 있으며 모울톤은 인생의 서사시를 중심으로 논하고 있다. 이들의 견해를 바탕으로 할 때 서사시는 다음과 같이 세 가지로 나누어서 정의될 수 있다.

① 성장의 서사시(epic of growth) : 이 시는 고대 및 중세의 서사시로서 민족적 서사시라고도 볼 수 있다. 영웅호걸이나 집단적 운명을 그린 것이며, 개인의 소작이라기보다는 구전되는 중에 형성된 것이다. 호머(Homer)의 「일리아드」와 「오디세이」, 베르길리우스(Vergilius)의 「Aeneas」, 영국의 「Beowulf」, 독일의 「Nibelungen Lied」 등이 여기에 속한다.

② 예술의 서사시(epic of art) : 이 시는 르네상스시대의 서사시로서 작가에 의하여 예술적으로 창작되었으며, 내용은 인간적인 면에 중점을 두고 있다. 단테(Dante)의 「신곡」, 타소(Tasso)의 「예루살렘의 해방」, 밀턴(Milton)의 「실락원」과 「복락원」 등이 여기에 속한다.

③ 인생의 서사시(epic of human) : 이 시가 근대소설을 뜻할 때에는 여기서 말하는 시 속에 넣을 수 없다. 그러나 근대문학에 있어서도 서사시는 그 명맥이 계속 유지되어 오고 있는데, 롱펠로(Longfellow)의 「애반젤린」, 테니슨(Tennyson)의 「이녹 아덴(Enoch Arden)」은 곧 근대의 서사시이다.[24)]

(2) 서정시

서정시(抒情詩)에 있어서의 '서정(抒情)'은 특정 대상을 보고 느낀 자신의 감정을 펴서 나타내는 것을 말한다. 따라서 서정시란 특정 대상 등을 보고 느낀 작자의 감정이 주관적 시각에 의하여 표현되어진 시라고 볼 수 있다.

'서정시(敍情詩)'로도 표기되는 서정시의 원어는 lyric으로서 고대 그리스에서 칠현금(七絃琴)에 맞추어 가창되던 시를 가리켰으며 현재는 일반적으로 시만을 뜻한다.

서사시가 객관적이며 과거의 사건을 나타내는 것인 데 반하여, 서정시는 주관적이며 현재의 감정을 노래한다. 그리고 서사시가 장시인데

---

24) 丘仁煥 · 丘昌煥, 『文學概論』(삼영사, 1979), p.148.

반하여 서정시는 단시라는 것이 또 하나의 특징이라고 말할 수 있다. 그런데 서정시에서는 오직 감정만을 표현의 대상으로 삼는 것이 아니라 주지적인 것이나 사상적인 것도 표현의 주 대상으로 삼는다고 볼 수 있다.

기존의 서정시에는 송시(頌詩, ode)·소네트(sonnet)·엘레지(elegy)·목가(牧歌, pastoral, eclogue)·풍자시(諷刺詩, satire) 등이 있다. 이중 송시는 희랍에서의 영웅이나 제전을 위하여 음악과 함께 불려진 시인데 이후에는 특수한 주제로써 특정한 사람이나 사물을 칭송하는 시로서 정착되었다.

소곡(小曲)으로도 표기되는 소네트는 14행으로 된 정형시로서 13세기경 이태리에서 형성되었으며 주요 작가로서는 단테·셰익스피어·밀턴·워즈워드·말라르메 등이 있다.

비가(悲歌) 혹은 애가(哀歌)로도 표기되는 엘레지는 특별한 사람이나 가까운 사람과의 이별이나 죽음을 슬퍼하는 만가(挽歌)를 말하는데 죽음과 관계없이 생의 허무나 슬픔을 나타낸 시를 뜻하기도 한다. 대표적인 작품으로서는 괴테의 「로마의 비가(悲歌)」를 들 수 있다.

전원시(田園詩)로도 표기되는 목가는 목자(牧者)의 생활이나 전원생활을 노래하는 서정시이다. 그리고 풍자시는 어떤 사회나 시대의 결함 또는 불합리를 지적하거나 조소(嘲笑)하기 위한 시이며 또한 한 개인의 어리석은 행동이나 악덕(惡德)을 비판하는 시로서 볼 수 있다.

> 지금 그 사람 이름은 잊었지만
> 그의 눈동자 입술은
> 내 가슴에 있어
>
> 바람이 불고

비가 올 때도
나는 저 유리창 밖
가로등 그늘의 밤을 잊지 못하지

사랑은 가고
과거는 남는 것
여름날의 호숫가
가을의 공원
그 벤치 위에
나뭇잎은 흙이 되고
나뭇잎에 덮여서
우리들 사랑이 사라진다 해도
지금 그 사람 이름은 잊었지만
그의 눈동자 입술은
내 가슴에 있어
내 서늘한 가슴에 있건만
<박인환, 「歲月이 가면」>

박인환의 「歲月이 가면」은 특정 대상 등을 보고 느낀 작자의 감정이 주관적 시각에 의하여 표현되어진 서정시로서 가까운 사람과의 이별에 대한 슬픔과 아쉬움, 그리고 그리움을 '눈동자, 입술, 가슴'이라는 신체적 시어와 '유리창, 가로등, 밤, 가을, 공원, 벤치, 나뭇잎'등의 감상적 시어와 관련시켜 표현한 애가로 볼 수 있다.

(3) 극시

일반적으로 극시(劇詩)의 개념은 문예사조를 초월한 시적 기법의 시각에서 고찰할 수 있다. 즉 희곡이 가지는 대화(對話)·독백(獨白)·방백(傍白)·극적(劇的) 긴장(緊張)·지문(地文)·설명(說明) 등을 시에 사용함으로써 극적 효과를 얻고자 하는 시를 극시로 볼 수 있다. 즉, 극적 기법을 사용한 시를 극시라고 말할 수 있다.

문예사조적인 면에 있어서의 극시는 희랍(希臘)의 극시에서 찾아볼 수 있다. 희랍의 극시는 서사시·서정시와 함께 시의 삼대 장르 중의 하나였다. 희랍의 시는 장르 분화이전의 복합적 장르로서의 개념이다. 아리스토텔레스의 「시학」에서 말하고 있는 서사양식·서정양식·극양식, 이상 이 세 양식을 대표하는 시는 서사시·서정시·극시로서 이들은 근대에 이르러 각각 소설·시·희곡으로 정착되었다.

현대문학장르 분화이전의 희랍의 극시는 읽기 위한 것이 아니라 무대에서의 공연을 위한 시의 한 장르였다. 기원전 6세기를 전후로 당시 희랍인들이 주신(酒神)인 디오니소스(Dionysos)를 찬양하는 노래였던 디티람보스(Dithyrambos)에서 극시의 기원을 찾을 수 있다. 디티람보스를 중심으로 하는 디오니소스 제전에 당시의 극시인들은 점차적으로 매체를 첨가하여 극동작(劇動作)을 연출하였는데 제2의 배우를 창조하고 코르스(chorus) 위주의 극시를 대사 위주의 극시로 만든 에스킬루스(Aeschylus)와 제3의 배우와 제4의 배우를 등장시킨 소포클레스(Sophocles), 그리고 상황설명인 프롤로그(prologue)를 많이 사용한 에우리피데스(Euripides) 등은 대표적인 극시인들이다. 일반적으로 이들을 희랍의 3대 비극(悲劇) 시인(詩人)이라고 일컫는데 일부 논자들 중에서는 이들을 비극 극작가로 표기하여 '비극 시인'과의 혼란을 초래시키고 있다.

이러한 희랍의 극시는 고대 로마극(劇)에 직접 영향을 주었으며 르네상스 시대에 이르러서는 특히, 셰익스피어에 의해 더욱 새롭게 발전되었다. 르네상스 시대에 있어서 극시의 대화는 운문으로 이루어져 있는데 영국에서는 압운이 없는 무운시(無韻詩, blank verse)로 씌어졌으므로 셰익스피어의 극시는 무운시로 되어 있다. 논자들이 셰익스피어의 극시를 희곡의 관점에서 운문극(韻文劇)이라고 일컫는 것에는 일종의 개념적 오류가 뒤따르지 않을 수 없다.

「로미오와 줄리엣(Romeo and Juliet)」과 「한여름밤의 꿈(The Midsummer Night's Dream)」을 비롯한 35편 정도의 작품은 대부분이 시로써 대화가 이루어져 있다. 그런데 논자들 중에서는 「햄릿(Hamlet)」·「맥베드(Macbeth)」·「오델로(Othello)」·「리어왕(King Lear)」을 셰익스피어의 '4대 비극시(悲劇詩)'라고 일컫지 않고 '4대 비극(悲劇)'이라고 말하고 있으며 셰익스피어를 '극시인(劇詩人)'이라고 일컫지 않고 '극작가(劇作家)'라고 부르고 있음을 볼 수 있다.

오필리어 (노래한다) :
　당신의 참사랑을
　어떻게 알아볼까?
　죽장에 짚세기에
　순례모자가 그 표시란다.

거트루드 :
　아, 소녀여, 그 노래 뜻이 무엇이냐?
오필리어 :
　뭐요? 끝까지 들어 보세요. (노래한다)
　그이는 죽었어요, 가버렸어요
　그이는 죽었어요, 가버렸어요
　머리에는 초록빛 잔디가 있고
　발끝에는 묘석이 있어요
　아, 아!
거트루드 :
　웬일이냐, 오필리어?
오필리어 :
　들어보세요. (노래한다)

산에 내린 눈처럼, 수의는 희어라…….
<셰익스피어, 「햄릿」 제4막 5장 중>

셰익스피어와는 시대적으로 약간의 차이가 있는 드라이든의 『극시론(劇詩論, An Eessay of dramatic poesy)』[25]은 매우 중요한 극시론으로 평가되고 있다. 드라이든의 극시론은 극시의 성격과 함께 그리스·로마의 고전극시, 프랑스의 신고전극시(新古典劇詩) 및 엘리자베스조(朝)와 왕정복고시대(王政復古時代)의 영국 극시를 비교하고 있으며 극시에 있어서의 운문시와 정형률과의 관계를 비롯하여 영국 극시가 프랑스 극시보다 우수하다는 것을 말하고 있다. 또한 드라이든의 극시론에서 시를 중요시 여기고 있다는 것은 극시가 시에 큰 비중을 두고 있다는 것을 말해주고 있으며 책명(冊名)에서 볼 수 있듯이 '시극론(詩劇論)'이라고 하지 않고 '극시론(劇詩論)'이라고 한 것은 '극시'란 용어가 주된 것으로 쓰였음을 알 수 있다.

기존의 서사시와 서정시가 각각 소설과 시라는 장르로 자리 잡았듯이 극시는 근대로 오면서 점차적으로 상연을 위한 대본의 개념인 희곡이라는 장르로 자리 잡기 시작하였다. 그러나 본격적인 근대로 접어들면서부터 희곡은 극시가 아니라 산문으로 이루어진 극에서부터 시작하여 활발하게 전개되어졌다.

근대문학은 19세기의 산업혁명과 과학의 발달에 따른 시대적 상황과 그 맥을 같이 한다. 근대문학은 낭만주의(浪漫主義, romanticism) 사조를 비판하고 일어나고 있는 현상을 그대로 묘사하는 사실주의(寫實主義, realism)문학관에서 시작되어졌다고 볼 수 있다. 19세기 중엽을 지난 무

25) John Dryden, *An essy of dramatic poesy,* CRITCISM : THE MAJOR TEXTS Edited by Walter Jackson Bate, HARCOURT BRASE JOVANOVICH, INC. New York, 1952. pp.129-160.

렵인 1860년경, 극작가들은 상세하고 세부적인 대사와 설명을 위하여서는 시적이거나 운문적인 대사보다는 구체적인 산문을 추구하기 시작하였다.

특히, 입센은 극시의 전통을 거부하고 산문에 의한 희곡을 창안하고 극작하였다. 투르게네프와 체호프 등은 러시아적 풍취로써 산문에 의한 사실주의 극을 창작하였다. 결국 근대문학에 있어서 희곡이라는 장르는 시에 의한 극이 아니라 산문에 의한 극으로서 출발하여 현재의 문학장르로써 정착하였다고 말할 수 있다.

그러나 시간이 흐름에 따라 1880년대에 이르러 일부에서는 사실주의 문학에 대한 반대 운동을 전개하였는데 이러한 반-사실주의 문학운동은 신낭만주의(新浪漫主義) 혹은 후기-낭만주의라고 불리기도 하는 상징주의에 의해 주창되었다. 기존의 오페라를 토대로 음악과 극을 새로 종합하여 음악극이라는 새로운 양식을 창출한 바그너는 음악가이면서도 한편으로는 상징주의 극작가로 볼 수 있다.

사실주의에 반대하는 문학운동은 상징주의 사조에 이어서 20세기초에 일어난 표현주의 문학운동에서 찾아볼 수 있다. 반-사실주의를 주창한 표현주의 문학운동은 독일을 중심으로 전개되었으며 주로 희곡과 시를 위주로 이루어졌다. 따라서 표현주의(表現主義) 문학은 특히 두 부류인 극작가와 시인들에게 깊은 영향을 주었다. 종전의 사실주의 극작가들 중, 표현주의를 추구하는 극작가들은 산문희곡(散文戱曲)을 탈피하고 새로운 희곡의 형식과 기법을 개발하고 연구하였다.

카이저를 비롯한 톨러·베데킨트·조르게·슈테른하임 등은 이와 같은 사항을 특징으로 하는 표현주의 희곡을 창작하였으며 이외의 많은 희곡작가들이 새로운 실험을 통하여 전위극을 발표하였다. 이러한 표현주의는 직접 혹은 간접적으로 특히, 사실주의 희곡에서 상실한 시를 찾자는 운동에 영향을 주었는데 이것은 산문극(散文劇)에서 시를 상실

했다는 반성에 의해 이루어진 것으로서 극시의 부활운동을 의미한 것이었다고 볼 수 있다.

하지만 극시 부활운동가들은 종전의 '극시(劇詩)'라는 명칭에서 '시극(詩劇)'이라는 명칭으로 바꾸어 불렀다. 극시 부활운동가들은 희랍의 극시와 셰익스피어의 극시와는 다른, 좀 더 진보적인 형태의 현대적인 극시를 의미하는 시각에서 '극시'를 '시극'으로 바꾸어 지칭하였던 것이다. 또한 '시극'이라는 명칭[26]에서 '시'를 앞세운 것은 '극시'라고 지칭하면 연극이 주가 되고 시적인 요소가 부수적으로 따르는 인상이 있지만 '시극'이라고 지칭하면 시적인 요소에 연극적인 요소가 부수적으로 따르는 인상을 줄 뿐더러 시의 정신으로 일관된 작품임을 말해 주기 때문이다. 따라서 시극운동은 산문희곡에 대항하는 '환각적인 詩운동'[27]이며 사실주의 희곡에서 해방되어 무대예술을 시화하자는 일종의 '무대에서 시를 찾자는 운동'[28]으로 볼 수 있다.

이러한 시극에 대한 본격적인 문학운동은 1920년대 프랑스 파리의 뷔유 콜롱비에를 중심으로 이루어졌다. 뷔유 콜롱비에는 코포오가 주간한 극장으로서 예이츠·콕토·엘리엇 등의 시극이 발표되었다. 이들이 주창한 시극을 현대시극으로 볼 수 있는데 이러한 현대시극은 엘리엇에 의해 다시 활발하게 전개되었다.

엘리엇의 대표적인 시극으로서는 「대성당의 살인(Murder in Cathedral)」·「가족 재회(The Family Reunion)」·「칵테일 파티(The Cocktail Party)」·「원로 정치인(The Elder Statesman)」 등이 있다.

현대시극으로 명칭이 바뀐 극시는 한국문학사에 있어서도 문학운동

---

26) 시극의 명칭에 대해서는 최정석 외『문학개론』, p.98. 구인환 외『문학개론』, p.149. 한영환 외『문학개론』, p.95. 장백일 외『문학개론』, p.121. 김원향『문학개론』, p.70을 참조할 것.

27) 김영덕, 『문학개론』 (일조각, 1980), p.171.

28) 한로단, 『희곡론』 (정음사, 1965), p.75.

으로 전개되었는데 서구의 시극운동이 사실주의의 산문희곡에 반대하여 일어났는데 반하여 특히, 한국의 1960년대 시극운동에서는 시극이 하나의 새로운 장르라는 실험적 시각에서 일어났다.

장호·최일수 등은 1959년 9월에 <시극연구회(詩劇硏究會)>를 조직하고 다시 1963년 6월에 <시극동인회(詩劇同人會)>를 결성하였다. <시극동인회>에서도 마찬가지로 '극시'라는 용어 대신에 '시극'이라는 명칭을 사용하였으며 모든 매체를 통하여 시를 입체화(立體化)시키는 데에 중점을 두었다.

男子 :
　버린 꽃을 누가 줏어가?!
　나비에겐 그런 선의는 없어!
　다른 꽃을 찾아갈 뿐이지.
女子 :
　잔인하군요 하지만 난 꽃이 아니예요
　살아있는 목숨, 이 새처럼 이 새처럼, 다만 갇혀있을 뿐이에요
　문만 열어주면 어디든지 자유롭게
　나를 수 있어요 자! 문을 열어줄께!
　네 맘것 날아보란 말야 어서!
　(女子 새장의 문을 열려한다. 男子 달려들어 女子를 제지한다.)
<홍윤숙, 시극-「女子의 公園」 제1경 중>

따라서 현대시극은 극시와 긴밀한 관계를 가진다. 왜냐하면 현대시극은 극시를 전제하지 않고서는 존재할 수 없으며 극시는 현대시극의 바탕이 되기 때문이다.

극시의 종류는 논자에 따라서 많은 차이를 보이고 있다. 기존의 희곡분류체계를 바탕으로 하여 현대문학의 시각에서 극시의 종류를 내용과

형태에 따라서 분류하면 다음과 같이 나타낼 수 있다.

① 주·객관적 시점 : 서정극시, 서사극시
② 희·비극의 시점 : 희극시, 비극시, 희·비극시,
③ 문제해결의 시점 : 화해극시, 비화해극시
④ 음악의 시점 : 악극시
⑤ 형태의 시점 : 정형률극시, 자유율극시, 혼합률 극시

9. 현대시의 형성과 흐름

현대시(現代詩)란 일반적으로 20세기를 기점으로 하여 현대성(現代性)을 바탕으로 쓰여진 시를 말한다. 20세기 시의 특징으로 볼 수 있는 현대성이란 곧 시의 현대성을 말하는데 형식과 기법적인 면에 있어서는 내재율과 자유율에 의한 이미지나 무의식(無意識) 세계의 표출 등을 말하며, 주제적인 면에 있어서는 20세기에 나타난 문명과 인간의 문제에 대한 비판과 반성 등을 말하는 것으로 볼 수 있다. 따라서 이러한 시의 현대성은 19세기 시에 대한 극복을 의미한다.

김기림은 『시론』에서 "지나간 날의 시는 '나'의 정신세계의 일부분이고, 새로운 시는 '나'를 과(過)하여 구성된 세계의 일부분이다."라고 논하고 있다. 그리고 김현은 『한국문학사』에서 모더니티(modernity)를 '극복(克服)'이라는 말로 대치하여 사용하고 있으며, 김윤식은 시단(詩壇)의 양대 조류를 '전통적 서정시'와 '모더니티 추구'의 경향으로 대별할 수 있음을 논하였다. 프레스(G. Fraser)는 『현대 작가와 그들의 작품세계』에서 " '현대성은 바로 이 것이다'라고 말할 수 있는 단순한 시금석

(試金石)은 없지만, 우리가 살고 있는 상황에서 우리에게 호소하는 말투일 뿐이다."라고 말하면서 현대시는 복잡성(複雜性) 또 그밖에 암시성(暗示性)과 아이러니를 갖게 됐음을 논하고 있다.

이러한 현대성을 바탕으로 하는 문학적 현상은 영국과 미국에서는 이미지즘이라는 문학사조로 나타났다. 에즈라 파운드·에미 로웰·로렌스 등이 주도한 이미지즘운동은 프랑스의 상징주의 시운동에 지대한 영향을 끼친 문학운동으로 평가되고 있다. 본서에서 언급한 에즈라 파운드의 작품인 「지하철 정거장에서」에서 보는 바와 같이 이 시는 새로운 이미지의 추구로써 일관되어 있음을 볼 수 있다.

영국에서는 이미지즘 계열의 시뿐만이 아니라 딜란 토마스에 의하여 초현실주의 시가 창작·발표되었으며, 런던 다다(dada)와 같은 전위적 시예술운동(詩藝術運動)도 전개되었다.

특히, 신고전주의자인 엘리엇은 주지주의적 모더니즘운동을 전개하는 동시에 현대 영국문학의 시 창작계와 비평계에서 주도적 역할을 하였다. 엘리엇은 1917년, 『전통과 개인의 재능』에서 워즈워드의 낭만주의적 시관을 부정하고 '몰개성설(沒個性說, impersonal theory)'을 주장하였는데 그는 여기에서 "시인은 화학반응에서 자신은 변하지 않고 화학반응의 속도만 촉진시켜 주는 촉매제와 같은 존재"임을 말하고 있다. 이러한 것은 '시는 감정의 자발적인 폭발'로 보는 워즈워드의 시관(詩觀)에 비하여 볼 때, 감성보다는 이성을 앞세운 문학관에서 비롯된 것이라고 생각된다. 이러한 엘리엇의 시관은 결국 '객관상관물(客觀相關物, objective correlative)'이라는 시작기법(詩作技法)을 창안시켰는데 「황무지」 등과 같은 문명비판적인 작품들은 이러한 창작기법을 토대로 하여 창작되었다고 볼 수 있다.

4월은 가장 잔인한 달.
죽은 대지에서 라일락꽃을 키워 내고
추억과 욕망을 뒤섞고
잠든 뿌리를 봄비로 깨우네.
겨울은 오히려 따뜻했네.
망각의 눈(雪)으로 대지를 덮고
매마른 뿌리로 희미한 생명을 길러주었다네.
슈타른베르게르 호수 너머로
소나기와 함께 갑자기 여름이 왔지.
우리는 주랑(柱廊)에 머물렀다가
햇빛이 나자 호프가르텐 공원에 가서
커피를 들며 한 시간 동안 얘기 했다네.
저는 러시아인이 아니고 리투아니아 출신의
순수한 독일인이죠.
어려서 사촌인 공작집에 머물렀을 때,
그는 썰매를 태워줬는데 겁이 났다네.
그는 말했지. 마리 마리 날 꼭 잡아.

그리곤 쏜살같이 내려갔네.
산에 오면 자유로운 느낌이 드는군요.
밤에는 대개 책을 읽고 겨울엔 남쪽으로 내려갔다네.
<엘리엇, 「황무지(荒蕪地)」, '제1부 - 죽은 자의 매장 -' 중>

엘리엇의 주지주의적 문학관은 한국에 있어서의 김기림을 비롯한 여러 시인에게 영향을 주었으며, 1930년대 한국 모더니즘시의 주류를 이루게 하였다. 또한 그의 문학관은 한국현대문학의 형성에 지속적인 영향을 주었다고 볼 수 있다.

현대시에 있어서의 또 하나의 문학적 특성은 다다운동(dada運動)에서 살펴볼 수 있다. 다다는 제1차 세계대전이라는 극한 상황 속에서 일어난 문학운동이다. 1914년에 일어난 세계대전은 당시 유럽문명의 총결산으로서 그것은 곧 유럽 문화의 파산을 의미하는 것이라고 볼 수 있는데 특히, 19세기 이래의 과학문명에 대한 신뢰의 전적인 붕괴를 가져왔다. 이러한 혼란 속에서 문학가들은 기계적 문명과 인간의 가치를 또 다른 시각에서 인식하여 창작과 연결시켰다. 특히, 루마니아의 트리스탄 차라(Tristan Tzara) 등의 전위(前衛) 예술가들은 스위스의 취리히를 발판으로 하여 기존 예술과 질서를 부정하는 문학적 변혁을 시도하였다. 이러한 다다운동은 20세기 예술을 새롭게 변모시킬 수 있는 전초작업이었다고 평가할 수 있는데 이 예술운동은 예술가들 모두에게 창조적 예술의 진정한 본질적 정신을 고취시켰다고 볼 수 있다.

블로셰(J. E. Blosche)는 다다가 중절됨으로써만이 존재할 수 있었음을 말하고 있다. 현대 전위예술의 선구자적 역할을 한 다다운동은 예술사에 있어서 각 문예사조의 전위운동과 거의 유사하다고 볼 수 있다. 다다는 예술적 니힐리스트(nihilist)들의 집단운동으로서 다다를 지향하는 작품에서는 불신·항거·파괴·도전·부정 등의 안티(Anti)적 성향이 짙게 나타나고 있다. 1916년 2월, 취리히에서 시작된 다다는 1922년 경 파리에서 형성된 초현실주의(超現實主義)로 이어지게 되었다. 이에 대하여 릭터는 "다다는 초현실주의에 생명을 부여하였다. 그리고 초현실주의는 다다에게 의의와 의미를 부여하였다."[29]라고 논하였다.

현대시는 다다에 이어서 초현실주의 문예사조를 바탕으로 새롭게 이루어지게 되었다.

다다가 시의 무형식을 중시하였다면 초현실주의는 인간이 가지는 무의식 세계의 표현을 중시하였다고 볼 수 있다. 인간의 무의식 세계의 표현을 위하여 초현실주의 시인들은 새로운 창작기법인 자동기술법(自

---

29) 李逸, 『다다는 살아 있다. 現代美術의 軌跡』(동화출판공사, 1974), p.27.

動記述法)을 창안하였다. 그들은 자동기술법을 매체로 하여 춤·광기·불가사의·무의식 등의 가공적(架空的) 실체를 표현하였다.

초현실주의의 선구자인 브르통은 "초현실주의는 마음의 순수한 자동현상으로서, 이것에 의하여 입으로 말하든 붓으로 쓰든, 또는 기타 어떠한 방법에 의해서든 사고의 참된 움직임을 표현하고자 한다. 그것은 또 이성에 의한 어떠한 감독도 받지 않고 심미적인 또 윤리적인 일체의 관심을 떠나서 행해지는 사고의 구술이다."[30]라고 논하였다.

이처럼 영국에서의 현대시가 상징주의와 이미지즘에 의하여 이루어졌다면 프랑스에서의 현대시는 상징주의와 다다, 그리고 초현실주의에 의하여 이루어졌다고 볼 수 있다.

이러한 현대시는 독일에서의 표현주의와 이탈리아에서의 미래파(未來派)에 의하여 독특한 형식과 내용으로써 형성되어졌다. 그리고 현대시는 제2차 세계대전을 거치면서 형성되어진 실존주의와 1980년 후반기의 포스트모더니즘(Post Modernism)에 의하여 새롭게 표현되었다.

한국에서의 현대시는 1920·30년대에 있어서 대부분이 일본을 거쳐서 들어온 시론에 의하여 이루어졌다. 한국 현대시의 전개는 주요한과 김억 그리고 황석우에 의하여 소개된 상징주의 시론과 상징주의 작품에서 이루어졌다고 볼 수 있는데 본격적인 시의 모더니티는 주지주의 시에서 찾아볼 수 있다. 동북제대(東北帝大)에서 영문학을 공부한 김기림은 주지주의 문학을 소개·전개 시켰는데 문명비판적인 시들로써 이루어진 그의 『氣象圖』는 한국 현대시 발전에 많은 영향을 주었다. 또한 경성제대에서 영문학을 공부한 최재서도 영국과 미국의 주지주의 문학이론을 소개하였는데 특히, 엘리엇을 비롯한 여러 시인의 작품세계와 이론을 제시하였다.

---

30) 宋在英, 「쉬르레알리즘의 現代的 評價」, 『心象』 (心象社, 1974. 2), p.23.

한국 현대시의 모더니티는 이미지즘 시에서도 잘 나타나고 있다. 김광균은 이미지즘을 바탕으로 하여 시를 창작하였는데 그는 공감각적 기법을 사용하여 시의 심상화(心象化)를 추구하였다. 그는 시가 곧 회화(繪畵)임을 선언하고 이미지의 공간적 조형을 시도하였다. 그의 「향수」·「와사등」·「설야」·「추일서정」 등에서는 공감각을 동반한 회화적 수법을 살펴볼 수 있다.

차단─한 등불이 하나 비인 하늘에 걸려 있다
내 호올로 어딜 가라는 슬픈 신호냐.

긴─ 여름해 황망히 나래를 접고
늘어선 고층(高層), 창백한 묘석(墓石)같이 황혼에 젖어
찬란한 야경(夜景) 무성한 잡초인 양 헝클어진 채
사념(思念) 벙어리 되어 입을 다물다.

피부의 바깥에 스미는 어둠
낯설은 거리의 아우성 소리
까닭도 없이 눈물겹고나.

공허한 군중의 행렬에 섞이어
내 어디서 그리 무거운 비애를 지고 왔기에
길─게 늘인 그림자 이다지 어두워

내 어디로 어떻게 가라는 슬픈 신호(信號)기
차단─한 등불이 하나 비인 하늘에 걸리어 있다
<김광균, 「와사등(瓦斯燈)」>

이상은 초현실주의 기법을 바탕으로 시를 창작·발표하였는데 그는 자신의 작품에서 무의식의 흐름을 표현하기 위하여 띄어쓰기를 무시하

고 줄글의 형태를 취하였으며 더욱이 의학 용어와 자연과학 용어, 그리고 도형과 부호를 시어로서 사용함으로써 나름대로의 독특한 시세계를 형성하였다. 그리고 그의 「烏瞰圖 詩 第十五號」와 「거울」 등에서 보이고 있는 자아(自我)에 대한 묘사에서는 初현실주의 기법뿐만 아니라 주지주의적인 면도 함께 나타나고 있음을 볼 수 있다.

김기림의 주지주의 시운동·김광균의 이미지즘 시운동·이상의 초현실주의 시운동은 실험성과 함께 전체적인 차원에서 이루어지지 못하였지만 한국의 현대시 형성과 발전에 있어서 선구자적인 역할을 하였다고 볼 수 있다.

시동인 <후반기(後半期)>는 후반세기의 모더니즘 문학운동을 전개하면서 새로운 현대시를 위하여 다양한 각도에서 시적 기법을 탐색하였다. 대표적인 동인으로서는 조향을 비롯한 김경린, 박인환 등을 들 수 있다.<후반기>동인 가운데 조향의 시적 기법이 가장 특이하다고 볼 수 있는데 그는 1950년대 이전의 다다와 초현실주의를 벗어나서 새로운 시각에서 시적 기법을 탐색한 작가였다.

> 낡은 <아코오뎡>은 대화를 관뒀읍니다
>
> ---여보세요?
>
> <뽄뽄따리아>
> <마주르카>
> <디이젤·엔진>에 피는 들국화.
>
> ---왜 그러십니까?
>
> 모래밭에서

수화기
　　여인의 허벅지
　　낙지 까아만 그림자.

비둘기와 소녀들의 <랑데·부우>
그 위에
손을 흔드는 파아란 깃폭들.

나비는
기중기의
허리에 붙어서
푸른 바다의 층계를 헤아린다.
<조향, 「바다의 층계」>

조향의 「바다의 층계」는 초현실주의적인 경향을 지닌 시로서 콜라주(collage)로부터 시작된 데페이즈망(depaysement)의 기법을 주 매체로 하여 시의 이미지를 자유연상 시키고 있다. 이 시에서 나타나고 있는 데페이즈망은 '환경의 변화'를 의미하는 미술상의 초현실주의적 기법으로서 어떤 물건을 일상적인 환경에서 이질적인 환경으로 옮겨 그 물건으로부터 실용적인 성격을 배제하여 물체끼리의 기이한 만남을 현출시키는 기법이다.

조향은 「데뻬이즈망의 미학」[31]에서 「바다의 층계」를 비롯한 자신의 작품들은 돌발적인 이미지의 순순함과 카타르시스를 위한 '뽀엠·오브제(poeme objet)'라고 설명하고 있다. 「바다의 층계」에 있어서 '아코오뎡', '뽄뽄따리아', '마주르카', '디이젤·엔진에 피는 들국화'는 서로 아무런 상관성이 없는 오브제들이다. 조향은 개별적인 오브제를 끌어들임

31) 조향, 「데뻬이즈망의 미학」, 『신문예』 (1958.10), pp.42-50.

으로써 송신자와 수신자의 대화를 단절, 혹은 해체시키고 있으며 시의 이미지 역시 분산화 시키고 있다.

<후반기>는 재래의 시 형식과 사고를 전면적으로 거부하고 현대의 불모와 파멸되어가는 인간의 풍경에서 새로운 세대의 시양식(詩樣式)을 제시한 엘리엇의 '황무지적 반동'에서 출발하였으며 따라서 이들은 1950년대 이전의 모더니즘 문학이 제시할 수 없었던 새롭고도 다양한 문학적 양식을 모색하였던 시동인으로서 이들의 시적 정신은 자유성을 중심으로 하는 시적 기법에 대한 탐색과 시대의 다양한 실존적 상황을 바탕으로 하는 시적 주제에 대한 추구에서 찾아 볼 수 있다.

Ⅲ. 소설론

소설(小說)은 시, 그리고 희곡과 함께 문학의 삼대 장르에 속하며 서사문학(敍事文學)의 대표적인 장르이다. 일반적으로 독서행위는 곧 소설에 대한 독서를 의미하며 또한 실생활에 있어서의 문학이 소설로 인식되는 것은 그만큼 소설이 일상생활과 근접해 있으며, 기존의 소설 대부분이 시대적 감각에 알맞은 형식과 내용으로써 표현되었기 때문이라고 생각된다.

1. 소설의 개념

소설(小說)은 시, 그리고 희곡과 함께 문학의 삼대 장르에 속하며 서사문학(敍事문학)의 대표적인 장르이다. 일반적으로 독서행위는 곧 소설에 대한 독서를 의미하며 또한 실생활에 있어서의 문학 이소설로 인식되는 것은 그만큼 소설이 일상생활과 근접해 있으며, 기존의 소설 대부분이 시대적 감각에 알맞은 형식과 내용으로써 표현되었기 때문이라고 생각된다.

현대에 있어서도 소설의 내용은 사랑·모험·전쟁·기이 등을 중심으로 구성되어지며 이면에는 인간에게 필요한 윤리와 교훈을 제시하고 있기 때문에 많은 독자층을 확보하고 있음을 볼 수 있다.

동양에 있어서의 소설이란 명칭은 『장자(莊子)』의 「외물편(外物篇)」과 『한서(漢書)』의 「예문지(藝文志)」에서 찾아볼 수 있다. 「외물편(外物篇)」과 「예문지(藝文志)」에서 나타나고 있는 '소설(小說)'은 이야기를 담은 짧은 글이나 패관들이 수집한 항담(巷談)을 말하는 것이다. 당시에 있어서 이러한 항담 등의 글을 가리켜서 '대설(大說)'이 아니라 '소설(小說)'로 표기한 것은 철학서나 역사서에 비하여 내용적으로 중후하지 못하고 또한 적은 분량으로 이루어졌기 때문이라고 볼 수 있다.

한국에 있어서의 소설이란 명칭은 고려 고종대의 문인인 이규보의 『백운소설(白雲小說)』[32]에서 찾아볼 수 있다. 그런데 『백운소설(白雲小說)』에서의 '소설(小說)'은 현대의 소설을 말하는 것이 아니라 시화집(詩話集), 즉 현대의 시비평집을 의미하는 것으로 생각된다. 왜냐하면 홍만종의 『시화총림(詩話叢林)』에 수록된 『백운소설(白雲小說)』을 살펴볼 때,

---

32) 韓英煥·李姓敎, 『文學槪論』(開文社, 1981), p.121.

그 주 내용은 대부분이 시화(詩話)를 비롯한 잡기(雜記)로써 이루어져 있으며 소설형태의 글은 보이지 않고 있기 때문이다. 따라서 「백운소설(白雲小說)」에서의 '소설(小說)'은 촌평(寸評)이나 감상문의 뜻으로 사용되었다고 볼 수 있다.

『백운소설(白雲小說)』에 이어서 소설이란 명칭은 조선 중종대의 학자인 어숙권의 『패관잡기(稗官雜記)』에서 나타나고 있다. 이 책의 분류항목에서 보이고 있는 '소설(小說)' 역시 소설형태의 글이 아니라 설화를 지칭하는 것이라고 볼 수 있다. 또한 조선 선조대의 문인인 유몽인의 『어우야담(於于野談)』에서는 "今年春 中原新刊書 七十小說(금년춘 중원신간서 칠십소설)"이라는 기록이 보이는데 여기서 말하는 '소설(小說)'은 중국소설을 가리킨다.

한국에서, 서양문학 차원에서의 소설이란 명칭은 개화기의 신소설에서 찾아볼 수 있다. 이인직 등에 의해 소개되기 시작한 신소설은 일본의 신소설을 바탕으로 하고 있지만 이 신소설 역시 서양의 소설을 수용하여 형성된 것이다.

서양에서의 소설은 roman · romance · novel · novella를 중심으로 하여 tales · short story, · fiction 등으로 표기되고 있다.

roman과 동의어인 romance는 'Romance'라는 지방 명칭에서 유래된 용어이다. 중세에 있어서 학술서와 종교서 등의 대부분이 라틴어로 쓰여진데 반하여 Romance지방에서는 기사와 영웅 등의 연애·모험담을 평민들이 읽을 수 있는 지방어(地方語)와 모국어(母國語)로 적었다. 만일 기사와 영웅 등의 연애·모험담을 라틴어로 적었다면 소수의 지식층을 제외하고는 일반 대중들은 읽지 못하였다고 볼 수 있다. 그리고 낭만이라는 단어 역시 이 romance에서 비롯된 것인데 이것은 당시의 소설, 즉 romance가 연애·모험담과 같은 낭만적 내용으로써 이루어져 있었기 때문이다.

이러한 romance가 가지는 대중성은 한국의 고대소설이 한문보다는 국문으로 창작·출판되어졌을 때 비로소 대중화를 이룬 것과 유사하다고 볼 수 있다. 한국 한문고대소설의 효시로 평가되고 있는 김시습의 『금오신화(金鰲神話)』를 비롯한 이후의 한문소설에 대한 독서는 지식층에서만이 가능하였다. 그러나 국문고대소설의 효시로 평가되고 있는 허균의 『홍길동전』을 비롯한 국문소설이 간행되면서부터는 이에 대한 독서가 일반 서민들에게까지 보편적으로 이루어지게 되었다고 말할 수 있다.

novel과 동의어인 novella는 신기한 것과 이상한 것 등을 의미한다. 즉, 소설이란 신기한 내용과 이상한 내용을 담고 있는 문학작품을 뜻한다. 독자들이 새롭고 신기한 소재에 흥미를 느끼는 것은 모든 시대에 있어서의 공통된 문학적 현상이며 작가들은 이를 위하여 혼신의 노력을 기울이는 것을 볼 수 있다. 단편소설(短篇小說)과 장편소설(長篇小說)을 통칭하고 있는 novella는 보편적인 소설을 의미하는 문학용어로 사용되고 있다.

tales는 일반적으로 이야기를 의미하는데 여기에서의 이야기란 고소설이 갖는 본질적 특성으로서 초오서(Chaucer)의 「캔터베리 이야기」 등에서 찾아 볼 수 있다.

문자가 지닌 뜻 그대로 짧은 이야기를 의미하는 short-story는 단편소설을 말한다. 단편소설은 산업혁명 후에 발달하기 시작한 소설형태로서 장편소설에 대응되는 소설이라고 볼 수 있다.

허구란 뜻을 지닌 fiction은 문학과 관련시켜 허구적인 이야기 혹은 상상에 의해 꾸며 놓은 이야기를 의미한다. 소설이 본질적으로 허구와 상상에 의하여 이루어지는 것임을 전제로 할 때 fiction은 곧 소설이라는 등식이 성립된다. 사실, 문학작품이 경험 혹은 상상에 의하여 이루어지는 문제에 대해서는 많은 논자들에 의하여 다양한 이론이 제시되어져 왔는데 fiction을 소설로써 보는 논자들은 문학작품이 상상에 의하여 이루어지는 것임을 말한다고 볼 수 있다. fiction에 대응되는 용어로서 사실을 뜻하는 non-fiction이 있는데 현대의 독자들은 fiction 못지않게 non-fiction을 바탕으로 이루어진 문학작품에 많은 관심을 보이고 있다. 이러한 것은 현대의 독자들이 현실적으로 존재하는 실제와 경험에 의해 이루어지는 진실성에 보다 높은 문학의 가치를 부여하는 데서 이루어지는 것이라고 생각된다.

시의 정의에서처럼 소설에 대한 정의는 시대별과 논자에 따라서 다양하게 이루어지고 있다.

먼저, 흥미의 관점에서 내린 소설의 정의를 살펴볼 수 있다.

존슨(S. Johnson)은 "小說은 대체로 연애를 우습고 재미있게 쓴 이야기"라고 말하였다. 그리고 외트(A. Wet)는 "小說이란 독자에게 기쁨과 교훈을 주기 위하여 기술적으로 쓴 연애·모험담의 픽션이다"라고 말하였다. 이와 같이 존슨의 정의는 유희를 중시하는 romance 차원에서 이루어졌다면 외트의 정의는 전근대성에 의한 흥미를 중시하는 fiction의 차원에서 이루어졌다고 말할 수 있다.

한국 근대문학의 초창기 잡지에서는 "소설은 남녀간의 질투를 素材로 다루어야 한다"라는 글로써 당시의 소설관을 나타내고 있는데 이러한 것은 존슨이 말한 소설의 정의와 연관된다고 생각된다.

둘째, 새로운 인간형의 창조 내지 탐구의 관점에서 내린 소설의 정의를 살펴볼 수 있다.

해밀턴(Hamilton)은 "소설은 증류된 인생이다"라고 말하였으며 르보크(Lubbock)는 "소설은 인생의 회화이다"라고 논하였다. 그리고 모울톤(Moulton)은 "소설은 인생의 서사시이다"라고 말하였다. 이와 같이 해밀턴과 르보크, 그리고 모울톤은 소설의 본질이 인간의 문제를 표현하는 데 있는 것으로서 보고 정의를 내렸다고 말할 수 있다. 소설은 인간의 문제를 다루는 것이다. 인간이 아닌 생물과 무생물이 주인공으로 등장하는 우화소설이나 공상과학소설을 막론하고 문학작품은 결국 인간의 문제를 다루는 것이라고 볼 때 이들의 소설에 대한 정의는 매우 의미 있는 것이라고 생각된다.

셋째, 현대성을 지향하는 fiction의 관점에서 내린 소설의 정의를 살펴볼 수 있다.

몰르와(A. Maulois)는 "소설은 간단히 말해서 허구적인 사건의 서술이다."라고 말하였으며 포스터(Forster)는 "소설은 적당한 정도의 양의 산문으로 된 허구적인 이야기다."라고 논하였다. 그리고 워렌(A. Warren)과 웰렉(R. Wellek)은 "소설은 허구적인 역사이다."라고 논하였으며 워렌(R. P. Warren)과 브룩스(C. Brooks)는 "소설은 인물에 대하여 꾸며 놓은 이야기이다."라고 말하였다. 이들 논자들의 소설에 대한 정의는 소설이 허구성을 지향하는 데에 일치점을 보이고 있다.

2. 소설의 기원

소설의 형태에 대한 시각에 따라서 소설의 기원은 많은 차이점을 보일 수 있다. 가령 근대소설을 소설의 기본 형태로 본다면 현대소설의 기원을 근대에서 찾을 수 있으며 고대에 있어서 음유시인들의 서사시를 소설의 기본 형태로 본다면 현대소설의 기원을 고대에서 찾을 수 있다. 그러나 소설이 가지는 일반적인 특성을 근간으로 할 때 대부분의 논자들은 다음 두 가지 측면, 즉 서사시·roman·전설에서 소설의 기원을 찾으려하고 있음을 볼 수 있다.

1) 서사시와 소설

모울톤(Moulton)과 김동리 등은 소설의 기원을 고대의 서사문학(敍事文學)에서 찾고 있는데 이들은 고대의 서사문학이 현대소설과는 상이점(相異點)이 있으나 근본정신과 형태는 유사한 것으로 보았다. 특히, 모울톤은 서사시의 범위를 확대하여 고대의 운문설화(韻文說話)와 근대소설을 포함시켰는데 이처럼 서사시의 영역을 확대시킨 것은 세 형태가 동일한 문학적 근간을 이루고 있기 때문이다. 즉 서사시와 운문설화, 그리고 근대소설은 한 내용을 표현·전개하는 데 있어서 동일한 서사적 구조를 가진다고 볼 수 있다. 더욱이 모울톤은 서사시와 운문설화는 운문으로써, 근대소설은 산문으로써 표현되고 있음에도 불구하고 서사적 시각에서 이 세 형태를 동질의 문학으로써 수용하였다.

허드슨(W. H. Hudson)은 이러한 서사시를 그의 『문학연구서설(文學硏究序說)』에서 두 종류로 나누고 있는데 그는 고대와 중세의 서사시를 성장의 서사시(epic of growth)로, 문예부흥기의 서사시를 예술의 서사시(epic of art)로 명하고 있다. 성장(成長)의 서사시는 비의도적인 것으로서 자연스럽게 형성·발전된 서사문학으로 볼 수 있다. 이러한 성장의 서사시에는 호머의 「일리아드」와 「오디세이」 등의 작품이 있다. 예술의 서사시는 의도적인 것으로서 기존하는 성장의 서사시를 바탕으로 하여 재구성·창작된 서사문학으로 볼 수 있다. 이러한 예술의 서사시에는 밀턴의 「실락원(失樂園)」과 「복락원(復樂園)」, 그리고 단테의 「신곡(神曲)」등의 작품이 있다.

모울톤은 허드슨이 분류한 두 종류의 서사시에 인생의 서사시(epic of human)를 첨가하였는데 여기서 인생의 서사시란 근대소설을 의미하는 것이다. 이와 같이 모울톤은 위의 세 단계, 즉 서사시의 발전단계를 소설의 발전단계로 보고, 소설의 기원이 서사시에 있음을 말하고 있다.

2) 로망(Roman)·설화와 소설

소설의 기원은 고대의 서사시에서가 아니라 중세의 roman이나 동양의 설화에서도 찾아볼 수 있다.

티보데(A. Thibaudet)는 소설의 기원을 roman에서 찾으려고 하였다. 티보데는 그의 『소설의 미학(美學)』에서 “roman은 그 이름이 가리키듯이 승려 문학자의 시대에 라틴어로 쓰여지던 정규의 서적에 대해서 세속의 속어(俗語)로 쓰여진 것을 의미한다. roman이란 말이 마침내는 이야기를 뜻하게 된 것은 roman어로 기록된 것의 대부분이 이야기였기 때문이다.”라고 말하였다. 이와 같이 티보데는 라틴어가 아니라 속어인 roman으로 기록된 작품에서 소설의 기원을 찾고 있음을 볼 수 있는데 그가 소설의 서사적 특질보다는 서민이 가지는 독서와 이에 대한 언어적 이해 조건으로써 소설의 기원을 제시한 것은 문학의 보편화 내지 대중성의 차원에서 이루어진 것이라고 생각된다.

백철 등은 소설의 기원을 설화에서 찾으려고 하였다. 백철은 “小說의 전신은 로만스이며 說話이며 이야기이다. 이것은 東西小說의 기원을 찾아보는 데 있어 우연한 일치를 보이고 있는 점이다”[33]라고 말했다. 이와 같이 백철은 Romance와 설화를 내용 면에 있어서 유사한 것으로 보고 여기에서 소설의 기원을 찾고 있다. 한국의 국문고대소설인 「홍길동전」·「심청전」·「장끼전」 등은 전기체소설(傳奇體小說)로서 roman에서의 연애·모험담이나 영웅담과는 내용면에 있어서 유사점이 많으며 또한 이러한 「심청전」 등의 소설이 한문이 아니라 국어로 쓰여진 것은 roman이 라틴어가 아니라 지방어로 쓰여졌다는 면에 있어서도 유사점이 나타나고 있다.

---

33) 白鐵, 『文學概論』 (新丘文化社, 1972), p.228.

또한 설화문학의 성격을 지닌 고려시대의 패관문학(稗官文學)이 가전체문학(假傳體文學)으로 이어지고 이 가전체문학은 조선시대 소설의 기틀을 마련해 주었는데 조선시대의 한문고대소설과 국문고대소설이 전기소설류(傳奇小說類)의 영향아래에서 형성되어졌다는 것은 백철의 견해가 아니더라도 소설이 설화문학에서 비롯되었음을 확연히 말해주는 것이라고 생각된다.

3. 소설의 기본 성격

1) 허구성과 현실성

소설이 갖는 여러 가지 특성 중에서 먼저 살펴볼 수 있는 것이 허구성(虛構性)과 현실성(現實性)이다. 이 허구성과 현실성은 극과 극의 성격을 지녔음에도 불구하고 소설에서는 중요한 창작요소로 볼 수 있다.

허구성에 있어서의 허구(虛構)란 실제로 없는 일을 사실처럼 만드는 것으로서 곧 fiction을 말한다. 소설이 시나 희곡처럼 문학성을 가진다는 것은 창작정신을 전제로 작품이 이루어진다는 뜻이며 이러한 창작정신은 허구로 연결된다. 따라서 소설은 역사서나 신문기사와 같은 실제 기록이 아닌 창작을 바탕으로 한다고 말할 수 있다.

소설에 있어서의 허구는 '거짓'을 의미하지 않는다. 소설에 있어서의 허구는 작가가 독자에게 거짓을 보여주기 위함이 아니라 가상적(假想的) 진실을 보여주기 위하여 존재하는 창작의 요소라고 말할 수 있다. 허구성을 가진 소설이 독자에게 가상적 진실을 보여줄 수 있는 것은 소설이 가지는 현실성(reality) 때문이다. 현실성, 즉 실제로 일어날 수 있거나 현실에 있을 수 있는 가능성은 곧 진실성을 의미한다. 하지만 소설이 가지는 허구성에 대한 현실성은 절대적인 관계는 아니므로 작자의 창작의도에 따라서 현실성이 수용되는 정도는 다르다고 볼 수 있다. 따라서 현실성을 바탕으로 하는 소설은 비현실성을 바탕으로 하는 소설에 비해 독자에게 보다 많은 신뢰감을 줄 수 있다고 생각된다.

김상선은 그의 『문학이야기』에서 "소설의 허구와 리얼리티를 나무와 땅으로 비유하기도 한다. 나무(곧 허구)가 무성하기 위해서 나무 뿌리가 땅(곧 현실) 속 깊이 박고 있어야 하는 것이다. 밑그루도 굵고 가지가 많아, 잎이 푸르고 꽃이 만발하기 위해서는 나무 뿌리가 굳건히 땅 속 깊이 뻗쳐 있어 많은 영양분을 빨아올리지 않으면 안된다. 그래야만 비바람이나 눈서리를 충분히 견뎌 낼 수 있기 때문이다."[34]라고 논하고 있다. 이와 같이 허구성과 현실성은 서로 상반된 의미관계에 놓여 있지만 소설 속에서는 상호 보완적인 관계에 있다고 볼 수 있다.

소설에 있어서의 이러한 허구성과 현실성과의 조화는 주제·소재·인물 등이 가지는 허구성과 현실성의 조화로써 이루어진다. 그런데 작가는 소설 창작에 있어서 소설의 허구성과 현실성과의 조화를 추구할 수도 있지만 한편으로 작가는 소설 창작에 있어서 소설의 허구성과 현실성과의 부조화를 추구할 수도 있다. 왜냐하면 작가는 현실성을 탈피하여 전적으로 허구성에 의한 작품을 창작할 수 있기 때문이다. 진실성이나 실현가능성이 없는 주제·소재·인물로써 내용을 구성하는 것은 작가의 독창적인 창작관(創作觀)에서 비롯되는 것이며 나름대로의 문학적 가치를 지니고 있음을 볼 수 있다. 또한 이 같은 작품이 현대소설의 상당한 부분을 차지하고 있음을 볼 수 있다.

이러한 시점에서 볼 때 소설이란 가상적 사건이나 역사적 사실을 주

---

34) 金相善, 『문학이야기』 (선진문화사, 1975), p.187.

관적 시각에서 묘사하거나 혹은 새롭게 조합하여 독자에게 창조적 허구의 세계를 보여주는 문학장르라고 말할 수 있다.

대부분의 공상과학소설 등이 가상적 사건을 바탕으로 하여 이루어지는 창조적 허구에 속한다면 시대소설이나 위인전기소설 등은 역사적 사실을 바탕으로 하여 이루어지는 창조적 허구로 볼 수 있다. 그리고 현대소설 중에는 가상적 사건과 역사적 사실을 동시에 수용하여 이루진 작품들이 많이 있음을 찾아볼 수 있다. 이러한 것은 소설이 가지는 허구성을 극복하기 위하여 사실을 내재시켜 표현함으로써 독자에게 실제성을 느끼게 하려는 작가의 의도에 의하여 비롯되는 것이라고 볼 수 있다.

2) 인간 탐구와 인간형 창조

소설이란 허구성과 현실성을 바탕으로 하여 표현되는 서사문학이지만 그 본질적인 면에 있어서는 인간탐구와 인간에 대한 재해석(再解釋) 작업으로써 이루어진 결과물이라고 말할 수 있다.

많은 논자들은 소설이 근본적인 면에 있어서 인간의 문제를 다루는 것으로 보았으며, 또한 현대소설의 특징이 새로운 인간형의 창조에 있다고 보았다. 허드슨은 "문학이란 언어를 매개로 하는 인생의 표현이다."라고 말하였으며, 나아가서 "소설은 인생의 해석이다."라고 정의하였다. 또한 그는 "소설가의 주제는 곧 인생"이라고 논하였다. 앞에서도 언급하였지만 해밀턴은 "소설은 증류된 인생이다"라고 말하였으며 모울튼은 "소설은 인생의 서사시이다"라고 말하였다.

소설은 인간에 의한 인간의 문제를 중심으로 하며 그 표현 양상은 여러 가지로 나타나고 있다. 기사의 무용담(武勇談)·모험담(冒險談)·괴기담(怪奇談) 등의 고전적 소설에서부터 현대의 탐정소설·심리소설·공상과학소설 등의 현대소설에 이르기까지의 모든 소설은 주제적인 면과 내용적인 면에서는 서로 상이한 점을 보이고 있지만 제시되고 있는 것은 모두 문제점들은 인간을 중심으로 이루어지고 있다. 가령, 소설에서의 중심이 인격체가 아니더라도 작가는 이들을 통하여 인간의 문제를 표현하고 있다. 중세의 모험담이나 우화에서 등장하는 괴수·요정·동식물 등과 현대 공상과학소설에서 등장하는 사이보그(cyborg)·외계인 등의 비인격체(非人格體)는 자존(自存)된 것이 아니라 작가에 의하여 만들어진 것이며 이들의 특성 역시 작가에 의하여 부여된 것으로서 이들의 문제는 곧 인간의 문제로 볼 수 있는 것이다. 실례로써 키플링(R. Kipling)의 「정글북」에서 자주 나타나는 늑대·곰·호랑이 등에 대한 심리묘사는 인간에 대한 심리를 분석·표현하고자 하는 작가의 의도에 의하여 이루어지는 것이다.

이러한 시각에 있어서 소설은 특정한 인간의 독특한 모습과 양식을 그대로 나타낸 것이 아니라 인간이 가지는 일상성과 특수성, 그리고 개별성과 전체성에 의하여 이루어지는 모습을 작가의 주관적 시각에 의하여 탐구된 결과를 예술적으로 나타낸 것으로 볼 수 있다.

인간탐구와 인간에 대한 재해석을 지향하는 소설은 기존 인간형에 대한 새로운 인간형을 제시한다. 특히, 현대소설에서부터 새로운 인간형이 중점적으로 제시된 것은 혁명과 변화로써 이루어진 문화의 현대화에 따른 자연스러운 문학적 현상이라고 생각된다.

체호프(A .P. Chekhov)의 「귀여운 여인」·입센(H. J. Ibsen)의 「인형의 집」·생텍쥐페리(A. Saint-Exupery)의 「어린 왕자」를 비롯하여 안수길의 「제3인간형」에서는 기존의 인간형(人間型)에서 볼 수 없는 새로운 인간형을 제시하고 있다. 보편적으로 현대 소설가들은 소설의 주인공이 기사·귀족·미인·왕족·바보·신적 존재·노예 등이어야 하는 전근대적 고정관념에서 탈피하여 기존 질서나 사상을 부정하는 인물·새로운 것을 추구하는 인물 등을 모색·표출하고 있음을 볼 수 있으며 또한 새 시대의 개성적(個性的) 인물·새 시대의 유형적(類型的) 인물·새 시대의 전형적(典型的) 인물 등을 주요 등장 인물로써 수용하고 있는데 이 중에서 기존 질서나 사상을 부정하는 인물과 새로운 것을 추구하는 인물에 대한 선정은 항구성(恒久性)을 지닐 수 있으나 새 시대의 개성적 인물과 새 시대의 유형적 인물, 그리고 새 시대의 전형적 인물 등에 대한 선정은 일정 시간이 흐르면 또 하나의 고정적 관념에 따른 인물 선정이 될 것이라고 생각된다.

3) 서사적 산문과 표현의 다양성

소설에 있어서의 서사란 서사시에 있어서의 서사처럼 사실을 있는 그대로 기록하는 것을 말한다. 이러한 서사양식을 근간으로 하여 허구성과 현실성의 조화로써 이루어지는 소설은 하나의 스토리(story)를 구성하고 있다. 소설이 스토리를 구성하고 있다는 것은 한편으로는 줄거리가 내재되어 있다는 것을 의미한다. 소설의 줄거리란 곧 소설의 서사성(敍事性)을 말하며 소설의 서사성은 사건과 사건의 연결로써 이루어진다고 볼 수 있다.

현대 실험소설(實驗小說)이나 전위소설(前衛小說)에서는 일정한 줄거리가 없는 작품을 창작하기도 하며 한 제명(題名) 아래에서 전혀 연관성이 없는 두 가지 이상의 사건으로써 작품내용을 전개시키기도 한다. 그러나 보편적으로 소설은 일정한 줄거리를 가지며 큰 사건 속에서의 작은 사건들은 서로 상관관계를 지니고 있음을 볼 수 있다.

따라서 소설에 있어서의 사건은 소설의 서사성과 직접 연결되는 중요한 요소이다. 소설에서의 사건은 일상적 상황에서 볼 수 있는 보편적인 사건보다는 일상적 상황에서는 좀처럼 찾아볼 수 없는 특수한 사건을 바탕으로 한다. 김동리는 그의 『문예학개론(文藝學槪論)』에서 "사건이란 무엇인가. 이것은 사고(事故)를 뜻한다. 여기 어떤 은행원이 있어 아홉 시에 출근하고, 열 두 시에 점심 먹고, 다섯 시에 퇴근하여 일곱 시에 저녁 먹고, 열 한 시에 잠자기로 되어 있다고 할 때, 이 사람이 이것을 지키고 되풀이하는 동안은 사고가 아니다. 하나의 사건이 되기 위해서는 아홉 시에 출근하려고 했는데 버스가 뒤집혀서 부상을 입었다거나, 또는 그 밖의 이와 비슷한 다른 일이 생겼을 때에 한 한다. 버스의 전복은 정상상태가 아니다. 정상상태를 벗어날 때 그것은 사고인 동시에 이야기가 되는 것이다. 「沈淸傳」의 심청은 그 아버지를 소경으로 가진 것부터가 사고였다. 다른 아버지들은 다 소경이 아닌데 그녀의 아버지만이 소경이란 것은 정상적 상태가 아니기 때문이다. 그러므로 심청은 태어날 때부터 이미 숙명적인 이야기의 주인공이었던 것이다"[35]라는 것을 말하고 있다.

이 같은 김동리의 소설관(小說觀)에서처럼 소설에서의 사건은 곧 사고로서 일상적 상황에서 볼 수 있는 보편적인 사건보다는 일상적 상황에서는 좀처럼 찾아볼 수 없는 특수한 사건을 추구하고 있지만 한편으로는 일상적 상황에서 볼 수 있는 보편적인 사건임에도 불구하고 작자의 독특한 시각에 의하여 새로운 내용으로써 재구성될 수 있다고 생각된다. 왜냐하면 소설에서 서술되는 사건의 내용과 형태는 작자의 시각에 따라서 변화될 수 있기 때문이다.

이러한 사건을 서술하는 소설의 서사성은 산문으로써 표현되어진다. 이효석의 「메밀 꽃 필 무렵」에서와 같이 내재율이 나타나고 있는 소설도 있지만 일반적인 시각에 있어서 산문정신(散文精神)에 철저한 것이 소설이라고 볼 수 있다.

---

35) 金東里, 『文藝學槪論』 (서라벌藝大 출판부), p.173.

근대문학에서 발달하기 시작한 산문은 의미를 중심으로 하며 객관적이며 논리적인 글이다. 그리고 산문은 이지적(理智的)이고 과학적이어서 현대인의 논리적 감각에 알맞은 문장형태를 추구한다. 산문을 지향하는 산문정신은 형태 대부분을 운문에 의존하였던 전근대적 문학사고방식에 새로운 변혁을 가져다주었으며 나아가서 현대소설을 형성시켰다고 볼 수 있다. 소설이 시에 비하여 비교적 이지적인 것은 이러한 산문의 형식을 취하기 때문이라고 생각된다. 인간의 자유를 추구하며, 현실을 세밀하게 묘사하는 데 적합한 서사적 산문은 현대소설의 기본 문장형태라고 말할 수 있다.

소설이 지니고 있는 기본 성격 중에서 이러한 서사적 산문성과 연결시켜 살펴볼 수 있는 것이 소설이 갖는 표현의 다양성(多樣性)이다. 소설은 내용과 형식면에 있어서 시와 희곡에 비하여 볼 때 비교적 표현의 제약이 거의 없는 문학장르로 볼 수 있다.

사실, 문학을 표현예술의 한 영역으로 본다면, 모든 문학장르는 미적 양식을 필요로 한다. 모울톤은 문학을 '철학의 한 양식으로서의 문학'과 '예술의 한 양식으로서의 문학'으로 나누고 있는데, 특히, 소설이 사상을 표현하고 인간성을 탐구한다는 점에서는 철학적 양식을 지니고 있으며, 창조적 표현의 형상화라는 면에서는 예술적 양식을 지니고 있는 것이라고 생각된다.

현대소설이 가지는 서사적 표현 내용과 산문양식의 변형은 다른 문학장르에 비하여 매우 다양하게 이루어지고 있음을 볼 수 있다. 실례로써 액자소설(額字小說)·격자소설(格子小說)·대하소설(大河小說)·사이버소설(cyber小說) 등에서는 서사적 표현 내용과 산문양식의 다양성이 확연하게 잘 나타나고 있다. 소설이 갖는 다양한 짜임새(plot)와 분량의 무제한성은 표현의 다양성을 의미한다고 생각된다.

4) 정화와 사상

정화(淨化)란 깨끗하게 되는 것을 말하는 것으로서 곧 정화작용(淨化作用)을 의미하며 특히, 문학에 있어서의 예술적 정화작용은 카타르시스(catharsis)를 가리킨다. 카타르시스는 아리스토텔레스가 그의 『시학』에서 논하고 있는 문학의 효과에 대한 용어인데 특히, 비극을 봄으로써 내재되어 있던 긴장감과 불안감이 해소되어 마음이 정화되는 것을 뜻한다. 따라서 정화는 모든 문학장르가 갖는 근본적인 문학적 기능인데 현대인들이 실생활에서 가깝게 접근할 수 있고 비교적 장시간에 걸쳐서 느낄 수 있는 장르가 소설임을 고려할 때 본서에서는 정화를 소설의 기본 성격으로 설정하였다.

무엇보다도 소설이 정화성(淨化性)을 가져야 한다는 것은 소설의 내용이 독자와의 공감대를 형성할 수 있어야 하는 것을 의미한다. 정화는 작품이 독자에게 감동을 주고 독자의 감동이 다시 독자의 정신적인 쾌감으로 연결되었을 때만이 일어나고 또한 이루어지는 것이다. 그러므로 작품의 내용은 독자의 감정과 가치관, 그리고 문화적 양식 등에 호소할 수 있는 것이어야 한다. 만일 작품의 내용이 독자의 지성과 감성에 무관한 것일 때에, 문학적 정화작용은 기대하기가 어렵다고 생각된다.

소설의 정화는 작품 내용에서 나타나고 있는 사상과 이 사상에 대한 독자의 수용능력과 깊은 관련이 있다고 생각한다. 이해할 수 없는 특정 작품에서 독자가 자신을 정화시킬 수 있는 감정을 느낀다는 것은 불가능하다.

작품의 내용에서 나타나고 있는 사상은 소설의 주제와 연결되며 이러한 소설의 주제는 작가의 인생관이나 가치관에서 이루어진다. 즉, 작품에서 표현되고 있는 사상은 작가의 인생관이라고 말할 수 있다. 모울톤이 문학을 철학의 한 양식으로서 보는 것도 작품의 정신적 바탕을 이루는 동시에 문학적 생명성(生命性)을 부여하는 사상을 중시하였기 때문이라고 생각된다. 독자에게 감동을 줄 수 있는 작품이 되기 위해서는 주제적 사상이 진실성으로써 이루어져야 하며 진실성으로써 이루어진 주제적 사상은 정화작용을 줄 수 있다. 특히, 소설은 작가가 의도하는 주제적 사상을 세밀하게 표현할 수 있음은 물론이고 독자의 감정에 충분히 호소할 수 있는 서사적 산문양식의 문학장르임을 고려할 때 보다 작가들은 보다 효과적인 정화작용이 이루어질 수 있도록 창작에 임해야 한다고 생각된다.

4. 소설의 주제

1) 주제의 개념

구성·문체와 함께 소설의 주요 요소인 주제(主題)는 작품에서 나타나고 있는 중심사상을 말하는데 이러한 소설의 주제에 대한 정의는 많은 논자들에 의하여 다양한 시각에서 제시되고 있다. 일반적으로 소설의 주제는 "작가가 구현하려는 인생관·세계관·인생의 의미를 구체화시킨 것, 작품의 내용이며 작가의 사상, 작가가 취급하려는 문제"등으로 정의되고 있는데 그 내용은 근본적인 면에 있어서 대동소이(大同小異)하다고 생각된다.

소설에 있어서 이러한 주제가 결정되고 이를 중심으로 작품이 이루어지는 과정을 두 가지 방식에서 살펴볼 수 있다. 여기에서 두 가지 방식이란 첫째, 작가가 주제를 먼저 결정하고, 이후에 주제표출(主題表出)에 적합한 제재를 선정·조합하여 작품을 형성하는 방식과 둘째, 작가가 제재를 먼저 선정·조합하고, 이후에 주제를 결정하여 작품을 형성하는 방식을 말한다. 이와 같이 주제가 결정되는 과정이 두 가지 방식으로 나타나는 것은 작가들마다 창작관이 서로 다르기 때문이라고 볼 수 있다.

작가가 주제를 먼저 결정하는 경우에는 작가가 소설에서 나타내려는 중심 사상이나 제시하려는 문제를 먼저 정하게 되며, 또한 결정된 주제에 따라서 여기에 어울리는 제재를 선정·조합하는 동시에 소재를 탐색하게 되는 것이다. 르부크(P. Lubbock)는 『소설의 기술』에서 다음과 같이 말하고 있다.

> 소설에서 가장 최초로 존재하는 것은 주제이다. 따라서 작가가 어떤 주제를 발견하는 능력이란 그 작가의 기본적인 재능이라 할 수 있으며, 이 주제가 나오기까지 작가는 전혀 작품에 손을 대지 못한다. 주제는 소설이 시초이며 전체이다. 주제에 의하지 않고는 소설은 그 형태를 이룰 수 없다.

작가가 제재를 먼저 선정·조합하는 경우에는 작자가 그 제재에서 나타나는 공통적인 요소를 먼저 찾게 되며, 또한 제재에 내재해 있는 통일된 원리를 바탕으로 작품의 구성(構成)이 착안될 때에 주제가 형성되는 것이다. 따라서 이러한 방식에 있어서의 주제는 제재에 대한 해석이나 제재가 나타내려는 의미로 볼 수 있다.

소설 창작에 있어서 주제보다 제재가 먼저 결정되는 것은 사상보다 동기(動機, motive)가 구체화된 것이라고 말할 수 있다. 창작에 있어서의 동기란 작품을 을 쓰게 된 계기를 말하는데 이러한 동기는 창작을 위한 깊은 감동을 받음으로써 형성된다. 그리고 동기를 형성시킨 요인이 구체화되면 주제가 형성되는 것으로 생각된다. 그런데 논자들 중에는 소설의 주제와 소설의 동기를 동일개념으로 간주하고 있는데 이 양자는 본질적인 면에 있어서 서로 다른 것이라고 볼 수 있다. 왜냐하면 주제는 동기에서 비롯되지만 동기 그 자체는 아니기 때문이다. 가령 어떤 사건에 당면하여 느껴진 감동과 충격으로 인하여 한 편의 소설이 창작되었을 때, 소설 창작의 직접적 계기가 된 감동과 충격은 동기로 볼 수 있으며, 소설 내용이 제시하고 있는 주된 의미는 주제라고 볼 수 있다. 김동리는 그의 『소설작법』에서 소설의 주제에 대하여 다음과 같이 말하고 있다.

> 小說에서 말하는 主題란 테마의 譯語이다. 小說家가 한 편의 소설을 만들기 위하여 素材를 다루어 나가는 統一原理를 의미한다. 더 쉽게 말하면 作家가 어떤 素材에 대하여 느낀 "人生의 意味"를 구체화시킨 것이다.

소설의 주제를 선정하는 것 못지않게 중요한 것이 주제를 작품화시키는 일이다. 작가의 의도에 따라서 소설의 주제는 작품 표면에서 그대로 드러날 수도 있으며 또한 작품 표면에서는 나타나지 않고 이면에 감추어져 있을 수도 있다. 보편적으로 명시적(明示的) 서술방식에 의하여 표현된 주제는 작품 표면에서 그대로 드러나고 있으며 함축적(含蓄的) 서술방식에 의하여 표현된 주제는 작품 이면에 감추어져 있는데, 여기에서 명시적 서술방식이란 작자가 독자에게 교훈과 사실 성 등을 직접적으로 보여주기 위하여 서술되는 방식으로서 고대소설·계몽소설·사회소설 등에서 찾아볼 수 있으며, 함축적 서술방식이란 작자가 독자에게 예술성·상징성 등을 암시적으로 보여주기 위하여 서술되는 방식으로서 대부분의 현대소설에서 찾아볼 수 있다. 일반적으로 현대소설가들은 노출된 주제는 예술적 가치가 없으므로 따라서 주제의 무형화(無形

化) 즉, 주제는 내면화(內面化)되어야 하며 또한 작품 속에 용해(溶解)되어 있어야 함을 주장하고 있다.

2) 주제의 파악

소설의 주제를 파악하려면 무엇보다도 주제를 용해시켜 작품이라는 그릇에 담기 위하여 사용된 요소들을 먼저 이해하여야 한다. 즉 특정 작품의 주제를 알기 위해서는 소설가가 주제를 내면화시키기 위하여 수용한 문학적 방법에 대한 이해가 선행되어야 한다고 말할 수 있다.

이재철과 신동욱은 『문학의 이론』에서 주제의 파악방법으로써, 플롯·액션을 통한 방법, 톤(tone)을 통한 방법, 분위기를 통한 방법, 그리고 무드를 통한 방법을 제시하고 있다. 정한숙은 『소설기술론』에서 주제의 파악으로써 액션을 통한 주제파악, 톤을 통한 주제파악, 대단원(denovement)을 통한 주제파악, 그리고 분위기(atmosphere)를 통한 주제파악 등을 제시하고 있다.

본서에서는 이러한 사항들을 고려할 때, 소설의 주제파악을 구성·스토리를 통한 주제파악, 인물을 통한 주제파악, 배경을 통한 주제파악, 그리고 문체를 통한 주제파악 이상 네 가지 측면에서 살펴보기로 한다.

첫째, 소설이 지니는 구성과 스토리를 통하여서 작품의 주제를 파악하는 것은 가장 기본적이며 핵심적인 방법이라고 생각한다. 더욱이 구성과 스토리를 긴밀하게 연결시켜서 주제를 파악하는 것은 더욱 더 합리적인 방법이 될 수 있다. 일반적으로 소설의 주제를 파악할 수 있는 암시적 내용이나 핵심내용은 대개 소설의 발단(發端)이나 대단원(大團圓)에서 찾아볼 수 있다.

소설의 발단에서는 등장 인물과 배경에 대한 설명이 이루어지면서 작품이 나아갈 방향이 제시되고 있다. 독자들은 이러한 발단에서 작품이 나아갈 방향과 함께 암시(暗示)되고 있는 주제를 찾아볼 수 있다. 그리고 발단에서 명확하게 파악되지 못한 주제는 스토리가 종결되는 대단원에서 재확인할 수 있거나 파악할 수 있다.

둘째, 소설이 지니는 배경을 통하여서 작품의 주제를 파악하는 것은 종합적인 주제 파악에 있어서 매우 중요하다고 생각된다. 왜냐하면 구성과 스토리 만으로서는 주제를 완전히 파악할 수 없기 때문이다. 소설의 배경은 작품의 분위기를 조성해 주며 작품의 목적을 구체화시켜 준다. 특히, 배경에서의 분위기가 주는 심리적인 연상작용(聯想作用)은 주제의 윤곽을 파악케 하여준다. 알퐁스 도데의 「별」·김동리의 「黃土記」와 「巫女圖」 등과 같은 작품에서는 발단에서 제시된 분위기로써 작품 전체의 분위기로 이끌어 가고 있음을 볼 수 있는데 이러한 분위기는 작품의 주제를 파악하는 데에 직접적으로 연결될 수 있다.

작품이 지니는 배경이 주제를 파악하는 데 가장 큰 역할을 하는 것은 상황소설(狀況小說)에 있어서이다. 상황소설의 배경은 소설의 목적을 구체화시켜 제시한 것으로서 사르트르(Sartre)의 「벽(壁)」이나, 카뮈(Camus)의 「페스트」에서 나타나는 배경은 곧 주제를 의미하는 상황으로 볼 수 있다.

셋째, 소설이 지니는 인물을 통하여서 작품의 주제를 파악하는 것은 배경과 함께 나름대로의 중요한 문학적 의미를 가진다고 볼 수 있다. 새로운 인간형의 창조가 소설이 갖는 목적중의 하나임을 생각할 때, 소설의 주제와 등장 인물이 결코 무관할 수는 없다. 작자가 선정하거나 창조한 등장 인물의 성격은 앞으로 전개될 사건의 성격을 말하는 것이며 나아가서 작품의 주제를 암시하는 것으로 볼 수 있다.

역사소설·탐정소설·종교소설·전쟁소설 등과 같은 소설에서 등장하는 유형적(類型的) 인물들은 주제를 곧 바로 파악할 수 있게 하여 주며, 현대의 기업소설·공상과학소설·정치소설·연애소설 등에서 등장하는 개성적 인물들은 주제를 파악하는 데 있어서 결정적 역할을 한다고 생각된다.

넷째, 소설이 지니는 문체(文體)를 통하여서 작품의 주제를 파악하는 것은 작품이 갖는 톤을 통하여 주제를 파악하려는 것과 유사한 것이라고 생각된다.

소설에 있어서 작자가 의도하고 있는 작품의 주제와 또한 이러한 주제에 따른 내용의 톤은 배경·인물과 함께 문체에서 확연하게 나타나고 있다. 문체는 소설의 주제에 알맞게 작가가 선택하는 기교로써 작품 전체의 톤을 결정한다. 따라서 각 문체가 갖는 특징이나 어감(語感)에 따라서 주제가 갖는 톤을 파악할 수 있다.

이상에서와 같이 주제 파악을 위한 네 가지 방법은 모두가 중요한 방법이지만, 어느 한 가지를 택하기보다는 네 가지를 모두 수용할 때 보다 종합적인 시점에서 작가가 의도한 주제에 접근할 수 있으리라고 생각된다.

5. 소설의 구성

1) 구성의 개념과 기능

구성(構成)이란 각각의 요소를 얽어서 하나의 통일체(統一體)로 만드는 것을 말하는데 문학에 있어서는 작품 줄거리에서 나오는 여러 가지 사건을 통일성 있게 얽어 짜는 것을 말한다. 구성과 동의어인 플롯(plot)은 작품의 줄거리·구조·짜임새·결구(結構)·구축(構築)·틀 등의 여러 가지 의미를 지니고 있다. 따라서 소설의 구성이란 인과 관계에 따른 사건들의 유기적 배열(排列)이라고 말할 수 있다.

소설의 주요 요소인 구성은 한편의 시각에서 볼 때에 소설의 설계 내지는 계획을 의미하는데 이러한 설계는 작품의 전체적 통일을 위하여 필요한 중요 요소이다. 계획성 없이 이루어진 소설이란 구성이 제대로 이루어지지 않은 소설을 말하며 이러한 소설은 작자가 의도하는 주제를 올바르게 나타낼 수 없을 뿐더러 소설이 가지는 효과를 독자에게 줄 수 없다. 사실, 소설에 있어서의 인물과 사건, 그리고 배경을 소설 구성의 3요소로 보는 것은 소설의 핵심을 이루는 이러한 요소들을 배치·연결시키는 구성의 역할이 그만큼 중요하다는 것을 말한다.

소설의 창작적 시각에 있어서 구성이란 용어는 좁은 의미와 넓은 의미로 사용되고 있다. 좁은 의미로서의 구성이란 시간적으로 이어지는 전체적인 스토리를 말하며, 넓은 의미로서의 구성이란 인과관계에 의한 인물·사건·배경의 유기적(有機的) 결합을 말한다. 포스터(Forster)는 이러한 구성에 대하여 다음과 같이 말하고 있다.

> "왕이 죽고 왕비도 죽었다"라는 것은 스토리이고, "왕이 죽자 왕비도 슬퍼서 죽었다"라는 것은 짜임새이다. 時間的 순서는 같지만 因果가 여기 보태진 것이다. "왕비가 죽었다. 왕비의 죽음은 왕이 죽은 슬픔 때문이었음이 밝혀질 때까지는 아무도 그 원인을 알 수 없었다"라고 한다면 이것은 신비마저 간직한 짜임새이며, 고도의 전개가 가능한 형식이다. 그것은 시간의 연결을 끊고 그 한계가 허락하는 한 스토리에서 비약시키고 있다. 왕비의 죽음을 생각할 때 만약 그것이 스토리라면 "그 다음에?"라고 묻겠지만, 짜임새의 경우는 "왜?"라고 묻는다.

위에서와 같이 포스터(Forster)는 시간적 순서대로 배열된 사건의 서술이 스토리이며 사건의 서술이지만 인과관계(因果關係)를 중요시한 것이 짜임새, 즉 구성임을 말하고 있다. 논자들의 다양한 시각에 의하여 제시된 구성에 대한 정의는 다음과 같다.

① 브룩스·워렌(C. Brooks and R. P. Warren) : 구성은 한 편의 소설에 나타난 행동의 구조이다.

② 카실(R. V. Cassill) : 구성이란 행동의 인과관계에 의한 연결이다.

③ 디트리히·선델(Dietrich and Sundell) : 구성은 주제를 전달하기 위한 행동의 배열이다.

④ 워렌·웰렉(A. Warren and R. Wellek) : 구성(또는 서사적 구조)은 에피소드나 사건들의 보다 적은 서술적 구조가 결합된 것이다. 그리고 연극이나 소설의 짜임새는 구조들의 구조이다.

⑤ 부르제(Paul Bourget) : 소설이라고 하는 복잡한 예술에는 진실이라고 하는 요소 이외에 미라는 요소도 없어서는 안된다. 이 미의 요소가 나의 생각으로는 구성이라는 것이다.

위에서 열거한 정의에서처럼 구성은 제재를 조화롭게 연결시킴으로써 작품을 이루게 하는 소설의 생명적 요소라고 말할 수 있다. 따라서 소설을 하나의 유기체로 볼 때, 구성의 기능은 소설이란 문학장르에 생명을 부여하는 데 있다. 즉 구성의 기능은 소설을 소설답게 하는 것이라고 말할 수 있다.

소설에서 구성이 가지는 기능은 다음과 같이 몇 가지로 나누어서 살펴볼 수 있다.

첫째, 구성은 소설이 갖는 사건을 인간관계에 의하여 논리적으로 전개시킴으로써 작품의 각 부분과 요소들을 통일시키고 나아가서 전체성을 이루게 하여준다. 즉 구성은 인물과 사건, 그리고 배경을 적재적소(適材適所)에 배치·배열시킴으로써 논리성과 현실성을 나타내주며, 또한 각 사건들이 핵심사건으로 연결되어 통일성을 이루게 하여준다.

둘째, 구성은 소설의 주제를 표출시켜 준다. 즉 구성은 작품의 모든 제재와 소재를 작자가 표현하고자 하는 주제와 알맞게 조화시킴으로써 주제표현과 주제사상이 상동관계를 이루게 하여 준다.

셋째, 구성은 소설의 예술미(藝術美)를 형성시켜 준다. 소설은 내용적인 면에서도 예술성을 가지고 있어야 하지만 형식적인 면에서도 예술미를 추구해야 하는데 이러한 구성은 소설이 가지는 미적 요소를 감동을 줄 수 있는 형태로 조합시킴으로써 소설의 형식적인 예술미를 형성시켜 준다.

2) 구성의 전개양식

소설은 일정한 공식(公式)에 의하여 창작되는 것이 아니기 때문에 소설의 구성 역시 일정한 규칙에 의하여 형성되는 것은 아니다. 한편의 시각에 있어서는 이러한 소설의 구성을 불가시적(不可視的)인 것으로 간주할 수도 있다. 그러나 소설의 구성은 인과 관계에 의한 사건의 배열이므로 논리적인 전개 양식이 필요하다고 생각된다. 분량 면에 있어서 소설보다 훨씬 적은 것으로 볼 수 있는 시에서도 구성의 양식을 가지고 있으며 특히, 한국의 시조(時調)가 '起·中·結'의 구성 양식에 의하여 창작되는 것을 볼 때, 소설에서도 구성 양식은 필요에 의하여 자유롭게 창안(創案)되어 지고 또한 수용되어질 수 있다고 볼 수 있다.

소설의 구성이 가지는 전개 양식은 일정한 규칙에 의하여 이루어지는 것은 아니지만 논자들이 제시한 구성의 전개 양식을 살펴보면 다음과 같다.

아리스토텔레스는 『시학』에서 비극이 가지는 구성은 '始·中·終'의 양식으로써 전개되어져야함을 논하고 있으며, 포스터와 해리스는 『소설의 기초법(The Basic Formulas of Fiction)』에서 구성의 전개 양식은 도

입(situation) · 전개(complication), · 위기(crisis) · 절정(climax)으로써 이루어져야함을 논하고 있다.

워렌과 브룩스는 『소설의 이해』에서 소설의 구성 전개는 발단(exposition) · 분규(complication) · 절정(climax) · 대단원(denouement), 이상 4단계로 이루어지고 있음을 말하고 있다.

프라이타크(Freytag)는 『연극기교론』에서 극이 가지는 구성을 발단(einleitung) · 전개(steigerung) · 정점(hoch-punkt) · 해리(解離, fall) · 결말(katastrophe) 이상, 5단계의 시각에서 고찰하고 있다.

웨스턴(Weston)은 『문학의 형식(Form in Literature)』에서 구성의 전개과정을 의도 · 의도의 장해(障害) · 장해의 반전 · 위기 · 위기의 반전 · 대단원 이상, 6단계로 나누고 있다. 그리고 레게트(Leggett)는 『소설의 이념(The Idea in Fiction)』에서 구성의 전개는 발단 · 제1행동단계 · 제2행동단계 · 발발(勃發) · 결말로써 이루어져야함을 논하면서, 실례로써 페트로누스(Petronus)의 『에피서스의 여인(The Woman of Ephesus)』의 구성에 대하여 다음과 같이 말하고 있다.

> 에피서스에 정숙함으로 이름이 높은 여인이 있었다. 여인은 남편이 죽자 슬픔을 이기지 못해 무덤에서 울고 있었다. 때마침 그 근처에 십자가에 처형된 죄인의 시체를 지키고 있던 젊은 병사가 여인에게 다가와 불행을 위로하게 되었다.
>
> 그들은 위로하고 위로를 받던 중 어느새 사랑을 느끼게 되어 밤을 같이 지내게 된다. 아침이 되어 병사가 제 자리에 돌아와 보니 밤새에 죄인의 시체가 도둑 당한 것을 알고서는 놀란다. 병사의 딱한 처지를 알게 된 여인은 서슴지 않고 망부의 유해를 대신 십자가에 걸 것을 권한다.
>
> ① 발단 : 죄인의 시체를 지키고 있던 병사가 근처 묘지에서 울고 있는 여인의 울음소리를 듣고 가서본다.

② 제1행동단계 : 병사는 남편의 무덤에서 울고 있는 미망인을 발견하고 위로하며 술을 마시게 한다.

③ 제2행동단계 : 여인의 아름다움에 혹한 兵士는 밤새 그 여인 곁을 떠나지 않고 위로하다가 그만 사랑하게 된다.

④ 발발 : 날이 새서 병사가 자기 초소로 돌아와 보니 죄인의 시체가 도둑 맞았음을 발견한다.

⑤ 결말 : 중벌을 면키 어려움을 깨달은 병사는 초연히 여인에게 돌아오자, 여인은 병사를 구하기 위해 亡夫의 시체를 대신 십자가에 걸도록 권한다.[36]

본서에서는 워렌과 브룩스가 말하고 있는 구성 전개의 4단계론, 즉 발단(exposition) · 분규(complication) · 절정(climax) · 대단원(denouement)을 수용함과 동시에 정한숙의 『소설기술론』[37]을 부분적으로 참고하여 구성의 전개양식을 설명하고자 한다.

(1) 발단(exposition)

발단(發端)은 소설의 도입단계(導入段階)를 말하는데 인물과 배경, 그리고 사건의 시작점이 제시된다. 즉 내용의 중심이 되는 사건과 문제가 작중 인물들을 중심으로 하여 처음으로 발생되는 부분이 발단이라고 말할 수 있다.

사실, 소설의 시작은 무엇보다도 자연스러워야하며 그 속에는 의도적 기법이 내재해 있어야 한다. 소설의 시작이 독자에게 자연스럽게 보이기 위해서는 독자에게 현실성과 가능성이 제시되어야 하며 또한 시작에서부터 복선을 깔아 암시적으로 기술해야 한다. 따라서 소설의 발

36) 韓英煥 · 李姓敎, 『문학개론』, p.145.
37) 鄭漢淑, 『小說技術論』 (고려대학교 출판부, 1977), pp.118-131.

단에서는 인물과 사건, 그리고 배경이 보다 유기적인 관계 하에서 자연스럽게 제시되어져야한다고 생각된다.

사건의 시작점인 발단에서는 작중 인물들이 갖는 갈등과 작품의 주제가 예시되고 있다.

> "장인님! 인젠 저ㅡ"
>
> 내가 이렇게 뒤통수를 긁고 나이가 찼으니 성례를 시켜 줘야 않겠느냐고 하면, 대답이 늘
>
> "이 자식아! 성례구 뭐구 미처 자라야지!"
>
> 하고 만다.
>
> 이 자라야 한다는 것은 내가 아니라 장차 내 아내가 될 점순이의 키 말이다.
>
> <김유정, 「봄·봄」 중>

위의 내용은 김유정의 「봄·봄」 중, 발단 부분이다. 여기에서는 '나'와 '장인'의 성격차이에서 비롯되는 인물간의 갈등을 살펴볼 수 있다. 그리고 작가는 '점순'이란 인물의 등장을 예시함으로써 앞으로 발생되는 사건과 문제, 그리고 이에 따른 주제를 부분적으로 암시하고 있다.

소설의 구성 전개에 있어서 발단을 구현하는 방식은 절대적인 규칙에 의해서 이루어지지는 않지만 보편적으로 다음과 같이 몇 가지로 구분하여 살펴볼 수 있다.

첫째, 김유정의 「봄·봄」에서와 같이 등장 인물을 소개하면서 발단을 전개시키는 방식을 찾아볼 수 있다.

둘째, 배경을 제시함으로써 발단을 전개시키는 방식을 찾아볼 수 있는데 이러한 방식은 공포감과 긴장감을 주기 위하여 밤·음습한 골짜기·흉가 등을 서두에서 표현·제시하고 있는 공포소설·괴기소설·추리소설 등이나 대자연의 경이감(驚異感)을 주기 위하여 들판·산·야생동물·

바다·항구 등을 서두에서 표현·제시하고 있는 전원소설·해양소설 등에서 나타나고 있다. 만일, 이러한 소설에서 배경을 제대로 설정하지 못하게 되면 작품의 주제는 약화될 수 있다.

셋째, 인물과 배경을 함께 서두에서 표현·제시함으로써 발단을 전개시키는 방식을 찾아볼 수 있는데 이러한 방식은 대부분의 기존 소설에서 나타나고 있음을 볼 수 있다.

넷째, 소설의 서두에서 사건 발생이나 주제와 유사한 이미지를 주는 문체나 독특한 문체로써 발단을 전개시키는 방식을 찾아볼 수 있는데 채만식의 「태평천하」 등의 소설에서 나타나고 있음을 볼 수 있다.

이러한 발단의 전개 방식이 다양한 것은 무엇보다도 독자에 대한 흥미유발과 호기심 자극에도 있지만 에도 주목적은 작자의 창작적 구성 방식의 다양성에 있다고 볼 수 있다.

(2) 분규(complication)

분규(紛糾)란 소설이 가지는 구성 양식의 두 번째 단계로서 소설의 내용이 복잡화되는 상태를 말한다. 이 분규는 소설의 5단계 구성에서 말하고 있는 전개가 갖는 구성의 특징을 중심으로 하여 위기가 갖는 구성의 특징을 부분적으로 가지는데 이 단계에서는 작중 인물의 구체적인 행동이 본격적으로 제시되고 핵심 인물과 주변 인물들의 성격이 정착되면서 서로 갈등을 일으키고 또한 변화하면서 위기가 발생하게 된다.

일반적인 소설에서 가장 많은 부분을 차지하는 이 부분의 두드러진 특징은 대립된 두 인물의 갈등이 본격화되는 데에 있다. 여기에서 대립되는 두 인물이란 주동(主動) 인물과 반동(反動) 인물로서 이들이 가지는 정신적 배경에는 서로 상반되는 사상이 깔려 있음을 볼 수 있다. 그런데 이러한 성격의 대립은 인간과 또 다른 인간 사이에서 일어날 수도 있고 또한 한 인간의 내면 속에서 일어날 수도 있다. 보편적으로 근대소설에서는 인간과 또 다른 인간이 서로 대립을 이루며, 상황소설에서는 한 인간 속에서의 외적인 자신과 내적인 자신이 서로 대립을 이루고 있는 것을 볼 수 있다. 이러한 상대적인 성격의 대립은 문학적 긴장을 형성시키는 핵심 축(軸)으로 생각된다.

소설에 있어서 이러한 성격의 대립이나 사상의 대립은 서로 갈등을 가지면서 크고 작은 사건을 야기 시키게 된다. 이 단계에서는 작중 인물들의 성격과 사건 내용이 복잡해지고 결국에는 위기적 상황을 맞으면서 긴장이 고조된다고 볼 수 있다.

소설작가들은 분규를 형성시키기 위하여 사건이나 대화를 반복시킴으로써 갈등 관계를 심화시키기도 하는데, 이러한 방식은 절정이나 대단원에서 해결점이나 새로운 문제를 제시하는 것으로써 마무리되고 있다.

정한숙은 『소설기술론』에서 분규과정을 전개시키는 방법으로써 첫째, 시간적인 순서에 의하여 평행적으로 사건을 진전시키는 방법과 둘째, 현재와 과거를 혼합하는 수법, 셋째, 반복에 의하여 플롯의 분규를 꾀하는 방법, 이상 세 가지를 제시하고 있다.

(3) 절정(climax)

절정(絶頂)은 갈등의 대립으로 야기된 사건, 즉 성격의 대립이나 사상의 대립으로 인하여 발생한 사건이 가장 최고점에 이르는 단계로서 이 단계에서는 위기의 발전이 이루어지게 된다. 따라서 절정은 소설에 있어서 가장 극적(劇的)인 상황이 제시되는 동시에 독자에게 있어서는 문학적 카타르시스가 이루어지는 단계로 볼 수 있다.

절정은 핵심적 사건이 상승하는 최고점이며, 갈등이 가장 강렬하게 표현되는 단계이기 때문에 특히, 창작적 시각에 있어서 볼 때, 소설작가들은 독특한 고도의 기법으로써 이 절정을 구현해야 된다고 생각된다.

가령, 이 절정에서 위기의 발전이 이루어지지 못하거나 독자에게 카타르시스를 느끼게 하지 못하였다는 것은 소설의 전체적 내용이나 혹은 구성 형성에 있어서 문제점이 있다는 것을 의미한다고 볼 수 있다.

> "이까짓 것!"
> 그는 발을 들어서 치장한 신부의 머리를 찼다.
> "자, 가자우, 가자우."
> 왕서방은 와들와들 떨었다. 왕서방은 복녀의 손을 뿌리쳤다. 복녀는 쓰러졌다. 그러나 곧 일어섰다. 그가 다시 일어설 때는 그의 손에 얼른얼른하는 낫이 한 자루 들리워 있었다.
> <金東仁, 「감자」 중>

위의 소설은 김동인의 작품인 「감자」의 한 부분으로서 절정을 유발하는 전환의 계기를 마련하는 단계인 위기가 나타나고 있음을 볼 수 있다. 위의 내용에서와 같이 작자는 주동 인물인 '복녀'와 반동 인물인 '왕서방'과의 파행적 상황을 위기로 설정하였다고 말할 수 있다.

> "이 되놈 죽어라. 이놈 나 때렸니! 이놈아, 아이구 사람 죽이누나."
> 그는 목을 놓고 처울면서 낫을 휘둘렀다. 칠성문 밖 외따른 밭 가운데 홀로 서 있는 왕서방의 집에서는 일장의 활극이 일어났다. 그러나 그 활극도 곧 잠잠하게 되었다. 복녀의 손에 들리워 있던 낫은 어느덧 왕서방의 손으로 넘어 가고, 복녀는 목으로 피를 쏟으며 그 자리에 고꾸라져 있었다.
> <金東仁, 「감자」 중>

작자는 암울한 시대적 상황에 있어서의 절대적 빈곤에서 헤어나려는 한 여인의 모습을 '복녀'라는 인물을 통하여 나타내고 있는데 위의 내용에서와 같이 그는 비극적 상황으로써 절정을 구현시키고 있음을 볼 수 있다.

(4) 대단원(denouement)

대단원(大團圓)에서의 '단원'은 결말이나 끝을 의미한다. 따라서 소설에서의 대단원이란 작품의 발단에서부터 시작되었던 모든 사건이나 문제들이 해결되는 단계로서 작품의 결말 부분이라고 말할 수 있다.

이 단계에서는 작중 인물들의 성격이 구체적으로 드러나게 되는데 특히, 핵심 인물의 운명이 분명해 진다. 그리고 이 단계에서는 사건의 진상이 밝혀짐으로써 제시된 상황들의 의미가 파악되어지며 나아가서 작품의 주제가 명확하여진다. 그러므로 대단원은 주제라는 측면에서의 정리이며 또한 예술적인 측면에서의 마무리라고 볼 수 있다.

> 이것은 크나큰 수수께끼이다. 어린 왕자를 역시 사랑하는 여러분들에게나 나에게나 알지 못하는 어떤 양이 어디선가 장미 한 송이를 먹었느냐 안 먹었느냐에 따라 천지가 온통 달라지고 마니……
>
> 하늘을 보라. 그리고 마음속으로 이렇게 물어 보라. 양이 그 꽃을 먹었을까?
>
> 그러면 모든 것이 얼마나 달라지는가 알게 될 것이다……
>
> 그런데 이게 그토록 중요하다는 것을 어른들은 아무도 이해하지 못하리라!
>
> <생텍쥐페리, 「어린 왕자」 중>

위의 소설은 생텍쥐페리의 작품인 「어린 왕자」의 결말 부분으로서 작자가 발단에서 제시하였던 문제에 대한 해답, 즉 어린이의 시각과 어른의 시각이 상반되는 데서 비롯되는 갈등의 해결이 어른 중심이 아닌 어린이의 시각에서 제시되고 있음을 볼 수 있다. 창작의 시각에 있어서 이러한 대단원은 이성적 유일성이나 감성적 난해성보다는 발단에서 제시되었던 문제가 자연스럽게 해결되는 시각에서 이루어져야 할 것이다.

6. 소설의 문체

1) 문체의 개념

문체(文體)란 한 작품에서 나타나고 있는 문장의 개성적(個性的) 특성인데 이러한 문장의 개성적 특성은 다른 문장과는 구별되는 단순한 차이점이나 특이성만을 의미하는 것이 아니라 작자의 창작적 기법까지도 함께 의미하는 것으로서 작가의 특유한 사상이나 예술적 시각을 바탕으로 하여 이루어지는 것이라고 볼 수 있다.

이러한 소설의 문체에 대한 연구는 베일(C. Bayl)과 소쉬르(F. Saussure) 등의 언어학적(言語學的) 문체론과 머리(J. M. Murry)와 울만(Ullmann) 등의 수사학적(修辭學的) 문체론 이상 두 가지 측면에서 이루어지고 있음을 살펴볼 수 있다. 언어학적 문체론과 수사학적 문체론은 나름대로의 장점을 가지고 있는데 일반적으로 문학가들이나 작자들은 수사학적 문체론을 지향하고 있음을 볼 수 있다. 그러나 언어학적 문체론은 수사학적 문체론 못지않게 중요한 장점을 지니고 있으므로 양자의 이론을 종합하여 소설창작에 적극적으로 수용해야 한다. 즉, 언어학적 문체론의 시각에서 소설의 문체를 정밀하게 분석을 하고 또한 수사학적 문체론의 시각에서 소설의 문체에 문학성을 결부시킴으로써 주제 표현에 적합한 문체를 만들어야 한다고 생각된다.

스코르(M. Schorer)는 "문체란 곧 주제이다(Style is subject)"라고 말하였다. 이와 같이 스코르가 문체와 주제를 동일 시점에서 정의 한 것은 문체는 작가가 마음대로 조절할 수 있는 것으로서 작가가 의도하는 작품의 주제를 표현하는 데 있어서 적합하게 창조할 수 있는 대상으로 인식하였기 때문이다. 사실, 소설의 주제를 파악하기 위하여 우선 문체를 파악하려는 시도는 이런 면에 있어서 타당성을 지닌다고 볼 수 있다. 이러한 시각에서 볼 때, 문체란 주제를 나타내기 위한 중요한 개성적인 도구라고 생각할 수 있다. 그러므로 문체는 주제보다 앞서서 이루어지는 것이 아니라 주제가 결정된 이후에 이루어지는 것이라고 볼 수 있다. 따라서 문체는 주제와 적합하게 이루어져야 할 것이다.

2) 문체의 종류와 특성

일반적으로 문체의 종류는 간결체(簡潔體, concise style)를 비롯하여 만연체(蔓衍體, diffused style)·우아체(優雅體, feeble style)·강건체(剛健體, nervous style)·건조체(乾燥體, dry style)·화려체(華麗體, flowery style) 등으로 분류할 수 있다. 그러나 이러한 기존의 분류는 상대적인 특성을 지닌 두 문체의 한계를 명확하게 구분시키는 데에 난점을 초래시키고 있음을 볼 수 있다. 왜냐하면 문체가 지니는 특성의 한계점을 명확하게 구분시키는 것은 불가능하기 때문이다.

소설의 문체가 갖는 다양한 모습은 여러 가지 관점에서 살펴볼 수 있다. 문체는 문장의 길이, 즉 단문(短文)과 장문(長文)에 따라서 그 특성을 달리하며 또한 문장의 종류, 즉 서간문이나 일기문 등의 종류에 따라서 서간체(書簡體)나 일기체(日記體) 등으로써 그 형태가 다르게 나타나고 있다. 그리고 문체는 작자의 연령대나 성별에 따라서도 다양하게 나타나고 있다. 일반적인 시각에 있어서 단문의 소설은 간결체로써, 그리고 장문의 소설은 만연체로써 이루어지고 있음을 살펴볼 수 있으며 또한 남성 작자에 의한 소설은 강건체로써, 그리고 여성 작자에 의한 소설은 우아체나 화려체로써 이루어지고 있음을 알 수 있다.

소설 있어서 무엇보다도 중요한 것은 문체와 주제는 상동관계로써 이루어져야 하는 데에 있다. 즉, 한 작품에 있어서의 문체는 주제와 알맞은 형태로써 이루어져야 한다. 실례로써, 괴테의 「젊은 베르테르의 슬픔」에서 나타나고 있는 서간체와 사르트르의 「구토(嘔吐)」에서 나타나고 있는 일기체는 작품들의 주제에 부합되는 문체들로써 이루어진 것이라고 말할 수 있다.

이러한 소설의 문체를 나타내는 문장은 서술(敍述)과 묘사(描寫), 그리고 대화(對話) 이상 세 가지 요소로써 이루어진다.

서술은 소설이 가지는 사건의 전개에 따라서 설명하는 문장으로서 설화성(說話性)을 충족시켜 주며, 인물·사건·배경 등을 직접적으로 표현하는 방식이다. 이러한 방식은 요약적인 표현을 요구하므로 템포를 빨리 하는 소설, 특히 과거사(過去事)를 표현하는 소설에서 많이 나타나고 있음을 볼 수 있다. 그러나 현대소설에서는 서술에 의존한 표현은 구체적이고 형상화된 소설을 구현하기 어렵기 때문에 가능한 한 이러한 전적인 서술표현방식은 지양하고 있다.

묘사는 객관적인 위치에서 인물·사건·배경을 구체적으로 표현하는 방식으로서 대상에 대한 보다 구체적인 이미지를 생생하게 재현시켜 줄 수 있는데, 특히 작가는 비유적 묘사를 사용하여 사물의 형태나 작중 인물의 심리를 우회적으로 표현할 수 있다. 고대소설이나 전근대소설이 서술을 중심으로 창작되었다면 현대소설은 이러한 묘사를 중심으로 창작되었다고 생각된다.

소설에서의 대화란 등장 인물들의 간접대화보다는 직접화법(直接話法)에 의한 언어표현을 말하는데 그 기능은 사건 전개와 인물 묘사에 있다. 소설에서의 대화는 의도적이면서도 자연스럽게 이루어지며, 독자가 공감할 수 있는 언어, 즉 인물의 성격과 일치한 언어로써 표현되어지고 있다.

7. 소설의 인물 창조

1) 인물의 개념

소설에 있어서의 인물(人物)은 사건·배경과 함께 소설 구성요소 중의 하나이다. 소설이 인간의 탐구와 새로운 인간형(人間型)을 창조하는 데 중점을 두는 만큼 소설에서의 인물은 다른 구성요소보다도 비교적 중요한 것으로 볼 수 있다. 소설의 모든 요소들은 새로운 인물의 창조를 위하여 존재한다. "누가 무엇을 어디에서 어떻게 하였다"라는 소설의 일반적인 서술형태에 있어서 '무엇을 어디에서 어떻게'는 '누가'라는 인물의 행위와 성격을 나타내는 보조수단이 되고 있다. 즉, 소설의 인물은 사건과 배경의 주체로써 존재한다. 그러나 소설에서 등장하는 인물은 독자적으로 존재하거나 창조되는 것이 아니라 사건이나 배경 등의 요소에 의해 형성되어 지기 때문에 소설창작이나 감상에 있어서 인물만을 중시한다면 소설이 지니는 전체적 균형을 잃을 수 있다.

고대소설은 인물성격의 창조보다는 사건과 배경을 중심으로 창작되어졌다. 고대소설에서는 새로운 인간형의 창조가 중요한 창작요소로서 수용되지 못한 체, 단지 고정된 성격의 인물에 의하여 사건이 전개되고 있음을 알 수 있다. 고대소설에 등장하는 왕·왕녀·공주·왕자·바보·마녀·요정·강탈자·해적·신적(神的) 존재 등은 사건을 전개시키는 고정된 분담역할 수행자에 불과하다고 볼 수 있다.

새로운 인간형의 창조라는 명제(命題)가 소설에서 제시된 것은 근대소설이 등장하면서부터였다. 근대소설에 있어서의 작자는 독창적 인물을 창조하는 데에 중점을 두었으며, 독자들은 새롭게 제시된 인물의 성격을 통하여 인간의 다양한 모습과 사회를 직시할 수 있게 되었다.

소설의 등장 인물은 현실생활에서 발견되는 인물을 바탕으로 이루어진다. 사실주의소설 뿐 만 아니라 공상과학소설이라고 할지라도 선인·악인·노인·청년·파괴인·해결인 등의 근본적인 성격의 인물은 현실의 인물에서 그대로 표현되어지거나 혹은 가공되어진다고 말할 수 있다.

카실은 『소설작법』에서 소설 인물의 성격에 대하여 첫째, 소설에 있어서 성격은 작위적(作爲的) 구조이며 둘째, 성격은 소설의 기본적 요소인 언어·묘사·행동·대화 또는 장면과 타 인물과의 상호 작용 등의 결합에 의하여 이루어짐을 논하고 있다. 그리고 그는 셋째, 허구적 인물은 실제 인물과 같은 의미로 살아 있지 않고 평행적(平行的) 의미로 살아 있는데 그 성격은 끝이 없는 사실의 설계가 아니고, 작가가 그를 위해 만들어 놓은 환경 속에 사는 것임을 말하고 있다. 이와 같이 소설 속의 인물은 현실 속의 인물과는 달리 작자의 창작관에 의하여 변형된 시간과 공간 속에서 존재하는 것으로서 볼 수 있다. 즉, 소설의 인물은 논리와 질서에 의해 허구화한 작품 속에서 존재하고 있으며 나아가서 독자의 독서행위에 의하여 생명이 부여된다고 말할 수 있다.

따라서 소설 창작의 궁극적 목적이 인간성의 탐구와 인간의 문제를 표현·제시·감상에 있기 때문에 새로운 인간형 창조를 중심으로 하는 인물 설정은 소설의 구성 요소 중에서 무엇보다도 중요한 것이라고 생각된다.

2) 인물의 형

소설에 있어서 인물의 형(型)은 여러 가지 시각에서 논의 될 수 있다. 보편적으로 이러한 소설에 있어서 인물의 형은 첫째, 인물이 가지는 성격의 변화에 따라서 평면적 인물과 입체적 인물로써 분류할 수 있으며 둘째, 인물이 가지는 성격의 특성에 따라서 유형적 인물과 개성적 인물, 그리고 전형적 인물로써 분류할 수 있다. 그리고 이외에 인물이 가지는 행동의 역할에 따라서 주동적 인물과 반동적 인물로써 분류할 수 있으며 또한 인물에게 부여되는 행동의 양식과 결과에 따라서 비극적 인물과 희극적 인물로써 분류할 수 있다.

(1) 평면적 인물과 입체적 인물

평면적(平面的) 인물과 입체적(立體的) 인물은 사건과 인물과의 유기적 관련성에 의하여 비롯되는 성격의 변화에 따라서 분류되어 진 인물 유형이다.

평면적 인물이란 한 작품에 있어서 성격이 지속적으로 변화하지 않는 인물을 말한다.

포스터(Forster)는 『소설의 양상』에서 소설 작중 인물의 성격을 편평한 성격(flat character)과 원형적인 성격(round character)로 나누어서 말하고 있는데 여기에서의 편평(扁平)한 성격과 원형적(圓形的)인 성격은 각각 평면적 인물과 입체적 인물에 해당하는 것으로서 볼 수 있다. 그는 평면적 인물의 특징에 대하여 첫째, 평면적 인물은 등장하기만 하면 곧 알아볼 수 있으며 둘째, 평면적 인물은 소설을 읽고 난 후에도 오랫동안 기억 속에 남게 됨을 말하고 있다. 또한 뮤르(E. Muir)는 평면적 인물을 정적 인물(static character)로, 그리고 입체적 인물을 극적 인물(dramatic character)로써 표현하고 있다.

이러한 평면적 인물의 성격은 「노인과 바다」에서의 '노인'과 「흥부전」에서의 '흥부', 그리고 「춘향전」에서의 '춘향'에서 나타나고 있다. 이러한 인물들은 성격의 극적 전환으로써 독자에게 충격을 주기보다는 변화 없이 자신의 인생관에 의한 생활에 전념하는 인간형을 제시하여 준다. 주동 인물에서의 이러한 평면적 성격은 긍정적인 시각에서 이루어지지만 반동 인물에서의 이러한 평면적 성격은 부정적인 시각에서 이루어진다고 볼 수 있다.

입체적 인물이란 한 작품에 있어서 성격이 사건의 진전에 따라 변화하는 인물을 말한다. 입체적 인물에 대하여 한편의 시각에서는 발전적 인물(developing character)이라고 말하는데 이러한 성격의 인물은 독자가 전혀 예상치 못한 성격으로 변화한다. 그러나 사건의 진전에 따라서 변화하는 입체적 인물의 성격은 전체 구성과는 조화를 이루어야하며 나아가서 독자가 충분히 공감할 수 있어야 한다.

일반적으로 평면적 인물은 고전소설에서 많이 나타나는 반면에 입체적 인물은 현대소설에서 많이 나타나고 있는데 이러한 인물들은 각 시대를 초월하여 상황 속에서 존재하는 인간상을 묘사한 것이라고 말할 수 있다.

(2) 유형적 인물 · 개성적 인물·전형적 인물

작중 인물의 분류에 있어서 평면적 인물과 입체적 인물은 사건과 인물과의 유기적 관련성 에 의하여 비롯되는 성격의 변화에 따라서 이루어진 것이라면 유형적 인물과 개성적 인물, 그리고 전형적 인물은 작중 인물이 갖는 특성과 천성에 의하여 이루어진 것이라고 볼 수 있다. 작중 인물은 하나의 인격체로서 가정·사회·개인적 조건에 따라 어느 계층을 대표하는 전형성과 그 개인의 특색인 개성을 지니고 있다.

유형적(類型的) 인물이란 시대·사회·집단이나 계층을 대표하는 성격을 지닌 인물로서 시대의 공시적(共時的) 성격의 일반성을 지니는데 이러한 인물은 소설에서 제시되고 있는 인물의 성격과 각 시대의 각계 각층을 대표하는 인물의 성격과 부합되는 인물이라고 말할 수 있다.

예를 들어서 「심청전」의 '심청'에서는 효녀형(孝女型)을, 「홍길동전」의 '홍길동'에서는 의적형(義賊型)을, 그리고 로렌스(D. H. Lawrence)의 소설인 「채털리 부인의 사랑」의 '채털리 부인'에서는 개방적인 성(性)을 추구하는 자유여성형(自由女性型)이라는 유형을 찾아볼 수 있다. 특히, 한국 현대소설의 유형적인 인물들은 염상섭의 「三代」에서의 '조의관'·'조상훈'·'조덕기' 등에서 비교적 잘 나타나고 있는데 이들은 직계 3대로서 각 세대를 대표하는 유형적인 인물로서 볼 수 있다. 또한 이광수의 「유정(有情)」·「무정(無情)」·「무명(無明)」등의 소설이나 심훈의 「상록수(常綠樹)」, 그리고 김동리의 「무녀도(巫女圖)」에서는 특정 집단을 대표하는 유형적 인물이 등장하고 있음을 볼 수 있다.

소설에 있어서 개성적(個性的) 인물이란 특정 집단이나 계층의 인물을 상징하는 것이 아니라 독특한 천성(天性) 내지 후천적 관습에 의하여 형성된 성격을 소유한 인물을 말한다. 따라서 이러한 개성적 인물은 기존 작품에서 이미 제시된 성격의 소유자와는 또 다른 성격을 지녀야 한다.

그런데 이러한 개성적 인물은 보편적 성격의 인물에서 착안되어 시작된다고 생각된다. 왜냐하면 작자는 시대의 보편성에서 출발하여 작가의 창조성을 가미하여 개성적 인물을 형성시키기 때문이다.

전형적(典型的) 인물은 개성적 인물의 변화라고 볼 수 있다. 작가에 의해 창조된 개성적인 인물은 독자의 공감(共感)을 얻으면서부터 시대의 보편성을 획득하게 되어 결국에는 그 시대를 대표하는 유형적인 인물로 바뀌게 된다. 따라서 전형적인물이란 작가에 의해 창조된 개성적 인물이 독자들에게 점차적으로 널리 알려지고 인식되어짐으로써 개성적 인물 자체가 특정 성격의 집단을 대표하는 인물로 유형화된 인물의 형을 말하는 것이라고 볼 수 있다.

셰익스피어의 「햄릿」에서의 '햄릿'과 세르반테스의 「돈키호테」에서의 '돈키호테'가 처음에 독자들에게 있어서는 개성적인 인물로 인식되어졌다. 그러나 이러한 독창적인 인물들은 시간이 흐름에 따라 독자들에게 보편화되어짐으로써 생각이 많고 신중하지만 결단이나 실행력이

약한 성격의 인물을 대표하는 '햄릿 형'과 현실을 무시하고 자기 나름의 공상이나 정의감에 사로잡혀 분별없이 행동하는 성격의 인물을 대표하는 '돈키호테 형'으로 자리잡게 되었다. 그리고 이광수와 심훈의 소설에서 등장하는 농촌지도자는 작가에 의해 처음에는 개성적인 인물로 창조·제시되었지만, 현 시점에 있어서는 일제강점기시대를 대표하는 전형적인 인물로 인식되어지고 있음을 볼 수 있다.

(3) 기타 인물의 형

소설에 있어서 인물의 형(型)은 앞에서 언급한바와 같이 평면적 인물과 입체적 인물, 그리고 유형적 인물·개성적 인물·전형적 인물로 분류될 수 있으며 이외에 인물의 형은 주동적(主動的) 인물과 반동적(反動的) 인물, 그리고 비극적(悲劇的) 인물과 희극적(喜劇的) 인물로 분류될 수 있다. 이러한 인물들은 소설에서 시각에서도 살펴볼 수 있지만 문학 장르 성격상 희곡에서 중시하는 인물의 형들이다.

주동적 인물(protagonist)과 반동적 인물(antagonist)은 작중 인물이 가지는 역할에 따라서 분류되어지는 인물의 형인데 먼저, 주동적 인물이란 한 작품에서 주역을 맡은 인물로서 대체로 긍정적 시각에서 인식되어지는 인물이다. 주동적 인물은 사건 전개에서 핵심적 역할을 수행하는 인물로서 일반적으로 주인공을 지칭하는데 「벙어리 三龍이」에서의 '삼룡이', 「홍길동전」에서의 '홍길동', 그리고 「몬테크리스트 백작」에서의 '몬테크리스트 백작' 등은 주동적 인물이라고 말할 수 있다.

반동적 인물이란 한 작품에서 주동적 인물에 대적하는 역할을 맡은 인물로서 대체로 부정적 시각에서 인식되어지는 인물이다. 반동적 인물은 사건 전개에서 반대자 혹은 적대자로서의 역할을 수행하는데 「벙어리 三龍이」에서의 '오생원 아들', 「홍길동전」에서의 '탐관오리', 그리고 「몬테크리스트 백작」에서의 '배신자들' 등은 반동적 인물이라고 말할 수 있다.

비극적 인물과 희극적 인물은 인물에게 부여되는 행동의 양식과 결과에 따라서 분류되어지는 인물의 형인데 먼저 비극적 인물이란 한 작품에서 비극적 결과를 맞이하는 인물이다. 비극적 인물은 인습·제도·재물·권력·탐욕 등에 의하여 희생됨으로써 인생의 본질적인 비애감이나 허무감을 나타내주는 역할을 수행하는데 「운수 좋은 날」에서의 '김첨지의 아내'와 「누구를 위하여 종은 울리나」에서의 '로버트 조던' 등은 비극적 인물이라고 말할 수 있다.

희극적 인물이란 한 작품에서 희극적 행동을 수행하거나 긍정적 결과를 맞이하는 인물로서 인생의 즐거움이나 기쁨을 보여준다. 이러한 희극적 공감대를 형성시켜주는 인물들은 한편에 있어서 정치·인습 등에 대한 풍자적 성향이 짙게 나타나고 있음을 볼 수 있는데 「金 따는 콩밭」에서의 '수재'와 '영식이', 그리고 「동백꽃」에서의 '점순이' 등은 희극적 인물이라고 말할 수 있다.

3) 인물의 표현방법

작중 인물의 성격과 행동양식의 표현은 작자의 표현방식에 따라서 다양하게 이루어질 수 있다. 일반적으로 작중 인물을 표현하는 방식은 간접적 표현(indirect presentation)과 직접적 표현(direct presentation)의 시각에서 살펴볼 수 있는데 이러한 직접적 표현과 간접적 표현은 문체의 요소로 볼 수 있는 서술과 묘사, 그리고 대화에 의하여 이루어진다. 따라서 서술과 묘사, 그리고 대화가 지니는 특성은 인물이 가지는 독특한 성격 및 행동양식과 적절하게 연결되어서 작자가 의도하고 창안한 개성이 자연스럽게 표현되어져야 한다.

(1) 서술

서술(敍述)이란 사건의 내용이나 대상을 설명하는 것으로서 추상적(抽象的) 특성과 요약적(要約的) 특성, 그리고 해설적(解說的) 특성을 지니며 소설에서의 사건과 배경, 특히 인물을 직접적으로 표현하는 문장형태로 볼 수 있다. 서술에 의한 인물 표현방식은 작품 속의 해설자가 인물의 외부적 특색이나 성격상의 특성, 그리고 개인의 주변사항에 대한 설명을 중심으로 하여 이루어진다.

> 남경호(南京鎬), 1945년 생, Y대 야간부 법학과 중퇴, 어쩔 수 없이 대학을 중퇴한 후에도 처음 몇 년간은 그래도 좀 더 나은 것을 얻으려고 노력했다. 고시 준비를 한답시고 절간에 틀어 박혀 본 적도 있고, 한 때는 난 데 없이 글에 미쳐 원고지더미에 묻혀 보낸 일도 있었다. 그러나 가난은 그의 대학처럼 그 어느 것도 끝을 볼 수 있도록 그를 내버려두지 않았다. 그에게는 부양을 기다리는 늙은 부모와 동생들이 있었다. 지금은 모두 가고 없는 그들, 부모는 채 생활의 안정도 보기 전에 차례로 세상을 떠나고, 가난을 못이겨 가출(家出) 한 큰 누이는 구년 째 소식이 없다. 작은 누이는 근년 직장동료인 은행원과 결혼했고, 공전(工專)을 나와 작년에야 제대한 동생은 중장비 기사로 중동(中東)에 나가 있다. 그러나 그들을 위해 당시만 해도 어렵기 짝이 없던 구직대열(求職隊列)에 끼어든 그는 손쉬운 대로 경찰에 들어 왔다가 이렇게 굳어 버린 것이었다.
> <이문열「사람의 아들」중>

위의 내용에서 나타나고 있는 인물에 대한 서술은 성격을 창조·표현하는 가장 기본적인 방식으로 볼 수 있다. 이러한 서술에 의한 인물표현 방식은 인물의 내적 심리를 비교적 자세하게 설명할 수 있는 장점이 있다. 그러나 작자의 직접적 설명에 의하여 인물의 성격이 확연하게 제시됨에 따라서 독자의 상상적인 참여가 이루어지지 못하는 단점을 지니고 있다. 즉 서술에 의한 인물 표현 방식은 독자에게 뚜렷하고 정확한 인물의 성격을 인식시켜주는 반면에 독자가 생각하고 유추할 수 있는 문학적 상상력으로의 연결 가능성을 차단시킨다고 말할 수 있다.

현대소설에서는 서술에 의한 인물표현 방식을 지양하고 묘사나 대화에 의한 인물표현방식을 추구하고 있다. 그러나 서술을 배제하고 묘사나 대화로서만 인물을 표현하는 것에도 많은 문제점이 발생될 수 있다고 생각된다.

(2) 묘사

묘사(描寫)란 어떤 현상이나 대상을 비유하여 표현하는 것을 말한다. 묘사에 의한 인물표현방식은 독자에게 인물이 지니는 성격을 구체적인 이미지로써 나타내줄 수 있는데 고대소설이 서술에 의한 인물표현방식을 지향하는 반면에 현대소설은 이러한 묘사에 의한 인물표현방식을 추구하고 있음을 볼 수 있다.

인물 묘사는 외면(外面)묘사와 내면(內面)묘사의 측면에서 살펴볼 수 있다.

외면 묘사는 인물의 외면적인 면, 즉 작중 인물의 용모·풍채·복장·표정·동작·행위 등을 묘사함으로써 성격을 표현하는 방식이다. 외면 묘사는 표현대상에 따라서 동적(動的) 묘사와 정적(靜的) 묘사로 나눌 수 있다. 동적 묘사란 인물의 움직임과 행동을 묘사하는 것이고 정적 묘사는 인물의 겉모습을 묘사하는 것을 말한다. 이러한 외면 묘사는 인물의 성격을 직접적으로 표현하지 않고 비유나 상징을 통하여 간접적으로 표현하는 가장 일반적인 방식이다. 예를 들어서 '눈이 파랗고 금빛 머리인 여자'라는 표현은 서양 여성을 나타내기 위한 묘사임을 알 수 있다. 그리고 '손에는 시집(詩集)을 들고 우두커니 하늘을 보는 가냘

픈 몸의 젊은이'라는 표현은 감수성이 짙은 문학도를 나타내기 위한 묘사임을 알 수 있다. 또한 '셔츠엔 피를 묻힌 체 깃발을 들고 달려가는 사람'이란 표현은 혁명적 인물을 나타내기 위한 묘사라고 볼 수 있다.

내면 묘사는 인물의 심리적 상태, 즉 의식세계와 무의식세계를 묘사함으로써 성격을 표현하는 방식으로서 주로 심리소설(心理小說)에서 많이 나타나고 있다. 내면 묘사는 다양한 기법으로써 이루어지고 있는데 그 중 '의식(意識)의 흐름'이라는 기법은 내면 묘사에 있어서의 중요한 한 기법으로 볼 수 있다. 조이스(J. Joyce)와 울프(V. Woolf) 등은 새로운 인물 성격을 표현하기 위하여 내면 묘사를 적극적으로 수용한 작가들로서 볼 수 있다.

(3) 대화

대화(對話)란 인간을 중심으로 하는 생명체들이 서로 유기적 관련 상황 속에서 의사를 표명하는 것으로서 소설에서는 작중 인물들이 자신의 의견이나 생각을 특정 대상에게 언어로써 표현하는 것을 말한다. 소설에 있어서의 대화는 사건 내용과 조화를 이루면서 내용 전개와 인물 표현의 기능을 수행한다.

대화에 의한 인물표현 방식은 서술이나 묘사에 의한 평면적인 인물 표현방식에 비하여 입체적인 인물표현방식으로 볼 수 있다. 입체적인 인물표현 방식을 추구하는 대화는 작중 인물이 가지는 성격을 단적으로 나타내어주며 인물의 성별·나이·성품·교육수준·사회적 지위·고향·시대 등을 암시하여준다.

이러한 인물을 표현하는 대화중심의 소설은 일면의 시각에 있어서 희곡(戱曲)과는 서로 유사성(類似性)을 지닌다고 볼 수 있다.

> "너 저 산 너머에 가본 일 있나?"

벌 끝을 가리켰다.
"없다."
"우리 가 보지 않으련? 시골 오니까 혼자서 심심해서 못 견디겠다."
"저래 뵈두 멀다."
"멀믄 얼마나 멀갔게? 서울 있을 땐 사뭇 먼데까지 소풍 갔었다."
<황순원, 「소나기」 중>

위의 대화에서는 작중 인물들의 성격과 구체적인 신분이 입체적으로 제시되고 있으며 연령·환경·교육수준·감수성·성품·진취성 등이 간접적으로 나타나고 있음을 볼 수 있다.

8. 소설의 배경

1) 배경의 개념

배경(背景)은 인물·사건과 함께 소설 구성 요소의 하나로서 행동의 주체에 의하여 이루어지는 시간적·공간적 환경을 말한다. 즉 소설에서의 배경이란 소설의 인물과 사건이 존재하는 공간으로서 사건 내용이 시간의 순차에 의하여 진행되는 공간이라고 볼 수 있다.

소설에서의 사건·인물은 배경과 밀접한 관계에 놓여 있다. 사실, 소설에서뿐만 아니라 모든 생명체와 사물들은 배경이나 환경을 토대로 하여 존재한다. 따라서 인간의 구체적인 삶을 반영하는 소설에 있어서 이러한 배경 없이 소설의 구성 요소들이 존재한다는 것은 불가능하다고 볼 수 있다. 또한 소설에서의 사건·인물이 배경과 가지는 관계에 있어서 상호관계가 순응적(順應的) 관계이든지 혹은 반발적(反撥的) 관계이든지 간에 양자의 관계는 유기적 필연성에 의하여 형성되어진다고 말할 수 있다. 가령, 한 소설에 있어서의 배경이 사건·인물과는 전혀 유기적 필연성이 없이 제시되어진다면 그 소설은 아무런 의미가 없는 문학작품으로 전락하게 된다.

배경은 소설의 사건과 인물을 담는 틀인 동시에 사건이 전개되는 가시적(可視的) 상황이다. 나아가서 배경은 근대소설의 주요한 창작요소로서 인식되어짐으로써 리얼리즘 문학을 본격화시키는 결정적인 역할을 하였는데 상황소설(狀況小說)은 이러한 배경을 중심으로 창작되어진 현대소설이다.

고대소설에서는 현대소설과는 달리 배경을 중요시하지 않았다. 고대소설에서의 배경은 한정적이었으며 추상적이었다. 고대소설에서는 '옛날 옛날에'·'보석으로 빛나는 궁궐에'·'어느 평화로운 나라에'·'한 시골에'와 같이 정확성(正確性)이나 시대성(時代性)이 불분명한 배경이 발단에서 제시되었다. 그리고 배경이 지니는 의미 자체에 있어서도 '과거에 있었던 일' 이 외에는 특별한 의미를 살펴볼 수 없다. 소설의 배경이 새로운 시각에서 재인식 된 것은 근대소설이 대두되면서부터였다. 산업혁명(産業革命)을 전후하여 형성되기 시작한 근대소설에서는 인물·사건과 함께 배경이 갖는 의미가 점증되어졌으며 특히, 사실성(事實性)이 중요시되는 리얼리즘 문학에 와서 배경에 대한 인식·수용이 본격화되기 시작하였다. 사실주의 소설가들은 주체적인 시간과 공간이 없이는 사건과 등장 인물이 존재할 수 없다고 생각하였다. 현대소설에 이르러서는 등장 인물들이 배경과 환경을 설정하는 것이 아니라 배경이 등장인물들의 성격을 설정하고 이들의 역할을 암시하고 있음을 볼 수 있다. 이러한 소설의 배경은 사실적인 정확성과 함께 상징성을 수용함으로써 소설의 문학성을 돋보이게 하는 계기를 마련해 주었다고 말할 수 있다.

브룩스와 워렌은 『소설의 이해(小說의 理解)』에서 배경의 기능[38]에 대하여 논하고 있는데 이들 논자들은 첫째로, 독자에게 인식되어질 수 있으며 또한 기억에 남을 수 있는 배경은 인물과 행동에 신빙성을 높여줌을 말하고 있다. 사실, "오랜 옛날 어떤 마을에 한 소녀가 살고 있었다"와 같은 막연한 연대 속의 일정치 못한 배경은 독자들에게 깊은 인상을 줄 수 없으며 나아가서 작중 인물의 행동에 신빙성을 높여줄 수 없다. 그러나 "한국동란이 일어나던 해의 초겨울에 덕유산 송계사(松溪寺) 뒤편 산길을 한 소년이 걸어가고 있었다"와 "모든 것이 풍족하지 못했던 1970년대 무렵, 우리 6남매가 살았던 상동(上洞)30-5번지의 그 예쁜 집을 잊지 못한다."에서와 같이 구체적이고도 명확한 배경에 대한 제시 및 설명은 독자들에게 사실성과 신빙성을 부여시킬 수 있다.

또한 브룩스와 워렌은 둘째로, 배경은 소설의 일반적 의미에 대해 적절한 분위기를 형성해 줌을 말하고 있다. 일반적으로 그림에서의 배경이나 영화에서의 배경은 작품의 분위기를 형성시키고 살리는 데에 큰 영향을 준다고 볼 수 있다. 이러한 배경과 분위기와의 영향관계는 소설에서도 마찬가지이다. 포의 「검정 고양이」에서 보이는 전율적(戰慄的)인 분위기는 소설의 배경에 의하여 이루어지는 것이라고 생각된다. 소설의 주제를 효과적으로 표출시키기 위해서는 배경에 의한 적합한 분위기가 주제와 알맞게 조성되어야 한다.

그리고 그들은 셋째로, 배경은 소설의 목적을 구체화시켜 줌을 논하고 있다. 앞에서 언급한 바와 같이 배경이 주제와 유기적 관계를 가질 때 배경은 문학적 의의를 가지게 된다. 그러나 이와는 달리 소설의 목적에 부합되지 않는 배경은 문학적 의의가 없다고 볼 수 있다. 그러므로 소설에서 제시 혹은 설명되고 있는 배경들은 작품의 창작 목표를 구현하는 요소라고 말할 수 있다.

---

38) C. Brooks and R. P. Warren, *Understanding Fiction*, p.648.

2) 배경의 종류

소설에 있어서 배경의 종류는 자연적 배경·사회적 배경·심리적 배경·상황적 배경 등으로 나눌 수 있다.

소설에서의 자연적 배경이란 자연환경이 소설의 주된 배경이 되는 것으로서 일반적으로 들·산·바다·강·사막·섬 등을 무대로 한 작품의 배경을 말한다. 이러한 자연적 배경은 전원소설(田園小說)·산악소설(山岳小說)·해양소설(海洋小說) 등에서 비교적 잘 나타나고 있는데 내용에 따라서 배경을 사실적으로 길게 묘사하는 경우도 있으며 주관적으로 애수(哀愁)와 서정(抒情)의 심리상태를 투사하여 나타내기도 한다. 헤밍웨이(E. Hemingway)의 「노인과 바다」·멜빌(H. Melville)의 「모비딕」·키플링(R. Kipling)의 「정글 북」·마크 트웨인(Mark Twain)의 「톰 소여의 모험」 등에서는 인간의 갈등 구조와 정서가 자연을 바탕으로 하여 조화롭게 표현되고 있음을 볼 수 있다.

소설에서의 사회적 배경이란 사회상이 작품의 주된 배경이 되는 것으로서 보편적으로 농촌·도시·빈민굴·기지촌·노동현장·혁명전선 등을 무대로 한 작품의 배경을 일컫는다. 작품 배경으로서의 사회상은 국가와 민족, 그리고 시대에 따라 다르게 나타나고 있다. 따라서 이러한 사회상을 배경으로 하는 소설에서는 통시적인 시대성과 공시적인 사회성이 잘 나타날 수 있도록 해야 하며, 또한 그 배경 속에서 작중 인물의 사회적 역할이 부각되어야 하므로 배경과 인물과의 유기적 관계 또한 긴밀하게 이루어져야 한다.

자연주의 소설과 프롤레타리아 소설, 그리고 혁명소설(革命小說)에서는 사회의 문제점을 나타내기 위하여 사회의 배경을 중요하게 인식하고 수용하였다. 입센(H. J. Ibsen)의 「인형(人形)의 집」·솔제니친(A. I. Solzhenitsyn)의 「이반 데니소비치의 하루」와 「암병동(癌病棟)」·톨스토이(L. N. Tolstoi)의 「전쟁과 평화」· 염상섭의 「삼대(三代)」· 심훈의 「상록수」 등은 당시의 국·내외적 사회문제를 사회 배경과 직접적으로 연결시켜서 문학적으로 표현한 작품으로 볼 수 있다.

소설에서의 심리적 배경이란 작중 인물들의 심리적 현상이나 이와 관련된 심리적 매개체, 그리고 심리적 갈등을 불러일으키는 요인이나 사물 등이 주된 배경이 되는 것으로서 '의식(意識)의 흐름'과 '내적 독백(獨白)' 등을 시도하는 심리주의 소설에서 잘 나타나고 있다. 일반적으로 심리주의 소설에서의 배경은 혼합되어진 시간적·공간적 영역을 바탕으로 이루어진다. 따라서 심리주의 소설에서는 과거·현재·미래가 혼합·배열되어진 배경을 중심으로 하여 작가가 추구하는 주제를 표출시킨다고 볼 수 있다.

조이스(J. Joyce)의 「율리시즈」· 울프(V. Woolf)의 「등대(燈臺)로」· 이상의 「날개」 등은 심리적 배경을 중심으로 창작된 대표적인 작품인데 특히, 이상은 무의식에 의한 심리적 수법을 중심으로 하여 내적 독백과 이미지를 연결시켜 작품을 만들었다.

소설에서의 상황적 배경이란 작중 인물들에게 주어지는 상황이 작품의 주된 배경이 되는 것으로서 상황 속의 한 특정한 인간의 존재 문제를 표출하는 실존주의 소설에서 잘 나타나고 있다. 실존주의 소설에서 나타나고 있는 배경은 작중 인물들이 가지는 실존적(實存的) 상황을 암시하고 이들의 존재성(存在性)과 역할을 상징하는데 소설의 다른 구성 요소보다도 우선적으로 설정되어진다. 그리고 이러한 실존주의(實存主義) 소설에서의 배경은 곧 작품의 주제를 표출시킨다고 볼 수 있다.

사르트르(J. P. Sartre)의 「벽(壁)」에서 주 배경으로 나타나고 있는 벽은 인간의 한계상황을 나타내고 있으며 카뮈(A. Camus)의 「페스트」에서 주 배경 도시로 제시되고 있는 오랑시(Oran市)는 곧 죽음에 대하여 집행유예를 선고받은 인간의 극한 상황과 운명을 상징하고 있음을 알 수 있다. 이러한 배경은 독자에게 분위기 조성이나 사실성에 의한 신뢰성을 부여하기보다는 소설의 주제를 형상화시켜 주는 역할을 한다고 볼 수 있다.

9. 소설의 시점과 거리

1) 서술의 시점

소설에 있어서의 시점(視點, point of view)이란 화자에 의한 서술의 초점을 말하며 관점과는 동일성을 지닌다. 이러한 소설에서의 시점은 화자, 즉 작가를 대행하는 허구적(虛構的) 서술자에 의하여 이루어지는데 동일한 사건을 두고서도 화자의 관점에 따라서 소설 내용이 달라질 수 있으며 또한 독자가 받는 느낌도 달라질 수 있다.

소설의 시점은 사진과 영화 촬영에서 그 유사성을 살펴볼 수 있으며 또한 스케치나 드로잉에 있어서도 마찬가지라고 생각된다. 실물 촬영에 있어서 피사체(被寫體)는 촬영자의 시각과 함께 선택되어지는 카메라 렌즈의 종류와 작동 방식에 따라서 다양하게 표현되어질 수 있다. 즉, 피사체는 촬영자의 전체·부분·강조·삭제·투명·불투명·확대·축소·측면·전면·후면 촬영 등의 방식에 따라서 그 모습이 각양각색(各樣各色)으로 표현·제시될 수 있다. 따라서 작동되는 카메라 렌즈의 광학작용(光學作用)은 마치 소설에서의 시점과 동일한 표현작용(表現作用)을 하는 것으로서 볼 수 있다.

촬영자의 표현 시각과 표현 방식에 의하여 렌즈의 광학 작용이 다양하게 이루어지듯이 소설에 있어서도 작가의 표현 시각과 표현 방식에 의하여 서술의 시점이 다양하게 이루어질 수 있다.

일반적으로 서술의 시점은 네 가지의 측면, 즉 1인칭 서술자 시점·1인칭 관찰자 시점·작가 관찰자 시점·전지적 작가 시점에서 살펴볼 수 있는데 바르네(S. Barnet)·베르망(M. Berman)·뷰르토(W. Burto)는 1인칭 서술자 시점과 1인칭 관찰자 시점은 관여자(關與者) 시점에서 이루어지며 작가 관찰자 시점과 전지적 작가 시점은 비관여자(非關與者) 시점에서 이루어지는 것으로 보고 있다.

(1) 1인칭 서술자 시점

1인칭 서술자(敍述者) 시점은 1인칭 주관자(主管者) 시점, 혹은 1인칭 주동자(主動者) 시점으로도 일컬어지는데 주인공인 '나'자신에 의하여 서술이 이루어지는 방식에서의 시점을 말한다. 1인칭 서술자 시점에 의한 소설의 서술방식은 허구화된 자신에 대한 서술로써 전개되어지며 이러한 서술방식은 작중 인물들이 지니는 내면의 세계를 잘 드러내어 준다. 그리고 1인칭 서술자 시점에서의 서술자인 동시에 주인공인 '나'는 허구화된 '나'이지만 독자는 '나'를 중심으로 하여 일어나는 경험이 곧 작가의 경험담으로 인식하게 되는데 이러한 1인칭 서술자 시점은 독자에게 친근감을 주는 것이 특색이라고 말할 수 있다.

주인공을 비롯한 등장 인물들의 심리, 그리고 이와 관련되는 무의식이나 의식의 흐름을 사건의 내적 분석과 병행하여 표현할 수 있는 1인칭 서술자 시점에 의한 서술방식은 서간체 소설과 일기체 소설에서도 살펴볼 수 있으며 독자들은 주인공을 비롯한 등장 인물들의 심리를 심층적 차원에서 고찰함으로써 문학적 카타르시스를 얻을 수 있다. 또한 사적 소설이나 이히 로만(Ich Roman)도 1인칭 서술자 시점에 의하여 전개되는 소설인데, 주인공의 사생활을 잘 드러내주며 독자와는 공감대를 쉽게 형성시켜줄 수 있다. 물론, 이외의 시점에서 이루어지는 소설도 독자와의 공감대를 충분히 형성시켜주지만, 1인칭 서술자 시점이 주는 친근감에 의한 사실적 환상을 부여하지는 못한다고 볼 수 있다.

1인칭 서술자 시점을 바탕으로 한 소설에는 이상의 「동해(東骸)」와 「봉별기(逢別記)」, 최서해의 「탈출기(脫出記)」등이 있다.

> '오죽 먹고 싶었으면 길바닥에 내던진 귤껍질을 주워먹을까, 더욱 몸비잖은 그가! 아아, 나는 사람이 아니다. 그러한 아내를 나는 의심하였구나! 이놈이 어찌하여 그러한 아내에게 불평을 품었는가. 나 같은 잔악한 놈이 어디 있으랴. 내가 양심이 부끄러워서 무슨 면목으로 아내를 볼까?'
>
> 이렇게 생각하면서 나는 느껴가며 눈물을 흘렸다. 귤껍질을 쥔 채로 이를 악물고 울었다.
>
> "야, 어째서 우느냐? 일어 나거라. 우리도 살 때 있겠지, 늘 이러겠느냐." 하면서 누가 어깨를 친다. 나는 그것이 어머니인 것을 알았다.
>
> "아이구 어머니, 나는 불효자외다." 하면서 어머니의 팔을 안고 자꾸자꾸 울고 싶었다. 그러나 나는 아무 소리 없이 가슴을 부둥켜안고 밖으로 나갔다.
>
> '내가 왜 우노? 울기만 하면 무엇 하나? 살자! 살자! 어떻게든지 살아보자! 내 어머니와 내 아내도 살아야 하겠다. 이 목숨이 있는 때까지는 벌어보자!'
>
> 나는 이를 갈고 주먹을 쥐었다. 그러나 눈물은 여전히 흘렀다. 아내는 말없이 울고 섰는 내 곁에 와서 손으로 치마끈을 만적거리며 눈물을 떨어뜨린다. 농사집에서 자라난 아내는 지금도 어찌 수줍은지 내가 울면 같이 울기는 하여도 어떻게 말로 위로할 줄은 모른다.
>
> <최서해, 「脫出記」 중>

한국의 1920·30년대 소설에서는 이러한 1인칭 서술자 시점에서 이루어진 소설을 많이 찾아 볼 수 없지만 1980·90년대를 거치면서 양적으로 많이 늘어났다고 말할 수 있다. 이러한 것은 개인성을 중심으로 하는 현대에 있어서 '나'에 의한 주관적 표현을 지향하려는 작가의 창작관(創作觀)과 또한 사건과 작중 인물들을 심층적으로 분석하고 '나'로써 좀 더 밀착시킴으로써 카타르시스를 느끼려는 독자들의 문학적 효용가치관에 의하여 나타나는 문학적 현상으로 생각된다.

(2) 1인칭 관찰자 시점

1인칭 관찰자(觀察者) 시점은 1인칭 목격자(目擊者) 시점, 혹은 1인칭 관찰자 서술이라고도 일컬어지는데 소설의 주인공이 아닌 '나'에 의하여 주인공에 대한 서술이 이루어지는 방식에서의 시점을 말한다. 1인칭 관찰자 시점에서는 성격창조(性格創造)의 초점이 '나'가 아니라 주인공에게 주어지며 '나'는 부주인공(副主人公)인 동시에 화자로서 주인공과 등장 인물들, 그리고 사건 진행에 따른 사항들을 서술하게 된다.

1인칭 서술자 시점에 의한 서술방식이 주관적 '나'에 의한 서술방식이라면 1인칭 관찰자 시점에 의한 서술방식은 객관적인 관찰자인 '나'에 의하여 이루어지는 서술방식이라고 말할 수 있다. 이러한 서술방식에서는 관찰자의 객관성에 의하여 주인공을 비롯한 작중 인물들의 내면세계가 표현되어지는데 여기에서 서술자는 주관성보다는 자신의 시각과 청각에 의하여 해석·서술해야하는 제약을 받게 된다. 그러나 1인칭 관찰자 시점에 의한 서술방식에서는 관찰자에 따라서 다양하고 독특한 서술효과를 나타낼 수 있다. 즉, 관찰자의 성별·연령·직업·인종·종교 등에 따라서 서술내용이 특이하게 이루어질 수 있다.

1인칭 관찰자 시점을 바탕으로 한 대표적 소설에는 현진건의 「빈처」·주요섭의 「사랑 손님과 어머니」·멜빌의 「모비딕」이 있다. 특히, 「모비딕」에서는 포경선 피쿼드호의 유일한 생존자인 이쉬멜의 회고담(懷古談)이 바다·에이해브 선장·흰 향유고래·선원들·배의 파선 등에 대한 서술로써 이루어지는데 여기에서 이쉬멜은 부주인공인 '나'이며 에이해브 선장은 주인공으로 볼 수 있다. 다음은 1인칭 관찰자 시점이 잘 나타나고 있는 주요섭의 「사랑 손님과 어머니」이다.

> 나는 그 아저씨가 어떠한 사람인지는 몰랐으나, 첫날부터 내게는 퍽 고맙게 굴고, 나도 그 아저씨가 꼭 마음에 들었어요. 어른들이 저희끼리 말하는 것을 들으니까, 그 아저씨는 돌아가신 우리 아버지와 어렸을 적 친구라고요. 어디 먼 데 가서 공부를 하다가 요새 돌아왔는데, 우리 동리 학교 교사로 오게 되었대요. 또, 우리 큰외삼촌과도 동무인데, 이 동리에는 하숙도 별로 깨끗한 곳이 없고 해서 윗사랑으로 와 계시게 되었다고요. 또 우리도 그 아저씨한테 밥값을 받으면 살림에 보탬도 좀 되고 한다고요.
>
> 그 아저씨는 그림책들을 얼마든지 가지고 있어요. 내가 사랑방으로 나가면 그 아저씨는 나를 무릎에 앉히고 그림책을 보여 줍니다. 또, 가끔 과자도 주고요.
>
> 어느 날은 점심을 먹고 이내 살그머니 사랑에 나가 보니까, 아저씨는 그때야 점심을 잡수셔요. 그래 가만히 앉아서 점심 잡숫는 걸 구경하고 있노라니까 아저씨가,
>
> "옥희는 어떤 반찬을 제일 좋아하누?"
>
> 하고 묻겠지요. 그래 삶은 달걀을 좋아한다고 했더니, 마침, 상에 놓인 삶은 달걀을 한 알 집어 주면서 나더러 먹으라고 합니다. 나는 그 달걀을 벗겨 먹으면서,
>
> "아저씨는 무슨 반찬이 제일 맛나우?"
>
> 하고 물으니까, 그는 한참이나 빙그레 웃고 있더니,
>
> "나두 삶은 달걀."
>
> 하겠지요. 나는 좋아서 손뼉을 짤깍짤깍 치고,
>
> "아, 나와 같네. 그럼, 가서 어머니한테 알려야지."
>
> 하면서 일어서니까, 아저씨가 꼭 붙들면서,
>
> "그러지 말어."
>
> 그러시겠지요. 그래도, 나는 한번 맘을 먹은 다음엔 꼭 그대로 하고야

마는성미지요. 그래서 안마당으로 뛰어들어가면서,

"엄마, 엄마, 사랑 아저씨두 나처럼 삶은 달걀을 제일 좋아한대."

하고, 소리를 질렀지요.

"떠들지 말어."

하고, 어머니는 눈을 흘기십니다.

<주요섭, 「사랑 손님과 어머니」 중>

정한숙은 『소설기술론(小說記述論)』에서 1인칭 서술자 시점과 1인칭 관찰자 시점을 통괄하여 1인칭 화자를 설정함에 있어서 주의할 점을 다음과 같이 말하고 있다.

> 첫째, 話者의 관찰과 경험이 결과적으로 스토리에 적절한 가를 검토해야 한다. 主題와는 별도의 사건을 이야기하게 만들어서 핀트를 흐리게 해서도 안되며, 單一性을 저해하는 장면을 장황하게 말하게 해서도 안 된다.
>
> 둘째, 작품의 액션을 해설해 나가는 데 이바지할 수 있도록 話者를 선택해야 한다는 점이다.
>
> 셋째, 서술하는 文體가 話者의 성격과 일치되어야 한다.『사랑방손님과 어머니』의 문체는 '입니다', '합니다' 등의 敬語體인데, 話者가 어린 소녀라는 점에서 볼 때 '이다', '한다'라고 한 것보다 話者의 성격에 일치되는 점이 있다.
>
> 넷째, 文體가 話者의 성격과 일치된다고 하여 문제가 끝나는 것이 아니라, 그러한 문체를 사용함으로써 자기가 바라는 효과를 표현해 낼 수 있는가를 검토해야 한다.[39]

39) 鄭漢淑, 『小說技術論』(高麗大學校 出版部, 1977), p.138.

(3) 작가 관찰자 시점

작가 관찰자(觀察者) 시점은 3인칭 시점, 혹은 3인칭 제한적(制限的) 시점으로도 일컬어지는데 작가가 외부의 관찰자 입장이나 위치에 서서 작품 내용을 서술하는 방식에서의 시점이라고 말할 수 있다. 작가 관찰자 시점에 의한 서술 방식에서는 작가가 외부 관찰을 바탕으로 사건을 서술하기 때문에 등장 인물에 대한 주관적 해설이나 평가 없이 사실 그대로 제시되어진다고 볼 수 있다. 즉 관찰자인 작가는 자신의 주관을 배제하고 사건에 따른 작중 인물의 동작을 설명하되 작중 인물의 심리·감정·생각 등을 직접적으로 표현하지 않고 오직 관찰만을 통하여 독자에게 제시하여 준다.

이러한 작가 관찰자 시점에 의한 서술방식은 작가가 갖는 관찰범위와 행동을 무한하고 자유자재(自由自在)하여주기 때문에 현대 리얼리즘 문학에서 널리 쓰이고 있다. 그리고 이러한 서술방식에서의 화자는 시점이 고정되어 있는 화자와, 시점이 고정되어 있지 않은 화자로 나누어진다. 보편적으로, 짧고 단일한 효과를 내는 것을 목적으로 하는 단편소설에서는 시점이 고정되어 있는 화자로써 서술이 이루어지는 반면에 등장 인물이 많고 사건전개의 복잡성을 지니는 장편소설에서는 시점이 이동되는 화자로써 서술이 이루어지고 있음을 찾아볼 수 있다.

작가 관찰자 시점에 의한 서술 방식은 너무 단조롭고 평면적인 표현으로 이어질 수 있지만 한편으로는 생생한 묘사와 선명한 표현이 이루어질 수 있으므로 특히, 극적 효과를 추구하는 단편소설에서는 적극적으로 활용되고 있다.

작가 관찰자 시점을 바탕으로 한 소설에는 오웰(G. Orwell)의 「동물농장」·황순원의 「소나기」·염상섭의 「두 파산」 등이 있다.

소녀가 허수아비 줄을 잡더니 흔들어 댄다. 허수아비가 자꾸 우쭐거리며 춤을 춘다. 소녀의 왼쪽 볼에 살포시 보조개가 패었다.

저만큼 허수아비가 또 서 있다. 소녀가 그리로 달려간다. 그 뒤를 소년도 달렸다. 오늘 같은 날 은 일찍 집으로 돌아가 집안일을 도와야 한다는 생각을 잊어버리기라도 하려는 듯이.

소녀의 곁을 스쳐 그냥 달린다. 메뚜기가 따끔따끔 얼굴에 와 부딪친다. 쪽빛으로 한껏 갠 가을 하늘이 소년의 눈앞에서 맴을 돈다. 어지럽다. 저놈의 독수리, 저놈의 독수리, 저놈의 독수리가 맴을 돌고 있기 때문이다.

돌아다보니, 소녀는 지금 자기가 지나쳐 온 허수아비를 흔들고 있다. 좀 전 허수아비보다 더 우쭐거린다.

논이 끝난 곳에 도랑이 하나 있었다. 소녀가 먼저 뛰어 건넜다.

거기서부터 산 밑까지는 밭이었다.

수숫단을 세워 놓은 밭머리를 지났다.

"저게 뭐니?"

"원두막."

"여기 참외, 맛있니?"

"그럼, 참외 맛도 좋지만 수박 맛은 더 좋다."

"하나 먹어 봤으면."

소년이 참외 그루에 심은 무우밭으로 들어가, 무우 두 밑을 뽑아 왔다. 아직 밑이 덜 들어 있었다. 잎을 비틀어 팽개친 후, 소녀에게 한 개 건넨다. 그리고는 이렇게 먹어야 한다는 듯이, 먼저 대강이를 한 입 베물어 낸 다음, 손톱으로 한 돌이 껍질을 벗겨 우쩍 깨문다.

소녀도 따라 했다. 그러나, 세 입도 못 먹고,

"아, 맵고 지려."

하며 집어던지고 만다.

"참, 맛없어 못 먹겠다."

소년이 더 멀리 팽개쳐 버렸다.

<황순원, 「소나기」 중>

위의 내용에서와 같이 황순원의 「소나기」에서는 '소년'과 '소녀'가 가지는 순수한 사랑의 관계가 작가의 관찰에 의하여 선명하게 묘사되고 있음을 볼 수 있다.

(4) 전지적 작가 시점

전지적(全知的) 작가 시점은 3인칭 전지적 시점, 혹은 전지적 작가 서술이라고도 일컬어지는데 서술자인 작가는 모든 것을 알고 있을 뿐만 아니라 모든 것을 행사할 수 있는 위치에 서서, 작중 인물이 갖는 심리적 상태·행동의 요인·감정의 종류와 정도 등을 서술하는 방식에서의 시점을 말한다. 전지적 작가 시점에서의 작가는 관찰자로서 등장 인물의 행동을 묘사하기도 하고 내적 심리를 해부(解剖)하기도 하며 전지전능한 신적 존재와 같은 위치에서 자유롭게 대상을 분석·묘사하게 된다. 또한 이 같은 서술 방식에서의 작가는 화자의 위치를 자유롭게 이동시킬 수 있으며 서술의 중심점(中心點)과 각도(角度)도 바꿀 수 있으므로 갖추어진 창조적 능력에 의하여 특이한 시점을 설정할 수 있다. 따라서 전지적 작가 시점에 의한 서술 방식은 인생의 전체적 상황을 그려 나가는 장편소설에 적합한 서술 방식으로 볼 수 있다.

한편으로 볼 때, 상황에 따라서 시점의 변화에 무한한 가능성을 줄 수 있는 전지적 작가 시점은 1인칭 서술자 시점과 작가 관찰자 시점의 유용한 점만을 합쳐 놓은 서술방식으로도 생각할 수 있다. 이러한 서술방식으로 이루어진 소설로서는 이광수의 「무정」·나도향의 「벙어리 삼룡이」·이효석의 「메밀꽃 필 무렵」·채만식의 「태평천하」 등이 있다. 이 중 「태평천하」의 작가인 채만식은 풍자소설가(諷刺小說家)로서 널리 알려져 있는데 그는 이 작품에서 자신만의 특이한 문체와 연결시켜서 평론자의 시점과 같은 색다른 서술효과를 나타내고 있음을 볼 수 있다. 다음은 나도향의 「벙어리 삼룡이」이다.

어떠한 달밤, 사면은 고요적막하고 별들은 드문드문 눈들만 깜박이며 반달이 공중에 뚜렷이 달려 있어 수은으로 세상을 깨끗하게 닦아 낸 듯이 청명한데. 삼룡이는 검둥개 등을 쓰다듬으며 바깥마당 멍석 위에 비슷이 드러누워 하늘을 쳐다보며 생각하여 보았다.

주인 색시를 생각하면 공중에 있는 달보다도 더 곱고 별들보다도 더 깨끗하였다. 주인 색시를 생각하면 달이 보이고 별이 보이었다. 삼라만상을 씻어내는 은빛보다도 더 흰 달이나 별의 광채보다도 그의 마음이 아름답고 부드러운 듯하였다. 마치 달이나 별이 땅에 떨어져 주인 새아씨가 된 것도 같고, 주인 새아씨가 하늘에 올라가면 달이 되고 별 이 될 것 같았다.

더구나 자기를 어린 주인이 때리고 꼬집을 때 감히 입 벌려 말은 하지 못하나 측은하고 불쌍히 여기는 정이 그의 두 눈에 나타나는 것을 다시 생각할 때 그는 부들부들한 개 등을 어루만지면서 감격을 느끼었다. 개는 꼬리를 치며 자기를 귀여워하는 줄 알고 벙어리의 손을 핥았다.

삼룡이의 마음은 주인 아씨를 동정하는 마음으로 가득 찼다. 또는 그를 위하여서는 자기의 목숨이라도 아끼지 않겠다는 의분에 넘치었다.

그것은 마치 살구를 보면 입 속에 침이 도는 것같이 본능적으로 느끼어지는 감정이었다.

새댁이 온 뒤에 다른 사람들은 자유로운 안 출입을 금하였으나 벙어리는 마치 개가 맘대로 안에 출입할 수 있는 것같이 아무 의심 없이 출입할 수가 있었다.

하루는 어린 주인이 먹지 않던 술이 잔뜩 취하여 무지한 놈에게 맞아서 길에 자빠진 것을 업어다가 안으로 들여다 눕힌 일이 있었다. 그때에 아무도 안에 있지 않고 다만 새색시 혼자 방에서 바느질을 하고 있다가 이 꼴을 보고 벙어리의 충성된 마음이 고마워서, 그 후에 쓰던 비단 헝겊 조각으로 부시 쌈지 하나를 만들어 준 일이 있었다.

이것이 새서방님의 눈에 띄었다. 그래서 색시는 어떤 날 밤 자던 몸으로 마당 복판에 머리를 푼채 내동댕이가 쳐졌다. 그리고 온몸에 피가 맺히도록 얻어맞았다.

<나도향, 「벙어리 삼룡이」 중>

소설에서의 서술 방식은 위에서 언급한 네 가지 시점에 의한 서술 방식 외에 1인칭 서술자 시점과 1인칭 관찰자 시점이 섞여 있거나 1인칭 관찰자 시점과 작가 관찰자 시점 등이 섞여 있는 혼합 시점에 의한 서술방식이 있음을 볼 수 있다. 이러한 혼합 시점에 의한 서술 방식은 소설 속에서 또 다른 소설이 전개되는 액자소설(額子小說)이나 독립된 소설들로써 하나의 소설을 이루는 피카레스크(picaresque)소설에서 찾아볼 수 있다.

혼합 시점에 의한 서술방식으로 이루어진 소설로서는 김동리의 「무녀도」와 「등신불」· 김동인의 「배따라기」· 생텍쥐페리의 「어린 왕자」· 보카치오의 「데카메론」 등이 있다.

2) 거리와 어조

(1) 거리

소설에 있어서의 시점이 화자에 의한 서술의 초점, 혹은 작가인 서술자가 지니는 표현의 시각이라면 소설에서의 거리는 관찰자와 대상과의 간격이나 원근(遠近)을 말한다. 이러한 소설에서의 거리는 독자들에게 일정한 인식 효과를 주기 위하여 작가가 심리적 메커니즘(mechanism)을 바탕으로 하여 선택한 서술방식에 의하여 형성되어진다.

보편적으로 소설에서의 거리는 작가와 작중 인물과의 거리·독자와 작중 인물과의 거리·독자와 작가와의 거리, 이상 세 가지 측면에서 살펴볼 수 있다.

소설에서의 작가와 작중 인물은 창작의 본질적인 면에 있어서 긴밀하게 연결되어 있다. 근본적으로 작가가 자신이 창조한 작중 인물을 문학적 측면에서 완전하게 인식하지 못하거나 또한 작중 인물들간의 인간관계나 갈등관계를 도식화(圖式化)시키지 못한다면 작중 인물을 제대로 묘사·표현·제시할 수 없다. 이러한 작중 인물과 작가와의 근본적인 관계를 떠나서 작가가 의도하는 작중 인물에 대한 창작적 서술은 소설에서 직접적으로 나타나게 되는데 작가인 화자의 서술방식에 따라서 작가와 작중 인물과의 관계에 따른 거리가 형성되어진다. 일반적으로 작가 관찰자시점에 의하여 이루어진 소설에서는 작가인 화자와 작중 인물과의 거리가 멀게 느껴지는데 이것은 작가가 작중 인물과는 어느 정도의 거리를 두고 객관적으로 서술하기 때문이다. 그리고 1인칭 서술자 시점에 의하여 이루어진 소설에서 작가인 화자와 작중 인물과의 거리가 가깝게 느껴지는 것은 작가가 작중 인물과 밀착하여 주관적으로 서술하기 때문이라고 말할 수 있다.

독자와 작중 인물과의 거리란 독서행위에서 비롯되는 독자와 작중 인물과의 간극(間隙)으로서 작중 인물에 대하여 독자가 느끼는 거리감에 의하여 형성되는 것이라고 말할 수 있다. 일차적으로 독자는 작중 인물이 갖는 정치·경제·문화·사회적 위치나 가치관, 그리고 시대적 상징성에 주된 관심을 가진다고 볼 수 있다. 가령, 소설의 발단에서 나타나는 인물이 독자의 관심을 끌 수 없는 작중 인물이라면 독자의 독서행위는 중단될 수도 있다. 따라서 독자의 작중 인물에 대한 거리감은 독자가 가지는 가치관과 작중 인물이 지니고 있는 가치관에 의하여 형성되어 지는데 이러한 것은 곧 독서행위의 주체인 독자와 작중 인물을 창조하는 작가와 간접적으로 연결되는 것이라고 볼 수 있다. 보편적으로 1인칭 시점을 바탕으로 이루어진 소설에 있어서 독자는 독서행위가 진행됨에 따라서 '나'가 곧 독자 자신으로 동일시하게 된다. 그러나 작가 시점을 바탕으로 이루어진 소설에서의 '그'는 독자에게 있어서 결말에 이르기까지 3인칭으로서의 '그'이지 결코 '나'로서 인식되지 못한다. 그러므로 독자와 작중 인물과의 거리는 작가 시점에 의하여 이루어진 소설에서보다는 1인칭 시점에 의하여 이루어진 소설에서 훨씬 가깝게 형성되어진다고 볼 수 있다.

독자와 작가와의 거리 관계는 일차적으로는 작가가 갖는 경력이나 창작관을 비롯하여 작품의 다양한 내용, 즉 구성방식·기법·진실성·언어·인물창조·난해성 등에 의한 전체평가로써 이루어지지만 소설자체에 있어서의 본질적인 거리 관계는 독서행위에 의하여 이루어진다. 소설에 있어서 독자는 작중 인물을 서술하는 화자를 통하여 작가를 인식하게 된다. 보편적으로 독자는 1인칭 서술자 시점에 의한 소설에서 작가인 화자를 가깝게 느끼는 반면에 작가 관찰자 시점에 의한 소설에서는 작가인 화자를 멀게 느낀다고 볼 수 있다. 즉, 독자는 화자인 독자에 대하여 작가 관찰자 시점에 의한 소설에서보다는 1인칭 서술자 시점에 의한 소설에서 더욱더 친밀감을 느끼게 된다고 볼 수 있다.

(2) 어조

어조(語調, tone)란 말에서 나타나는 가락, 즉 소리의 길이와 높낮이의 어울림을 일컫는데, 특히 소설에서의 어조는 소설에서의 거리와 밀접한 관계에 놓여 있다. 일반적으로 대화와 서술에서 비롯되는 어조는 거리가 먼 사람이나 혹은 거리가 가까운 사람에 따라서 전혀 다르게 나타나듯이 소설에서의 어조 역시 작자인 화자와 작중 인물과의 거리에 따라서 다양하게 나타난다고 볼 수 있다.

이러한 소설에 있어서의 어조란 결국 인물과 사건에 대한 작자의 인식태도나 시각에 의하여 이루어진다. 작자가 추구하는 어조는 작중 인물에 대한 설명이나 서술에서 직접 형성되어지는데 작자는 이러한 어조를 통하여 작중 인물과의 밀착 정도, 즉 사랑·미움·긍정·부정·존경·멸시의 관계를 나타낼 수 있다.

작가는 대화와 사건 설명, 그리고 배경 묘사 등을 통하여 나타내어지는 어조표현(語調表現)의 다양화를 위하여 무엇보다도 문체의 다양화에 관심을 가져야 하며 또한 역설적(逆說的) 언어·상징적(象徵的) 언어·반어적(反語的) 언어 등의 사용기법을 새롭게 모색하여야 한다. 그리고 소설에서의 거리와 어조는 서로 유기적 관계를 맺으면서 조화롭게 표현되어질 때, 작가가 의도하는 소설의 주제와 내용이 독자에게 충분히 전달될 수 있으리라고 생각된다.

10. 소설의 종류

소설의 종류 혹은 갈래에 대한 견해는 논자에 따라서 다양한 시각에서 제시되고 있는데 일반적으로 논자들은 소설이 지니는 외부조건과 내부조건에 의하여 소설의 종류를 나누고 있음을 볼 수 있다.

1) 외부조건에 의한 분류

소설은 소설이 갖는 외부조건, 즉 소설의 분량과 문예사조 그리고 시대에 따라서 분류될 수 있다.

첫째, 소설은 소설이 쓰여지는 분량에 따라서 콩트(conte)·단편소설(短篇小說)·중편소설(中篇小說)·장편소설(長篇小說)·대하소설(大河小說) 등으로 나누어질 수 있다. 여기에서 단편소설·중편소설·장편소설은 장편소설이 갖는 일반적인 양의 기준인 책자 한권에 의하여 분류되어졌다. 이러한 기준을 중심으로 할 때 특히, 콩트와 대하소설은 최소의 분량과 최대의 분량에 의하여 일컬어졌다고 볼 수 있다. 콩트는 장편소설(掌篇小說) 혹은 엽편소설(葉篇小說)이라고도 일컫는데 소설 형식의 문학작품 중에서 가장 적은 분량으로 이루어진다. 그리고 콩트는 아주 단편적인 사건을 바탕으로 하며 작중 인물·배경 등의 상징성과 함축성이 짙게 나타나고 있다.

대하소설은 장편을 모아서 엮은 연작소설(連作小說)과는 다른 장편소설의 한 독특한 형식의 소설이다. 일반적으로 장편소설이 한권 정도로 이루어지는 반면에 대하소설은 한권 이상으로써 이루어지며 작중 인물과 관련된 사건 내용 등이 시대의 변천과 흐름에 따라서 포괄적으로 서술·묘사된다고 말할 수 있다.

둘째, 소설은 문예사조에 따라서 낭만주의 소설·사실주의 소설·자연주의 소설·심리주의 소설 등으로 나누어질 수 있다.

낭만주의 소설은 고전주의(古典主義)에 대한 반동으로서 발생한 소설인데 이러한 낭만주의 소설에서는 주관적·환상적·혁명적 시각을 바탕으로 하여 특히, 남녀의 애정(愛情)문제를 묘사하고 있음을 볼 수 있다.

사실주의 소설은 낭만주의 소설에 대한 반동으로서 발생한 소설이며 이러한 사실주의 소설에서는 객관적·합리적·거시적 시각에 의하여 특히, 사회의 현실 문제를 작품화하였다고 말할 수 있다.

자연주의 소설은 사실주의 소설을 계승한 소설인데 이러한 자연주의 소설에서는 해부적(解剖的)·묘사적(描寫的)·거시적(巨視的) 시각을 바탕으로 하여 특히, 한 개인이 갖는 갈등을 묘사하고 있음을 볼 수 있다.

심리주의 소설은 낭만주의 소설에 대한 반동으로서 발생한 소설이며 이러한 심리주의 소설에서는 주관적·객관적 심리적 시각에 의하여 인간이 지니고 있는 무의식의 흐름을 묘사하고 있다.

셋째, 소설은 시대에 따라서 고대소설·신소설·근대소설·현대소설 등으로 나누어질 수 있다. 특히, 신소설(新小說)은 한국의 20세기 초에 등장한 개화기(開化期) 소설을 총칭하는 소설문학으로서 근대소설을 이루는 이행기적(移行期的) 소설이라고 볼 수 있다. 이러한 신소설은 자주독립 정신의 고취·신교육의 권장·봉건주의적 계급 타파·미신타파

등의 개화사상을 바탕으로 쓰여졌는데 대부분의 신소설에서 나타나는 작중 인물성격의 평면성·사건의 우연성·순차적인 구성 등은 전근대적 창작방식에 의하여 이루어진 것이라고 말할 수 있다. 한국의 대표적 신소설로서는 이인직의 「혈의 누」·「은세계」·「치악산」·「모란봉」·「귀의 성」, 이해조의 「봉선화」·「자유종」, 최찬식의 「추월색」·「안의 성」, 그리고 안국선의 「금수회의록」 등을 들 수 있다.

2) 내부조건에 의한 분류

소설은 소설이 갖는 외부조건과 함께 내부조건인 구성요소, 즉 주제·인물·사건·배경 등에 의하여 분류될 수 있다.

첫째, 소설은 주제의 목적에 따라서 교육소설·계몽소설·정치소설·포교소설(布教小說) 등으로 나누어질 수 있으며 또한 소설은 주제가 내포하고 있는 사상적인 측면에서 인도주의 소설·실존주의 소설·기독교 소설·불교 소설 등으로 분류될 수 있다.

둘째, 소설은 작중 인물이 지니는 인간형이나 신분 등에 따라서 영웅소설·기사소설(騎士小說)·탐정소설 등으로 나누어질 수 있으며 작중 인물의 성격창조에 따라서 성격소설·심리소설 등으로 분류될 수 있다.

셋째, 소설은 사건내용의 분위기와 결과에 따라서 명랑소설(明朗小說)·순정소설(純情小說)·희극소설·비극소설 등으로 나누어질 수 있다. 그리고 소설은 특이한 사건의 내용에 따라서 모험소설·추리소설·공포소설 등으로 분류되어질 수 있다.

넷째, 소설은 배경에 따라서 농촌소설·해양소설·전쟁소설·전원소설·등반소설(登攀小說)·역사소설·항공소설(航空小說) 등으로 분류될 수 있다. 즉, 농촌이 배경이 된 소설은 농촌소설 혹은 농민소설로, 그리고 소설이 바다를 주된 배경으로 이루어졌을 때에는 해양소설이라고 말할 수 있다. 이러한 소설에서의 배경은 작품의 소재와 깊은 관련이 있다고 생각된다.

이러한 일반적이고도 총체적인 시각에서의 분류 외에 개인의 주관적 시각에 따라서 분류된 경우를 찾아볼 수 있다. 실례로서 티보데(Thibaudet)는 소설을 총체소설(總體小說)·피동소설(被動小說)·능동소설(能動小說) 등으로 나누었으며, 뮤르(E. Muir)는 소설을 성격소설·극적 소설·연대기소설 등으로 나누었다. 그리고 프라이(N. Frye)는 소설을 노벨·로망·고백(告白)·해부(解剖) 등으로 분류하였다.

Ⅳ. 희곡론

희곡(戱曲)이란 연극의 대본(臺本)으로서 무대상연을 목적으로 하거나 혹은 심상에 의한 극화(劇化)를 목적으로 극적 양식에 의하여 쓰여진 문학이라고 말할 수 있다.

문학의 발생과 형성의 시각에서 볼 때 시양식(詩樣式)의 하나인 극시를 바탕으로 하여 이루어진 희곡은 현대문학에 있어서 시·소설과 함께 중요한 문학장르 중의 하나로 평가되고 있다.

1. 희곡의 개념

1) 희곡의 정의

희곡(戱曲)이란 연극의 대본(臺本)으로서 무대상연을 목적으로 하거나 혹은 심상에 의한 극화(劇化)를 목적으로 극적 양식에 의하여 쓰여진 문학이라고 말할 수 있다.

문학의 발생과 형성의 시각에서 볼 때 시양식(詩樣式)의 하나인 극시를 바탕으로 하여 이루어진 희곡은 현대문학에 있어서 시·소설과 함께 중요한 문학장르 중의 하나로 평가되고 있다.

희곡을 나타내는 drama와 play 중, '행동한다'라는 의미를 지닌 drama는 희랍어의 dran에서 유래하였으며, '유희(遊戱)한다'라는 의미를 지닌 play는 고대영어로서 playhouse·player·playwright 등의 합성어[40]에서 그 본질적 의미가 나타나고 있음을 볼 수 있다. 또한 독일어에서 극장을 나타내는 theater이란 말의 어원인 theatron은 '보다, 구경하다'의 뜻을 지니고 있다.[41] 따라서 이러한 play나 drama, 그리고 이와 관련된 theater에는 '하는 일'과 '보는 일'의 의미가 내재되어 있다고 볼 수 있다.

동양에서의 희곡이란 명칭은 명(明)나라 초기에 도종의가 지은 『철경록(輟耕錄)』에 '唐有傳奇 宋有戱曲(당유전기 송유희곡)'이라는 대목에서 찾아볼 수 있는데, 여기에서 송대(宋代)의 희곡은 '잡희(雜戱)의 가곡(歌曲)'이라는 뜻으로 풀이하고 있다. '잡희(雜戱)의 가곡(歌曲)', 즉 '희곡(戱曲)'은 이 당시에 있어서는 즐거운 내용을 중심으로 하는 '희문(戱文)'을 뜻하는 것이라고 생각된다.

---

40) 金興雨, 『戱曲文學論』 (유림사, 1982), p.75.
41) 李基班, 『文藝創作論』 (맥밀란, 1982), p.204.

일본에서는 1700년 이전까지 희곡이란 용어를 쓰지 않았으며 1688년에서부터 1704년에 이르기까지 전통극인 가무기(歌舞伎)의 현대화 작업이 시작되어 최초로 가창(歌唱)에 대화적(對話的) 요소를 삽입하게 되었다. 당시의 대표적 작가로서는 근송문좌위문(近松門左衛門)[42]을 들 수 있는데 그는 「경성불(傾城佛)」·「경성임생대념불(傾城壬生大念佛)」 등의 가무기극(歌舞伎劇)작품을 창작하였다. 이러한 대화적 가무기극(歌舞伎劇)작품이 출현하기 전까지 일본에서는 희곡을 '요본(謠本)'과 '요곡(謠曲)'으로 지칭하였다.

한국에서 희곡이란 말이 들어온 것은 1920년대 동경 유학생들에 의하여 소위 신파극(新派劇)이 들어오면서부터였다. 당시 신파극을 상연할 때에 희곡의 동일한 성격인 각본(脚本), 혹은 대본(臺本)으로 지칭되어졌다. 신파극 이전에는 민속극(民俗劇)의 형태로 전래된 가면극·꼭두각시놀음·인형극·그림자극·판소리 등에서 희곡과 관련된 요소들을 찾아볼 수 있다.

가면극에서는 극의 내용이 대사보다는 음악과 함께 가면(假面)을 쓴 사람들의 동작을 중심으로 표현되어지며 인형극과 그림자극에서는 극의 내용이 실제의 인물이 아닌 매개체에 의한 의인적(擬人的)인 행위와 대사로써 표현되어진다. 그리고 꼭두각시놀음과 산대놀이 등의 전통극(傳統劇)에서 나타나는 '놀이'·'놀음'은 연희를 위한 행위하고 볼 수 있다.

유길준의 『서유견문(西遊見聞)』에서 연극(演劇)을 '연희(演戲)'로 표현하고 비극(悲劇)을 '비참희(悲慘戲)'로, 희극(喜劇)을 '열락희(悅樂戲)'로 표현한 것은 당시, 한국의 희곡이 재담(才談)·농담(弄談)·해학(諧謔)·골계(滑稽)와 함께 음악과 깊은 관련[43]을 지니고 있었음을 말해주는 것이라고 생각된다.

---

42) 지카마쓰 몬자에몬

43) 張伯逸, 『文學概論』(大邦出版社, 1982), p.224.

일반적으로 희곡에 대한 정의는 다음과 같이 논자의 시각에 따라서 다양하게 제시되고 있음을 볼 수 있다.

① 아리스토텔레스(Aristoteles) : 극시는 얘기하는 형식으로서가 아니고 행동하는 인간으로써 보는 사람을 감동시키는 것이다.

② 메튜스(B. Matthews) : 희곡을 극장과 분리해서 생각하는 것은 불가능하다. 왜냐하면 희곡은 극장 속에서 탄생되고 완성된 공연 속에서 그 모습을 드러내놓기 때문이다. -중략- 위대한 극작가들의 거대한 작품들은 단 한번의 예외도 없이 읽혀지기보다는 공연되어지기를 바라고 있기 때문이다.

③ 보울톤(M. Boulton) : 희곡작품은 단순히 읽기 위한 문학작품은 아니다. 진정한 희곡작품은 3차원의 세계인 것이다. 우리들 앞에서 걷고 말하는 문학작품인 것이다.

④ 스타인(Stein) : 연극의 기본적인 전제란 것은 언제나 희곡작품은 정해진 범위내에서 인생에 집중하고 인생을 한정해야 된다는 것이다.

⑤ 프라이스(Price) : 희곡은 완전한 행동의 모방이다. 그것은 인간의 동정적 주의력에 적응한다. 그것은 서로 연관된 흥미있는 사건들의 연속 속에서 전개되어 나간다. 그것은 언어와 상징, 실재와 인생의 조건에 의해서 연기되고 표현된다.

⑥ 아쳐(W. Archer) : 희곡은 무대상연을 전제로 한 문학이다, 희곡은 인간의 행동을 표출하는 것이다, 희곡은 가장 객관형식의 문학이다, 희곡은 대화가 유일한 표현방식이다.

⑦ 모울톤(Moulton) : 희곡은 표출되어지는 시이다.

⑧ 해밀턴(C. Hamilton) : 희곡은 배우가 관객을 앞에 놓고 무대상에서 연기하도록 엮어 놓은 이야기이다.

⑨ 신관양삼(新關良三) : 희곡은 극장에서 배우가 군중 앞에서 연기하는 것을 쓴 문학이다.

⑩ 밥(J. Bab) : 희곡이란 진정 연기예술의 필요에서 생긴 것이다.

⑪ 김갑순 : 희곡은 무대 위의 배우를 통하여 동작을 붙여 관중에게 보일 수 있도록 만들어진 이야기이다.

⑫ 김흥우 : 희곡은 인간의 동작과 언어로써 사건과 사건의 연쇄를 등장 인물의 성격적 심리적 행위로써 극적으로 구성하는 문학이다.44)

이와 같이 대부분의 논자들은 희곡이 순수한 문학적인 성격을 토대로 하여 연기에 의한 상연을 목적으로 하는 문학으로 논하고 있음을 볼 수 있다. 즉 무대에서 상연되는 연극의 바탕이 되는 것이 희곡이라는 것이다. 그러므로 희곡은 문학과 연극이 가지고 있는 특성을 모두 수용하고 있는 예술작품이라고 말할 수 있다. 나아가서 희곡은 무용·음악·건축·조각·과학 등의 다양한 예술과 학문을 토대로 하여 종합적으로 이루어지는 예술작품이라고 생각된다.

연극의 설계도(設計圖) 역할을 하는 희곡은 작가의 상상력이 동원되고 의식이 작용되어 표현된다는 점에 있어서 타 문학과 조금도 상이한 점이 없다. 그러나 희곡은 보편적으로 무대에서의 상연을 전제로 하기 때문에 무대화 작업에 적합한 행동·대사와 엄격한 구성이 요구되며, 그리고 극적 효과를 중요시한다는 점 등에서 타 문학과 다르다.

희곡은 무대 상연뿐 만 아니라 심상(心象)의 극화(劇化)를 전제로 쓰여지기도 한다. 즉 무대상연을 위한 희곡도 존재하지만 무대상연을 떠나서 오직 읽음으로써 심상적 극화를 위한 희곡도 존재한다. 현대 희곡이 발달함에 따라서 이러한 심상적 극화를 위한 희곡이 극작가들이나 시극작가들에 의하여 다양하게 제시되고 있음을 볼 수 있다. 읽기 위하여 쓰여진 희곡, 즉 레제드라마(Lesedrama)의 고전적 작품으로서는 베

44) 金興雨, 『戲曲文學論』, p.79.

르하아렌의 「승원(僧院)」과 괴테의 「파우스트 제2부」를 들 수 있다. 레제드라마 작가들은 무대의 제한성을 탈피하여 무한한 가능성이 존재하는 심상에 의한 극화를 추구하는 극작가들이다. 즉 이들은 무대의 극화를 위한 희곡이 전적으로 행동과 대사를 통하여 이루어지며 또한 연극화되는 과정에서 연출이나 연기를 위한 많은 제약이 뒤따르는 점을 인식하고 무대 연출대신에 심상 작용을 토대로 하는 희곡을 창작하게 된 것으로 볼 수 있다. 따라서 위에서 언급한 김흥우의 희곡에 대한 정의는 양자의 희곡을 모두 수용하는 거시적 시각에서 이루어진 것이라고 말할 수 있다.

2) 희곡과 타 문학

희곡은 본질적인 면에 있어서 양면성(兩面性)을 지니고 있다. 즉, 희곡은 일차적인 창작의 측면에서 독자에게 제시되는 문학성(文學性)과 이차적인 재현의 측면에서 관객에게 제시되는 연극성(演劇性)이 동시에 내재되어 있다. 문학으로서의 희곡을 읽을 때에도 독자는 무대를 상상하거나 현실재현의 가능성을 염두에 두고 읽어야 한다. 왜냐하면 희곡은 심상과 무대를 통하여서 내용을 표현하는 문학이기 때문이다. 따라서 이러한 희곡이 타 문학과 구별되는 주된 변별성은 희곡이 추구하고 있는 심상의 극화와 무대 상연에 있다고 볼 수 있다. 그러므로 희곡은 시·소설과 같은 문학과 비교할 때 많은 차이가 있다.

희곡은 소설처럼 대리체험(代理體驗)이 아닌 목격된 사건으로서 이루어지기 때문에 무대에 서의 현실적 제약을 받는다. 즉 희곡은 극화과정에 있어서 무대·연기·연출·효과장치 등의 형식적인 제약을 받는다고 볼 수 있다. 따라서 희곡은 허구적 사건을 중심으로 하는 점에서는 소설과 유사하지만 소설에서처럼 사건을 묘사하거나 서술하지 않고 대화와 행동으로써 작중 인물들의 갈등을 제시하는 산문문학이라고 말할 수 있다.

한로단이 논하고 있는 희곡과 소설과의 차이는 다음과 같다.

> ① 소설은 그 길이가 아무리 길어도 상관없고 아무리 짧아도 상관없지만, 희곡은 상연 시간의 제한을 받기 때문에 너무 길어도 안되고 너무 짧아도 안된다.
>
> ② 소설은 장소, 곧 배경의 제한을 전혀 받지 않지만 희곡은 일정한 장소의 제한을 받는다.
>
> ③ 소설은 정경이나 심리를 자유롭게 묘사할 수 있지만 희곡은 오직 대화에만 의존하기 때문에 무척 많은 제한을 받는다.
>
> ④ 소설이나 희곡은 독자와의 관계는 별로 다른 것이 없지만 희곡은 또 하나의 대상(관중)을 상대해서 써야 하기 때문에 조건이 달라진다. 곧 희곡의 대상인 관중이 집단으로 앉은자리에서 연극 전체를 볼 수 있도록 구성해야 한다.[45)]

이와 같이 한로단은 극화를 전제로 하는 희곡이 길이·장소·배경·묘사·대상 등에 의하여 제한을 받는데 반하여 소설은 이러한 제약을 받지 않는 비교적 자유스러운 문학임을 말하고 있다.

또한 한로단은 희곡과 소설과의 상관관계, 즉 소설의 영향에 의하여 발전된 근대희곡과 희곡의 영향에 의하여 발전된 근대소설에 대하여 논하고 있는데 소설의 영향에 의하여 발전된 근대희곡에 대해서는 다음과 같이 말하고 있다.

> ① 근대 이후 희곡 작가들은 소설의 영향을 받아 무대지시(stage direction)

---

45)韓路壇,『戱曲論』(正音社, 1973), pp.77-78.

가 무척 많아졌다.

② 근대소설의 영향을 받아 인간의 갈등이나 운명, 영웅의 행위, 왕후·귀족 등의 생활이나 사건이 아니면 희곡 내용의 취재 대상이 안되는 줄 알았던 것이 근대 이후의 희곡에 와서는 개인 대 사회의 갈등, 소시민 생활과의 투쟁 따위를 다루게 되었다.

③ 희곡이 근대 이후에 들어와서 섬세한 심리묘사와 날카로운 지성 표현을 하게 되었는데, 이것 역시 소설의 영향을 받은 것이다.[46]

이와는 달리 근대희곡의 영향에 의하여 발전된 소설에 대해서 한로단은 다음과 같이 말하고 있다.

① 희곡의 특징인 행동성과 성격을 근대 이후의 소설에서 많이 채택한 결과, 극적 소설과 성격소설로 분류하게 되었다.

② 희곡은 대화가 절대적이거나 소설에서도 대화를 많이 사용하게 되었는데 오스틴(J. Austen)의 소설을 극적인 소설이라 하는 이유도 대화를 많이 사용했기 때문이다.

③ 플롯에 있어서는 소설이 그 기교를 희곡에서 배웠다고 할 수 있다.[47]

무대화로 인하여 많은 제약을 받는 희곡과는 달리 시나 소설은 배경을 자유롭게 묘사할 수 있다. 특히, 심리소설에서는 인간심리와 정신을 상태를 분석·해부함으로써 작중 인물의 내면세계(內面世界)를 정밀하게 묘사할 수 있다. 이처럼 시와 소설의 창작은 비교적 자유롭게 이루질 수 있는 데 비하여 희곡 창작에는 많은 제약이 뒤따른다. 그러나 이러한 제약 때문에 희곡이 자유스럽지 못한 단순한 문학이라고 규정지

---

46) 韓路壇, 『戱曲論』, pp.78-80.
47) 韓路壇, 『戱曲論』, pp.80-81.

을 수는 없다. 왜냐하면 희곡이 지니는 문학적 제약은 오히려 독자나 관객에게 문학적 상상력을 불러일으킬 수 있기 때문이다. 또한 희곡에 제시된 대사와 지문에 의한 배우의 언어와 동작은 그 표현면에 있어서는 배우의 독창적인 연기를 토대로 이루어지기 때문에, 관객은 동일한 희곡에서 비롯되는 다양한 표현을 접할 수 있다. 그러므로 희곡은 내용보다는 내용을 바탕으로 표현되는 직접적인 행동과 언어를 중심하기 때문에 무대 인물에 의하여 이차적으로 제시되는 내용은 희곡의 일차적 내용보다는 오히려 더 새로운 문학적 의미를 지닌다고 생각된다.

3) 희곡의 효용과 수용

시와 소설이 독자에게 주는 문학적 효용이 있듯이 희곡 역시 문학적 효용성(效用性)을 지니고 있다. 만일, 특정 희곡이 독자나 관객에게 어떠한 느낌도 주지 못한다면 그 희곡은 무가치한 문학작품으로 밖에 볼 수 없다.

여석기는 드라마의 효용성을 다음과 같이 논하고 있다.

① 스토리의 재미 – 희곡도 문학의 한 통속으로 재미가 있어야 한다. 이것을 떠난 문학은 있을 수 없다. 그렇다고 해서 대중 오락 같은 그런 흥미를 뜻하는 것은 아니다. 어디까지나 인생의 참생활에서 얻은 흥미인 것이다. 특히 관객을 동원하는 드라마에 있어서는 이것이 직접 그 성공 여부의 척도가 된다. 스토리가 재미없으면 볼 흥미가 없기 때문이다.

② 연극의 감수성의 충족 – 이것은 흡사 야구장에서 느끼는 야구팬들의 감수성과 같은 것이다. 연극에 있어서 여러 가지 테크닉·동작·대화를 통해 느끼는 충족인 것이다.

③ 개인의 체험과 공감 – 소설에 있어서 독자들이 인생의 체험을 공감하

듯이 희곡에 있어서도 자기가 경험하지 못한 또 다른 인생을 보게 된다. 이것은 독자들이 희곡의 사상성과 주제에 끌려갈 때 더욱 느낌이 큰 것이다.

④ 카타르시스의 효과 – 여러 가지 어려운 인생을 삽시간에 작품으로 보고 난 다음에 뭔지 꿈을 꾼 듯이 정신이 맑아진다. 카타르시스는 대개 희곡의 구조상 클라이맥스를 지난 후에 얻게 된다. 이것은 흡사 큰산을 넘고 난 다음에 얻어지는 기쁨과 같은 것이다.[48]

희곡이 지니는 문학적 효용성을 관객 혹은 독자가 수용하기 위해서는 연극이 갖는 무대의 허구성(虛構性)에 대한 인식을 지양하고 실재성(實在性)으로서 인식해야 한다.

희곡과 극에서 독자와 관객이 경험하는 현실은 실제의 현실을 복사하거나 재현한 것이다. 즉 희곡은 타 예술과 마찬가지로 현실 자체는 아니지만 상상의 세계를 통한 현실성의 재현과 재구성(再構成)을 추구한다. 이러한 희곡의 허구성에 대한 독자·관객의 인식은 희곡의 실재성을 희석시키는 결과를 가져올 수 있기 때문에 희곡을 읽거나 극을 관람할 때 독자·관객은 연기자와 무대를 현실성에 의하여 받아들여야 한다. 따라서 희곡에서 인지한 현실의 상상을 실재처럼 수용하기 위해서는 특히, 무대를 중심으로 하는 연기자와 관객 사이에는 자연스러운 묵계가 이루어져야 한다. 즉 관객은 무대와 현실과의 실재적 불일치를 알면서도 현재에서는 일치하고 있는 것으로 인식해야 하는 컨벤션(convention)이 이루어져야 한다. 이러한 희곡에서의 컨벤션은 드라마와 관객 사이에 강요가 아닌 자연스럽게 이루어지는 문학적 약속이라고 볼 수 있다.

최재서는 「인습론(因習論)」에서 컨벤션을 전통과 대비시켜 논하는 가운데 작가에게 영향을 주는 시대의 힘을 전체적·통일적으로 보아서

48) 呂石基, 「英美戲曲隨筆評論」, 『戲曲論』 (新丘文化社, 1966), p.9.

한 이념 또는 정신으로서 파악될 때에 그것은 전통이며, 개별적이며, 구체적으로 보아서 기교들로써 파악될 때에는 인습(因習), 즉 컨벤션(convention)이라고 규정하고 있다. 또한 그는 문학의 전통과 인습은 작품에 대해서 다만 막연한 배경이 될 뿐 아니라 구성 요소로서 직접 작품 속에 투입되기 때문에 작품을 올바르게 이해하는 데 없어서는 안 될 필수적인 지식으로 보고 있음을 알 수 있다.[49)]

희곡에 의한 연극이 상연되는 무대는 실제가 아니다. 예를 들어서, 유치진의 「원술랑」을 현대에 상연하는 경우 무대 위에서 보여지는 의상·배경·소도구 등은 물론이고 심지어는 인물까지도 신라시대가 아니라 현대에서 비롯된 것으로 볼 수 있다. 그러나 관객들은 이러한 모든 것들이 현대의 것인 줄 알면서도 신라시대의 것으로 받아들여야 만이 희곡의 효용도 함께 원활하게 이루어질 수 있다고 생각된다.

묵계의 관계로써 자연스럽게 이루어지는 이러한 컨벤션은 희곡작품 속의 시대적 배경과 무대 구조, 그리고 연극 형식에 따라서 각각 다르게 적용되어진다고 볼 수 있다. 따라서 관객은 연극의 현실을 실재로 인식하여야 하며 독자 역시 인지되고 있는 희곡작품의 내용을 현실로 인식할 때 진정한 연극이 이루어지는 것이라고 생각된다.

4) 희곡의 특성

(1) 무대상연의 문학

희곡은 본질적으로 읽기 위한 문학이 아니라 무대 상연을 전제로 한 문학이다. 따라서 희곡을 읽을 때에도 무대를 생각해야 하며 심상의 극화를 목적으로 쓰여진 레제드라마에서는 더욱 더 그러하다.

---

49) 崔載端, 「因習論」, 『現代文學』, 卷119호, p.14.

무대화를 전제로 하는 희곡은 극적 구성은 물론이고 상연시간과 분량에 많은 제약을 받는다. 즉, 희곡은 복잡하고 긴 사건을 요하지 않으며 결정적인 계기와 요소들, 또한 사건을 단계적으로 구성하여 집약시켜야 된다. 이뿐만 아니라 집약시킨 사건은 극적인 긴장감(緊張感)과 갈등으로써 이루어지게 해야 한다. 즉, 희곡의 주제 내용은 결정적인 순간들과 계기를 중심으로 표출되어져야 한다.

희곡의 생명은 극적 상황(狀況)에 있다. 일반적으로 희곡에 있어서의 극적 상황은 대립·언쟁·도피·복수·투쟁·살인·음모·자살·모함·사랑·질투 등의 사건으로써 구성되어진다. 포우러(R. Fowler)는 "희곡은 의지의 투쟁을 표현하지 않으면 안된다. 인물이 자기가 원하는 바를 따라서 나아가면서도 어떤 상해(障害)에 부딪쳐 그것을 극복하면서 목적을 이루고자 노력하는 투쟁, 특히 두 개의 상반되는 이념, 의지의 투쟁을 구체적인 형태로 나타내는 것, 이것이 희곡적 긴장의 필요조건이다.[50]라고 논하였다.

희곡에서의 극적 상황은 반드시 어떤 대립에 의하여 빚어지는 갈등과 충돌로써 이루어진다. 이러한 갈등과 충돌은 일종의 극적 상호작용인데 특히, 갈등은 외적(外的) 갈등과 내적(內的) 갈등으로 구분되어진다. 외적 갈등이란 대립되는 상대편이나 다른 인물, 또는 환경의 장애(障碍)요소에 의하여 극중 인물이 갖는 갈등을 말하며 내적 갈등이란 내부 심리적 변화에 의하여 극중 인물 갖는 갈등을 말한다. 극적 상황에 따라서 이러한 외적 갈등과 내적 갈등이 동시에 일어날 수도 있다.

이와 같이 무대를 지향하는 희곡은 작중 인물들의 충돌과 갈등을 중심으로 하여 전개되어진다. 또한 희곡에서는 제한된 시간 속에서 극적 상황의 긴장도를 높이고 나아가서 절정에까지 끌어올리기 위하여 다양

50) 朴喆熙, 『文學概論』(螢雪出版社, 1975), p.303.

한 효과음(效果音)을 제시하기도 한다.

무대상연의 문학인 희곡에서는 자연스러운 컨벤션을 관객들에게 제시하고 있음을 볼 수 있다. 연극에서의 현실은 실제 현실의 복사(複寫)나 재현이 아니라 작가에 의하여 허구화된 현실이다. 그러나 이러한 허구화된 현실은 비의도적으로 이루어진 것이 아니라 작가에 의하여 계획적으로 이루어진 질서화된 통일의 세계라고 볼 수 있다. 더욱이 연극은 설명과 서술적 묘사로써 전개되는 소설과는 달리 극중 인물들의 직접적인 행위로써 진행되어지기 때문에 희곡에서의 현실감은 타 문학에서보다 매우 높다고 말할 수 있다.

희곡의 무대화에 따른 관객의 흥미와 기대감은 현실에서 이루어질 수 없는 사건이 무대 위에서 이루어지는 데에 있다. 따라서 관객들은 자연스러운 컨벤션을 수용함으로써 무대의 현실을 실재로 인식하고 나아가서 희곡에 동화된다고 말할 수 있다.

(2) 행동의 문학

희곡은 인간의 행동을 표현하는 문학이다. 그리고 희곡의 무대화, 즉 연극은 행동의 예술이다. 희곡이 무대 상연을 전제로 한 문학이라는 것은 곧 희곡이 작중 인물의 행동을 전제로 하여 쓰여졌다는 것을 의미한다.

희곡이 인물과 사건을 수용하는 점에 있어서는 소설과 일치하지만 행동과 대화를 매개체로 하여 내용을 표현하는 점에 있어서는 소설과 상이하다고 볼 수 있다.

소설에서의 서술과 인물의 묘사, 특히 외적 묘사·내적인 심리·기분·의식의 흐름 등은 작가의 주관적 시각에 의하여 이루어질 수 있지만 희곡의 무대화에 따른 극중 행동에는 작가가 개입될 수 없다. 희곡에서의 작가는 대사(臺詞)와 지문(地文)으로써 극중 인물의 기본 행동을 제시할 뿐이다. 희곡에서의 행동에 대한 제시는 특히, 지문에 의하여 이루어지는데 희곡에서의 지문은 해설과 대사를 제외한 나머지 부분의 글로서 인물의 동작·표정·심리·말투 등을 지시하거나 서술한다.

보편적으로 연기자는 작가가 제시한 대사와 지문에 따라서 행동을 하지만 구체적인 행동은 연기자의 독자적 연기에 의하여 이루어진다. 그러므로 연극에서의 모든 예술적 표현 수단은 행동이며 이 행동은 희곡의 본질 특성이라고 말할 수 있다.

브룩스와 해리만은 『희곡의 이해』에서 행동은 발전하고 진행하는데 있어서 조용히 진행하는 것이 아니라 긴장감과 갈등을 가진 채 진행하며 여기에서 갈등·충돌·해결이 이루어짐을 논하고 있다. 또한 이들은, 행동은 단순히 의미 있는 행동일 뿐만 아니라 그 가운데 행동적 갈등의 긴장관계를 갖고 있는 것이라고 말하고 있다. 즉, 극적 행동은 극의 갈등과 긴장을 일으키는 절약·압축·농축·집중·통일이 있는 행동[51)]이어야 함을 논하고 있다.

아리스토텔레스는 "무릇 비극(悲劇)은 인간을 모방하는 것이 아니라 인간의 행동과 생활의 행복과 불행을 모방하는 것이다."라고 말하였다. 이와 같이 아리스토텔레스는 희곡에서의 비극성(悲劇性)은 인간 자체가 아니라 인간의 행동에서 찾아야함을 논하고 있는데 이처럼 그는 희곡에서의 행동을 중요시하였음을 볼 수 있다.

연극에서 연기자를 'narrator'로 하지 않고 'actor'로 표현하는 것은 대사보다는 행동을 중시하려는 극작가들의 의도에서 비롯된 것으로 생각된다. 인간의 성격에 의하여 결정되어지는 행동은 희곡에서 성격묘사(性格描寫)를 위하여 이루어지기도 하지만 한편으로는 극중 인물의 행동을 위하여 성격묘사가 이루어지는 것이라고 볼 수 있다.

---

51) 洪文均, 『文學槪論』(螢雪出版社, 1979), pp.301-302.

(3) 대사의 문학

희곡은 묘사와 서술을 사용하지 않고 대화(對話)를 위한 대사(臺詞)로써 내용을 표현하는 문학이다. 따라서 희곡은 대사로써 일관된 문학 형식을 지니고 있다. 희곡에서의 대사는 희곡 전반에 걸쳐서 작품을 형상화해 나가는 데에 중요한 매개체 역할을 하는데 사건의 전개와 극중 인물의 행동이 대사를 통하여 이루어진다.

소설과 시에서도 대사가 수용되어지고 있지만 희곡의 대사와는 목적과 기능면에 있어서 서로 상이하다고 볼 수 있다. 시와 소설에서의 대사는 중요한 부분에서 일시적·단편적·삽화적인 기능을 수행한다. 그러나 희곡에서의 대사는 작품전체에서 일관성으로써 이루어지고 있으며 주동(主動) 인물과 반동(反動) 인물사이에서 형성되는 복잡한 문제, 즉 작중 인물들이 가지는 감정·갈등·위기·긴장 등의 문제를 표현·해결시켜주는 역할을 한다. 그리고 연극은 현재화된 행위로서 이루어지는 예술이지만 대사에 의존하지 않고 동작만으로는 내용을 나타낼 수가 없다. 그러므로 희곡에서 동작만으로 나타내기에 불가능한 내용은 대사에 의하여 표현되어진다. 이처럼 희곡에서의 대사는 희곡을 형성시키는 본질적 구성 요소라고 말할 수 있다.

(4) 현재화의 표현 문학

연극의 바탕이 되는 희곡은 직접적 표현을 위하여 극적 양식에 의하여 이루어진 문학이다. 그리고 희곡을 바탕으로 하는 연극은 현재화된 예술이라고 말할 수 있다. 희곡은 모든 사건을 현재화시켜서 보여줌으로써 작가와 관객과의 의사소통(意思疏通)이 현시점에서 이루어지게 한다. 또한 희곡은 무대에서의 상연을 전제로 하기 때문에 과거의 사건 역시 지정된 장소인 무대에서 현재화하여 직접 표현방식으로써 이루어져야 한다.

무대에서의 연극은 현재형으로써 진행되어 진다. 시간과 공간이 작가의 서술에 의하여 자유스럽게 이루어질 수 있는 소설과는 달리 연극에서의 과거는 관객에게 현재화로 표현·제시되어진다.

모울턴은 그의 『The Modern Study of Literature』에서 현재화된 표현에 대하여 "희곡과 같은 문학에 있어서 말하는 사람들은 작가가 아니고 희곡화된 이야기의 상상적 인물이다. 그리고 사건은 과거에 속하는 것이 아니고 우리의 눈앞에 일어나고 있는 것으로서 표출된다. 이야기는 마음대로 과거의 이야기의 여러 가지 부분을 다룰 수가 있다. 그러나 희곡의 동작은 결코 과거로 되돌아 갈 수 없다. 그 여러 가지 부분은 그것이 일어나는 그대로 처음부터 끝까지 계속적으로 일어나지 않으면 안 된다."[52]라고 말하고 있다.

이와 같이 희곡은 과거의 사건내용을 현재화하여 직접 표현하는 특성을 가지고 있는데 이러한 것들은 희곡이 무대화를 전제로 하는 문학적 특질을 수용하는 데서 비롯되는 것이라고 생각된다.

2. 희곡의 구성 요소

희곡을 구성하는 요소에는 내용적 구성요소와 형식적 구성요소가 있는데 내용적 구성요소에는 인물·행동·주제가 있으며 형식적 구성요소에는 대사·해설·지문·구조 등이 있다. 본서에서는 희곡의 일반적 요소로 볼 수 있는 인물·행동·대사·구조를 중심으로 살펴보기로 한다.

---

52) R.G. Moulton, *The Mordern Study of Literature.* p.12.

1) 인물

희곡은 극중 인물(人物)의 행동과 대사를 통하여서 직접적으로 인생을 표현하는 문학이기 때문에 연극에 있어서의 성격과 상황, 그리고 극적 행동이 차지하는 의미는 매우 크다고 볼 수 있다.

희곡에서의 인물은 무엇보다도 집중화(集中化)되고 압축된 성격의 소유자여야 한다. 왜냐하면 희곡은 무대 상연을 전제로 하기 때문에 시간의 제약을 받게 된다. 따라서 제한된 상연 시간은 인물의 전형적인 성격화(性格化)를 요구하게 되며 또한 정선된 것만을 집중적으로 보여주어야 하기 때문에 작중 인물의 강력한 성격을 드러내야만 한다. 만일, 그렇지 않을 경우에는 소설처럼 설명이나 해설의 양상을 띠게 되어 흥미가 분산되고 또한 인물에 대한 이미지가 흐려질 수 있다.

희곡에서의 인물은 간접적인 방식에 의하여 인물이 설정되는 것이 아니라 무대에서 관객에게 직접 보이고 행동함으로써 인물의 존재가 설정되어진다. 일반적으로 극작가들은 인물의 수에 있어서 소설가보다 더 많은 제약을 받고 있다. 소설가들은 인류 전체를 작중 인물로 설정할 수 있지만 희곡에서는 무대를 고려하여 극중 인물을 설정하여야 한다. 그리고 극작가는 소수의 인물에게 주된 행동을 집중화시키고 나아가서 주인공으로 볼 수 있는 주동 인물을 선정함으로써 관객들의 인물에 대한 인식이 빠르게 이루어지도록 해야 한다.

또한 희곡에서의 인물은 심리적 갈등에 따른 행동의 의지가 분명한 소유자여야 한다. 소설에서는 사건의 변화에 따른 인물에 대한 묘사가 서술로써 자유롭게 이루어질 수 있지만 연극을 전제로 하는 문학에서는 제한된 사건과 장소에서 극중 인물의 성격을 완전히 창조시켜야 한다. 그러므로 희곡에서의 인물은 평면적 인물이 아닌 현재화된 입체적(立體的) 인물이어야 한다. 자기갈등에 의하여 행동에 대한 의지가 분명한 입체적 인물들은 관객들에게 쉽게 인식될 수 있을 뿐더러 극적 행동에 의한 극적 효과를 불러일으킬 수 있다.

희곡에서의 인물이 지니고 있는 성격은 대사와 행동에 의하여 표현되어진다. 희곡의 대사에는 대화(對話)·독백(獨白)·방백(傍白)이 있는데 이중에서, 특히 독백은 인물의 성격을 가장 선명하게 나타내어주는 대사이다. 왜냐하면 독백은 극중 인물의 내면적인 의지·생각·신념·결심·체념·반항 등을 고백(告白)으로써 나타내주기 때문이다.

희곡에서의 인물은 개성적(個性的)·유형적(類型的)이어야 한다. 희곡에서는 이러한 개성적·유형적 인물을 통하여 주동 인물과 반동 인물의 성격을 선명하게 부각시켜야 한다. 물론 소설에서의 등장 인물 역시 개성적 인물과 유형적 인물로써 이루어지도록 해야 하지만, 특히 희곡에서는 더욱 더 이러한 인물형이 요구된다. 희곡의 주동 인물은 반동 인물과 갈등관계를 가지며 나아가서는 대립으로 인한 극적 상황 속으로까지 나아가기 때문에 주동 인물과 유사한 수명의 인물이 제시되어진다면 극적 효과는 거의 상실된다고 볼 수 있다.

희곡에서 인물의 형은 개인과 각 사회 계층을 나타나내는 특수성(特殊性)과 보편성(普遍性)을 지닌다. 희곡에서의 개성적 인물이란 시대·장소에 따라서 독특하게 나타나는 특이성(特異性)을 지닌 인물을 말하며 이러한 개성적 인물은 극적 상황을 이룰 수 있는 인물이라고 말할 수 있다. 또한 희곡에서의 유형적 인물이란 특정 계층과 신분을 나타내는 대표적 보편성을 지닌 인물을 말한다.

폴티(G. Polti)는 『性格案出의 方法(The art of Inventing Character)』[53]에서 희랍의 12신을 모델로 성격안출(性格案出)하여 극중 인물형(人物型)을 12종의 성격으로 유형화 시켰다.

---

53) 金興雨, 『희곡문학론』, pp.121-122.

① 뵈스터형(型) : 신앙심이 있고 충실·영리한 형.

② 쥬노형(型) : 질투심이 깊고 가혹적인 형.

③ 네프튜형(型) : 폭군적인 야심가의 형.

④ 미네르바형(型) : 모질고도 용감한 형.

⑤ 비너스형(型) : 매력있고 방종한 형.

⑥ 아폴로형(型) : 예술가적 기질의 형

⑦ 머큐리형(型) : 기민하고 솔직한 형.

⑧ 쥬피터형(型) : 거만 무례한 형.

⑨ 씨터스형(型) : 난봉형

⑩ 바르컨형(型) : 근면하면서 남을 속이기 잘하는 형.

⑪ 맑스형(型) : 용맹하고 반역심이 강한 형.

⑫ 다이애나형(型) : 감상적이고 겁쟁이 형.

심리학자들은 정신활동에 따라서 이지적(理智的) 인물·감정적(感情的) 인물·의지적(意志的) 인물로 나누기도 한다. 또한 일부 비평가들은 등장 인물의 인격장애(人格障碍)에서 극적 사건이 유발하는 것으로 보고 작중 인물들의 인격을 반사회적(反社會的) 인격·부적합(不適合) 인격·분열성(分裂性) 인격·순환성(循環性) 인격·히스테리(hysterie) 인격·편집성(偏執性) 인격·강박성(强迫性) 인격·폭발성(暴發性) 인격·피동-공격성(被動-攻擊性) 인격·무력성(無力性) 인격 등으로 분류시키고 있다. 따라서 이러한 사항들을 미루어 볼 때 희곡에서의 인물창조에 있어서 무엇보다도 중요한 것은 이러한 인물들이 극중 인물로서 형상화되어지기 위해서는 각 인물에 적합한 행동과 대사가 뒤따라져야 하는 데에 있다고 생각된다.

2) 행동

희곡에 있어서 구성 요소의 하나인 행동은 극중 인물들의 행동을 말한다. 희곡에서 작중 인물들의 행동은 극의 갈등과 긴장을 불러일으키는 행동이 되어야 하며 이러한 행동은 생략(省略)·압축(壓縮)·집중(集中)·통일성(統一性)을 바탕으로 이루어져야 한다. 그리고 이러한 희곡에서의 행동은 주동 인물과 반동 인물의 대립으로써 나타내어 극적 효과를 가져올 수 있게 하여야 한다. 왜냐하면 희곡이 '행위의 긴장'과 '영혼의 상승', 그리고 '위기에의 촉진'을 토대로 하여 극적 긴장감을 자아내는 것이라면 극적 인물의 행동도 극적인 효과를 불러일으킬 수 있는 방향으로 이루어져야 하기 때문이다.

아리스토텔레스는 그의 『시학』에서 "비극이란 일정한 크기가 있는, 가치 있고 품위 있는 완전한 행동을 모방한 것이다. 이때에 있어서 형용사로서는 그 부분마다 각기 특수한 말을 사용하되 그것은 서술적인 것이 아니고 행동하는 인간의 방식으로서 모사(模寫)한 것이다. -중략- 사람은 결국 그의 행동에 의하여 행복하기도 하고 그 반대가 되기도 한다. 따라서 비극의 목표는 그 태도의 모방에 있지 않고 행동을 위하여 그 태도를 포괄하는 것이다. 행동과 이야기는 비극의 목표이다."라고 논의하는 가운데 희곡에서의 행동의 중요성을 강조하고 있음을 볼 수 있다. 또한 이러한 아리스토텔레스의 논술에서처럼 희곡은 인간 행위의 모방이기 때문에 희곡에서 차지하는 행동의 중요성은 절대적이라고 말할 수 있다.

여석기는 그의 『희곡론(戱曲論)』에서 극적 행동 속에는 현재적으로 눈에 보이는 신체적 동작과 드라마의 대사, 그리고 인물의 내면적인 움직임, 즉 심리적 동작이 포함되어 있으며 또한 드라마의 구조 자체가 행동의 시스템이라고 설명하고 있다.[54] 희곡에서의 극적 행동은 단순한 독립된 행위가 아니라 전·후 상관성(相關性)이 있는 행위로서 결정적인 극적 상황을 중심으로 집약시킴으로써 이루어져야 한다. 따라서 희곡에서의 행동은 긴장감·위기·고조된 상황 등에서 비롯되는 행동을 작중 인물을 통하여 표현해야 되는 것이다.

희곡에서 긴장과 갈등으로 인하여 제시되어지는 행동은 전체 극의 진행 과정에서 이탈된 것이 아닌 유기적인 진행 속에 이루어진 행동이어야 한다. 따라서 이러한 행동에 인과관계에 의한 필연성이 뒷받침이 될 때 논리성과 통일성을 유지함은 물론이고 나아가서 극적 행동으로서의 효과를 거둘 수 있다.

3) 대사

희곡에서 사건의 전개와 인물의 성격을 표현하는 대사(臺詞)는 대화(對話)·독백(獨白)·방백(傍白)으로 이루어져 있다. 이러한 희곡에서의 대사는 타 문학 작품에서 보다 매우 중요한 역할을 담당하고 있다. 희곡에서의 대사는 행동의 한 양식으로서 극적 사건을 진행시키는 동시에 인물의 성격을 나타내어준다. 또한 대사는 극적 사건의 분위기를 나타내어 준다.

희곡에서의 대사는 소설에서의 대사보다 차지하는 비중이 절대적이라고 말할 수 있다. 왜냐하면 희곡에서의 대사는 희곡의 전체적인 표현방식이지만 소설에서의 대사는 필요시 선택할 수 있는 부분적인 표현방식이기 때문이다. 그리고 희곡에서는 상연 시간에 제약을 받는 가운데서 대사로써 작품을 이끌고 나가는 반면에 소설에서는 일정한 시간의 제약을 받지 않고 묘사와 서술로써 작품을 이끌어 나간다고 볼 수

---

54) 呂石基, 「英美戲曲隨筆評論」, 『戲曲論』 (新丘文化社, 1963), pp.17-19.

있다. 또한 희곡에서는 현재화된 대사로써 이루어지지만 소설에서는 작품의 배경과 작중 인물들의 사고·행위·심리·기분 등을 자유로운 시제 하에서 묘사(描寫)·서술(敍述) 할 수 있다고 말할 수 있다.

일반적으로 희곡에서의 대사는 일상 생활에서 쓰는 일상어(日常語)이어야 한다. 왜냐하면 이해가 어려운 특수어에 대한 부연설명은 극의 진행과정에서 이루어질 수 없기 때문이다. 그러므로 대사는 명확한 언어로써 표현되어져야 한다. 또한 일상어로 된 희곡의 대사 역시 간결해야 하며 함축성이 있는 언어로써 이루어져야 한다.

희곡에서의 대사는 인물의 역할에 알맞은 언어로서 이루어짐으로써 작중 인물들의 성격을 비롯하여 직업·신분·교양·성격 등을 잘 나타내주어야 한다. 또한 희곡에서의 대사는 사건 줄거리의 전개와 장면을 예시함에 있어서 자연스럽게 이루어져야 한다.

이러한 대사에 있어서의 대화는 극중 인물들이 서로 주고받는 언어행위를 말한다. 그리고 독백은 극중 인물들의 대화가 아니라 극중 인물이 혼자서 말하는 언어행위로서 스스로의 자신에게 말하는 것을 독자에게 알리는 기능을 가진다.

방백이란 실제로는 등장 인물에게도 들리지만 사건 진행상 등장 인물들에게는 들리지 않고 관객에게만 들리는 것으로 약속하고 이루어지는 독백을 말한다. 이러한 방백은 두 사람 이상이 대화할 때 관객에게만 들리게 하는 방백이 있으며 또한 관객과 등장 인물 중 어느 특정 인물에게만 들리게 하는 방백이 있다.

4) 구조

희곡에서의 구조(構造)란 극적인 내용이 처리된 과정이라고 말할 수 있다. 극적인 내용이란 갈등을 의미하는데 희곡의 구조는 이 갈등의 성립으로 시작되어 갈등의 해소로써 그 끝맺음이 이루어진다. 따라서 이러한 희곡의 구조는 희곡의 생명이라고 볼 수 있다.

아리스토텔레스는 희곡이 갖추어야 할 요소로서 구성(構成)·인물성격(人物性格)·사상(思想)·운율(韻律)·가요(歌謠)·장관(壯觀), 이상 여섯 가지를 말하고 있는데 이중에서 구성을 가장 중요시하였으며 장관을 최하위의 요소로서 간주하였다. 그리고 그는 도입부(導入部, exposition)·발견(發見, discovery)·시기점(時機點, point of attack)·전영법(前影法, foreshadowing)[55]·전개(展開, complication)·절정(絶頂, climax))·위기(危機, crisis)·대결부(對決部, denouement)·시간(時間, unity of time)·장소(場所, unity of place)·사건(事件, unity of action)을 희곡 구성의 요소라고 말하였다.[56]

극작가는 시간적·공간적인 제약 하에서 표현하고자 하는 사건이나 내용을 일정한 시간과 일정한 장소에 배치시켜야 하는데, 이를 위해서는 구성을 어떤 식으로 진행 혹은 전개시켜 나가는 것이 좋은지에 대한 중요한 문제에 봉착하게 된다.

구성을 토대로 하는 희곡이 시간적 제약을 받는다는 것은 일정한 시간 안에 상연될 수 있는 희곡의 분량을 말하며, 공간적 제약을 받는다는 것은 일정한 무대에서 상연될 수 있는 희곡의 배경과 등장 인물들을 말한다. 이러한 이유 때문에 고전극에서는 연극의 삼일치설(三一致說)이 준수되었다고 말할 수 있다. 연극의 삼일치란 행위(行爲)·시간(時間) ·장소(場所)의 일치를 말한다. 여기에서 행위의 일치란 주인공의 행동에는 다른 등장 인물들의 모든 행동들이 합일되어야 하고 작가가 의도한 주제와 일치되어야 하는 것을 말한다. 시간의 일치란 한편의 연극은 24시간 안에 완결되어야 하는 것을 말한다. 그리고 장소의 일치란 한편의 연극은 한 장소에서, 즉 한 무대에서 상연되어야 한다는 것을 말한다.

---

55) 상황이나 사건을 미리 암시하는 기법.

56) 이상오, 『연극론』(한신문화사, 1992), pp.21-23.

희곡의 구성은 희곡의 설계도라고 말할 수 있다. 따라서 희곡에서의 구성은 치밀하게 이루어져야 한다. 구성의 진행 과정은 극작가의 기술적인 문제와 긴밀한 관계에 놓여 있는데 이러한 희곡의 구성으로써 이루어지는 희곡의 기본적인 구조는 희랍비극의 3부 구조와 프라이타크(G. Freytag)의 5단계설에서 찾아볼 수 있다.

희랍비극은 '처음(始), 중간(中), 끝(終)'의 구조로써 이루어 졌다. 희랍비극의 구성에서 '처음'은 중간의 원인이 되고, '중간'은 '처음'의 결과인 동시에 '끝'의 원인이며, '끝'은 '중간'의 결과로서의 '끝'을 말한다. 즉, '처음'이 발전해서 '중간'이 되고 '중간'에서는 고조의 극에 달하는 정점을 설정하고 이 정점에 달한 행위가 '끝'에 가서는 해결되어 종말을 맺음으로써 통일된 완전한 행위의 구성을 이룬다고 볼 수 있다. 이러한 희랍비극의 구성은 시간적 흐름의 순서로만 나열하지 않고 시간과 공간을 초월한 이상과 현실, 그리고 과거와 현재 등을 교차시킬 때 사건을 보다 평면적이 아닌 입체적인 실감을 자아내게 하기도 하며 강도 높은 극적 효과를 높일 수 있다. 이러한 희랍비극에서의 삼부구조는 희곡의 기본적인 구성방식이며 3막극의 전형적인 보기라고 말할 수 있다.

희곡 구조에 대한 본격적인 이론은 1863년에 출간된 프라이타크의 『희곡의 기교』에서 나타나고 있다. 그는 희랍극을 비롯한 셰익스피어·괴테·실러 등의 극 구성방법을 고찰한 후에 '피라미드 5부 3점설'을 논하였다. 일반적으로 지칭하고 있는 프라이타크의 5단계설을 살펴보면 다음과 같다.

① 발단(發端) : 이 부분은 막이 오르고 사건이 전개되려고 하는 첫 부분이다. 관객들은 호기심으로써 무대를 주시하게 된다. 이 부분에서는 앞으로 있을 사건에 대한 예시와 암시, 시간과 장소 및 극적 분위기 등이 소개되어야 한다. 따라서 발단은 짧고 자연스럽게

이루어져야 한다. 특히, 발단에서는 긴장과 심각성으로 인한 극적 충격이 제시되어서는 안 된다.

② 상승(上昇) : 이 부분에서는 발단에서 예시된 사건이 정점으로 행하여 상승되어지며 점차적으로 사건이 복잡해지고 심각해진다. 그리고 인물과 인물의 대립되는 사건이 격렬해지며 긴장이 고조된다. 따라서 인물의 성격이 확연해지며 사건의 방향도 뚜렷해진다.

상승은 충돌과 투쟁이 본격적으로 이루어지면서 극적 행동이 정점으로 올라가는 전반부의 결전장이다. 즉, 극의 흐름이 빨라지고 흥미와 긴장도를 더하여 정점에 이르도록 발전하여가는 부분이 상승이다. 따라서 이 부분은 관객의 흥미와 주의를 집중시키는 핵심부라고 말할 수 있다.

③ 정점(頂點) : 정점은 극이 최고조에 다다른 부분이다. 즉, 더 이상 상승될 수 없는 극적 상태가 정점이다. 그러므로 관객은 이 부분에서 상승에서의 예비적 갈등의 고조를 토대로 하여 최고의 극적 흥분과 감동의 극치를 느끼게 된다.

정점에서는 주동 인물과 반동 인물과의 극한 대립이 극적 긴장으로써 제시되어지는 동시에 극 전체의 중심적인 행동이 결정되어진다.

④ 하강(下降) : 하강은 정점에서 대단원을 향하여 내려오는 부분을 말한다. 하강에서는 사건이 해결되어지며 관중들의 고조된 흥분과 긴장이 풀어진다. 이 부분에서는 극적 사건이 귀착점을 향하게 되며 극의 성격, 즉 비극 혹은 희극에 대한 관객들의 인식이 분명하여진다. 따라서 예술성의 미적인 매력과 극적 여운을 남기게 되는 부분이 하강이라고 말할 수 있다.

⑤ 대단원(大團圓) : 극에서의 대단원이란 사건의 종결과 갈등의 종결을 의미한다. 대단원은 희곡 구성의 마지막 부분으로서 모든 극적 갈등이 종결되는 동시에 관객의 주관적인 결론이 내려지는 부분이다. 즉, 극적 결말이 총결산되는 부분이 대단원인 것이다. 현대극에서는 대단원을 생략하고 해결이 없는 결말을 제시하고 있다. 이러한 것은 사건의 파멸이나 파국을 보여 주지 않는 대신 독자에게 무한한 가능성이나 상상력을 제공하려는 데에서 기인하는 것이라고 볼 수 있다.

3. 희곡의 종류

희곡의 종류는 곧 연극의 종류로서 설명될 수 있다. 일반적으로 연극의 종류는 내용·형식·기능·관객·종합예술성·연출양식·극사조[57] 등의 시각에 따라서 다양하게 분류될 수 있다. 본서에서는 고대극에서부터 분류되어온 극의 기본 유형, 즉 희극과 비극, 그리고 희비극을 중심으로 희곡의 종류를 고찰하고자 한다.

1) 비극

비극(悲劇)은 희랍극에서부터 현대에 이르기까지 가장 널리 상연되어진 극이다.

비극의 기원은 희랍의 디오니소스 축제에서 찾을 수 있다. 비극을 뜻하는 tragedy는 '산양(山羊)의 노래'를 의미하는 tragodia에 그 어원을 두

57) 長漢基,『演劇學入門』(宇晟文化社, 1981), pp.167-169.

고 있으며 tragodia는 디오니소스 제전(祭典) 때, 신을 찬양하는 디티람보스 합창에서 유래되었다. 당시의 합창단원이 디오니소스의 시종(侍從)인 satyer의 모습으로 가장하여 디티람보스를 불렀는데 이 디티람보스는 곧 '산양의 노래' 이며 이러한 '산양의 노래'에서 희랍비극이 발생하였기 때문에 tragodia는 희랍비극을 의미하는 동시에 현대의 비극을 뜻한다고 볼 수 있다.[58)]

이러한 신에 대한 제의(祭儀)에서 발생된 비극은 희랍인들의 종교관과 인생관이 깊숙이 관계되어 있다고 볼 수 있다. 이러한 비극의 내용적 특성을 살펴보면 다음과 같다.

첫째, 비극에서의 주동 인물은 운명적 상황에 부딪쳐서 투쟁하고 갈등하지만 끝내는 좌절을 겪게 된다. 따라서 비극에서는 긴장과 흥분의 분위기 속에서 극이 진행되어진다. 이러한 비극은 진지하고 장중한 인생의 상황을 나타내어준다고 볼 수 있다.

둘째, 비극에서는 운명·성격·상황 등으로 인하여 현실에서 패배하는 인간의 모습을 제시하여준다. 즉 비극에서의 주동 인물은 대립되는 세력이나 반동 인물과 투쟁하다가 비참한 결말을 맞이하게 된다.

비극의 주동 인물은 선을 지니고 있으며 이러한 주동 인물과 반동 인물과의 갈등에 의한 투쟁은 선(善)과 악(惡)과의 싸움을 나타낸다.

아리스토텔레스는 "비극은 선인을 모방하고 희극은 악인을 모방한다."[59)]라고 말하였다. 이러한 아리스토텔레스의 주장에 의하면 비극의 주인공은 선을 대표한다고 볼 수 있다. 즉 비극에서의 주동 인물은 인생에 있어서의 폭넓고 진지한 대결의 자세와 악인과 투쟁하는 성실한 성격의 소유자로서 선을 축하는 인물이라고 볼 수 있다.

셋째, 비극의 주인공은 본의 아니게 주어지는 사회적 모순과 타의(他

58) 이상오, 『연극론』, p.53.
59) 洪文均, 『現代文學槪論』(螢雪出版社, 1979), p.309.

意)에 의하여 받아들여진 비도덕성과 범죄와 중대한 결점으로 인하여 비극적인 결과를 맞이하게 된다. 이와 적합한 작품으로서 희랍신화를 토대로 하여 쓴 소포클레스(Sophokles)의 「오이디푸스 왕」을 들 수 있다. 「오이디푸스 왕」의 내용을 요약하면 다음과 같다.

- 오이디푸스는 자신의 아버지를 죽이고 어머니를 아내로 맞이하게 되는 운명을 가지고 태어났다.
- 오이디푸스는 신탁결과에 의하여 죽임을 당하는 상황에 이르지만 운명에 의하여 건강한 젊은이로 장성한다.
- 어느 날 오이디푸스는 친부를 살해해 버린다.
- 오이디푸스는 스핑크스의 수수께끼를 풀고 왕위에 오르게 되며 선왕비인 요가스타를 아내로 맞이한다.
- 오이디푸스는 테에베시의 재난 원인이 친부를 살해하고 친모와 결혼한 자신에게 있다는 사실을 알게된다.
- 비극적인 사실에 의하여 요가스타는 자살하게 되고 오이디푸스는 자신의 눈을 찔러서 장님이 된 후 방랑하다가 죽음을 맞이하게 된다.

이처럼 고대 희랍비극의 대표작인 「오이디푸스」에서의 오이디푸스는 운명 때문에 비극적 결말을 맞이하게 되며 중세 비극의 대표작인 「햄릿」에서의 주동 인물인 햄릿은 의지와 성격 때문에 비극적 결말을 맞이하게 된다고 말할 수 있다.

클로디어스 :
뜯어말려 흥분하고 있어.
햄릿 :
아닙니다. 또 한 번. (왕비 거트루드가 쓰러진다)
오즈릭 :
왕비님을 좀, 저런.

호레이쇼 :

양쪽이 다 피를 흘리다니. 왕자님 어떻게 된 겁니까?

오즈릭 :

레어티즈, 왜 그래?

레어티즈 :

오즈릭, 도요새처럼 내 덫에 걸렸어. 죽어서 마땅하지 내 음모에 내가 다쳤으니.

햄릿 :

무슨 일입니까 왕비께서?

클로디어스 :

피를 보고 실신했다.

거트루드 :

아냐, 아냐, 저 술, 저 술이! 오 햄릿, 술, 술, 독살이야.

(왕비 죽는다)

햄릿 : 아, 음모다. 이 것 봐, 문을 잠가라. 흉계다. 범인을 찾아라.

레어티즈 :

범인은 여기 있소, 왕자님 왕자님도 목숨을 잃습니다. 이 세상의 어떤 약도 효과가 없습니다. 왕자님의 생명도 반시간을 가지 못합니다. 반역의 도구는 전하의 손에 쥐여 있어요. 뾰족한 칼끝에는 독을 칠했습니다. 이 흉계는 저에게 되돌려졌습니다. 보십시오. 신은 두 번 다시 일어날 수 없습니다. 왕비께서도 독살 당했고, 더 말할 수가, 이 장본인은 왕, 왕입니다.

햄릿 :

칼끝에도 독을, 그럼 독아 네 할일을 다해라. (왕을 찌른다)

일동 : 반역이다! 반역!

클로디어스 :

오! 여봐라, 나를 지켜다오. 상처는 아직 가볍다.

햄릿 :

자, 이 음탕하고 잔학하고 저주받을 덴마크의 왕아 이 독약을 마셔 버려라. 이게 너의 진주냐? 어머니 뒤를 따르라.

(클로디어스 왕이 죽는다)

레어티즈 :

당연한 천벌. 자기가 조제한 독약이요. 서로 용서합시다. 전하, 저의 죽음도 아버지의 죽음도 왕자님의 죄가 아니고 왕자님의 죽음도 저의 죄가 아니기를! (죽는다)

햄릿 :

하늘이 그대의 죄를 용서해 줄 것이오. 나도 자네를 따를 것이다. 호레이쇼, 이젠 틀렸어. 불쌍한 어머니 안녕히 계세요. 이 연극의 대사 없는 배우나 관객처럼 참변을 보고 창백해져 떨고 있는 여러분, 나에게 시간이 있다면, -가혹한 죽음의 사신이 매정하게 나를 독촉하지만 않는다면- 아, 들려줄 말도 많은데, 그러나, 일은 될 대로 되는 법 호레이쇼, 나는 가네. 자네는 살아남아 잘 모르고 있는 사람들에게 나와 나의 사정을 올바르게 설명해 주오.

호레이쇼 :

그럴 수는 없습니다. 덴마크인으로 살아남기보다는 옛 로마인이 되겠습니다. 여기에 술이 아직 남아있습니다.

햄릿 :

그래도 사내인가. 잔을 주게. 손을 놔. 이리 달라니까. 오, 호레이쇼, 어떤 누명이 남을지도 몰라. 일이 알려지지 않고 이대로 끝난다면 자네가 진정으로 나를 위해준다면 하늘의 축복을 잠시 멀리하고 이 삭막한 세상에 사는 고통을 참아가며 나에 대한 얘기를 전해주게.

(밖에서 멀리 군대의 행진소리. 이어 한 발의 포성)

저 장엄한 소리는 뭐요?

오즈릭 :

포틴브라스가 폴란드를 정복하고 돌아오는 길에 영국의 사신을 만나서 쏘는 예포의 소리입니다.

햄릿 :

아, 나는 죽네. 호레이쇼. 무서운 독에 내 기력은 마비됐어. 영국에서 올 소식도 듣지 못하고 죽네. 그러나 앞날을 위해 말한다만 다음 국왕으로 선출될 사람은 포틴브라스야. 이게 내 유언이야. 사태가 이렇게 된 자초지정을 그 사람에게 전해다오. 남은 것은 정막뿐이야.
(햄릿이 죽는다)

호레이쇼 :

이제 고상하신 목숨도 끊어졌다. 안녕히 주무십시오. 어지신 왕자님. 모여드는 천사의 노래를 들으며 안식처로 가시기를, 왜 북소리가 가까워지지?
(행군소리와 함께 포틴브라스, 영국사신들, 그리고 그 외 사람들 등장)

<셰익스피어, 「햄릿」 제5막 제2장 중>

이러한 고대 희랍 비극이나 중세의 비극과는 달리, 현대 리얼리즘극의 대표작인 「세일즈맨의 죽음」에서의 윌리 로먼은, 현대 비극에서는 자본주의 사회의 모순적 상황과 물질만능주의 때문에 비극적인 결말을 맞이한다고 말하였다.

넷째, 비극에서는 인간사이의 감정·사고방식의 갈등이나 인간과 환경간의 갈등·충돌을 표현한다.

다섯째, 희극에서의 주동 인물은 사회적 집단 속에서의 평범한 인물로써 이루어지지만 비극에서의 주동 인물은 독특하고 비범한 인물로써 이루어진다. 그리고 이러한 비극적인 인물은 비범하기 때문에 비극적 운명을 맞이하게 된다.

여섯째, 비극에서는 연민(憐憫)과 충격을 통하여 이루어지는 마음의 평정과 정신적인 정화를 관객에게 제공한다. 주동 인물의 충격적이고도 비극적인 삶은 관객에게 경악과 동정심 그리고 연민의 정을 느끼게 함으로써 감정의 카타르시스를 갖게 한다고 말할 수 있다.

아리스토텔레스가 논한 것처럼 비극을 추구하는 희곡은 독자·관객의 감정을 순화시켜 주며 정화작용을 한다고 볼 수 있다.

고대 그리스 극을 토대로 발전되어진 비극, 특히 현대 비극에는 운명

비극과 성격비극, 그리고 상황비극 등이 있다.

2) 희극

희극(喜劇)이란 인간의 성격과 행위에 내재하고 있는 모순·한계·비리 등을 묘사함으로써 인간에게 즐거움을 주는 연극이다. 이러한 희극은 슬픔을 주는 비극과는 대칭관계 있다고 볼 수 있다.

희극을 가리키는 comedy는 희랍어인 comoidia에 어원을 두고 있다. comoidia는행렬을 뜻하는 comos와 노래를 뜻하는 ode의 합성어로서 '행렬의 노래'란 뜻이 된다. 비극을 뜻하는 tragodia의 기원이 디오니소스 제전(祭典)에서 비롯되었듯이 코모이디아의 기원 역시 디오니소스 제전에서 찾을 수 있다. 여기에서 축제 때 많은 군중들이 무리를 지어서 노래하고 춤을 추었는데 이러한 사람들을 특히 comos라고 불렀다. comos들의 풍자(諷刺)·야유(揶揄)·농담(弄談)·해학(諧謔) 등은 소극(笑劇)으로 이어지고 이 소극은 다시 희극으로 발전되었다고 볼 수 있다.

이와 같이 고대종교의식(古代宗教儀式)에서 발전된 희극은 인간성의 결함이나 부조리(不條理), 그리고 사회의 모순 등을 표현하는데 특히, 풍자적인 방법으로써 묘사하여 극단적 비판과 직접적인 표출을 피하고 가급적이면 해학적으로 표현한다. 비극이 엄숙하고 긴장된 분위기 속에서 집약적이며 직설적으로 표현되어 진다면, 희극은 이와는 달리 여유로운 분위기 속에서 비유와 풍자에 의하여 표현되어진다고 말할 수 있다. 그러므로 비극에서는 고뇌와 갈등이 파멸(破滅)로 이어지는 반면에 희극에서는 기지와 예지로 지성에 호소함으로써 분규(紛糾)가 즐거움 속에서 경쾌하게 해소된다. 그러므로 비극에서는 파멸이라는 비극적 인생관을 보여 줌으로써 인생을 정화시킨다면 희극은 흥미와 함께 인생 자체를 희망적인 것으로 인식시켜준다고 볼 수 있다. 희극작가로서는 셰익스피어, 코르네유, 몰리에르, 하우프만, 쇼 등이 있다.

한국 희극의 대표작으로서는 오영진의 「맹진사댁 경사」를 들 수 있는데 해학적·풍자적·골계적인 이 작품의 내용을 요약하면 다음과 같다.

- 맹진사댁 갑분이는 김판서댁 김미언 도령과 혼약한다.
- 신랑 될 사람이 절름발이로 소문이 난다.
- 맹진사는 하녀인 입분이를 갑분이 대신의 신부로 바꾼다.
- 혼례 당일 날 신랑이 귀골의 정상인으로 밝혀진다.
- 입분이는 김판서댁 며느리가 된다.

인간의 허욕과 어리석음을 풍자와 해학을 통한 골계적 기법으로 표현된 「맹진사댁 경사」는 권선징악(勸善懲惡)등을 비롯한 한국인의 소박한 인생관을 잘 드러내고 있는 희극이다. 다음은 「맹진사댁 경사」의 결말 부분이다.

입분 :

네! 난! 갑분 아가씨 아녜유?

미언 :

이 무슨 이런 소리가 있소. 당신은 갑분 아가씨, 내 아내.

입분 :

아니 어떡하나. 여지껏 모르시나봐. 서방님, 전……저는 천한 몸종이에유. 갑분 아가씨의 몸 시중 드는 몸종이에유. 아이 무서워. 하늘이 무서워요. 그렇지만 어쩌는 수가 없어서 나쁜 줄 알면서도 이댁 나리마님께서 하도 조르시길래 죽는 심만 치고 제가 갑분아가씨 노릇을 하였든 거예유.

미언 :

(빙그레 웃는다.) 그래요?

입분 :

(드디어 울어 버리며) 서방님 용서해주세요. 실상은 갑분 아가씨가 서방님을 절룩발이 신랑이라구 - 죽어도 싫다고 그래서 어쩌는 수 없이 - 금방 신랑이 드신다 하는데 신부는 없고, 미천한 몸이 아가씨 대신 신부로 뽑혔든 거예요. 저는 가짜예유.

미언 :

음…….

입분 :

그리고 저도 서방님께서 절룩발인 줄만 알았어요. 그래서 여태 장가도 못 드시고 아무도 시집와 주는 색시도 없는 쓸쓸한 양반이시라…… 이렇게만 알았어유. 그랬드니만 이제는 왜 서방님께서 절룩발이가 못 되었을까. 차라리 몹쓸 다리 병신으로 세상에 모든 색시들이 돌아보지도 않는 그런 외로운 서방님이었으면 좋았겠어요. 지금은 그게 도리어 이몸에게 견딜 수 없이 원망스러워요……서방님……서방님께선 그 몹쓸 속인 사람들 중의 하나인 저를 용서하세요.(운다)

미언 :

허 - 잘못을 사과하고 용서를 빌어야 할 사람은 오히려 나라오.

입분 :

네?

미언 :

나두 다 알고 있으니까 말이오. 내가 왜 아무것도 모르는 줄 아시오.

입분 :

아니 서방님…….

미언 :

(입분의 손목을 지그시 잡으며) 놀라지 마시오. 이번 일을 이렇게 꾸민람도 실상은 나였소. 내가 그같이 꾸몄던 것이오. 내 명정 숙부로 하여금 내가 절뚝발이라고 헛소문을 내게 한 것도 기실은 나였소.

입분 :

네?

미언 :

그 정도가 지나쳐서 그대를 이렇게까지 괴롭힐 줄은 몰랐소.

입분 :

서방님…….

미언 :

무슨 연유로 그런 장난을 했으며, 무엇을 찾아서 그런 일을 꾸몄는지 짐작하지 못하겠소?

입분 :

잘 모르겠어요 -

미언 :

……사람의 마음, 더욱이 여자의 마음. 그 마음의 참된 무게와 깊이가 알고 싶었던 것이오. 병신이라든가 거지라든가 돈이 있다든가 없다든가 이것은 모두가 겉치레 뿐이오. 이러한 부자나 영화에 취한 사람들 하구도 사귀어 볼대로 사귀어 봤구, 그 마음씨의 천박함에는 진절머리가 나도록 겪은 나요. 내가 참으로 찾던 마음씨는 당신과 같은 참된 사람이오. 어떤 불평이라도 어떤 괴로움이라도 어떤 불안이라도 박차고 이겨나갈 만한 꼿꼿한 마음씨, 꼿꼿한 진실이 당신에게 있는 것을 나도 숙부를 통해서 잘 알았소. 당신이야말로 내가 찾는 것 같이 그윽한 행복을 느끼는 바요.

입분 :

서방님 - 그러나 저는 역시…….

미언 :

아니오. 이제는 그대는 종도 아니오. 아가씨도 아닌 내 아내요. 진실과 순정, 순정의 굳세고 아름다운…… 나는 그것을 믿어 한껏 기쁠 따름이오. 사람이 살아 가는 중에도 높고 향기롭고 값 있는 것을 얻을 수 있다는 것만이 기쁘고 즐거울 따름이오. 알겠소?

입분 :

네 - 서방님 -(안긴다. 서로 쳐다본다.)

미언 :

입분이, 다시는 나보고 서방님이라고 하지 말기.

입분 :

네 - ?

(중략)

미언 :

(입분을 안아 일으킨다. 패물과 활옷을 벗겨 준다. 자기도 벗으며 촛불을 꺼버린다.)

갑분 :

어머니, 촛불이 꺼졌다.

한씨 :

아이구 이 노릇을 낸들 어떻게 하느냐, 모두가 너의 애비 덕이야, 애비 잘 둔 덕이야, 덕.

갑분 :

어머니.(안으로 들어간다. 한씨, 뒤따라 나가다가 맹 진사와 마주친다.)

한씨 : (한참 노려보다가) 잘도 망한다, 잘도 망해.

갑분 :

바보, 아버지 죽어. (퇴장)

한참 사이.

누가 부르는지 모르나 도라지 타령이 들려온다.

맹진사 :

(멍청하게 서 있다가 넘어지듯이 주저앉는다.)

삼돌 :

장인, 약속을 하셨지요?

맹진사 :

아유, 이놈. 어떡하나?

- 막.

<오영진, 「맹진사댁 경사」 제2막 5장 중>

희극이 보편적으로 갖추어야 내용적 요소를 요약하면 다음과 같다.

첫째, 희극은 관객에게 경쾌한 분위기 속에서 웃음과 흥미를 줄 수 있는 내용으로 이루어져야 한다.

둘째, 희극은 정서적 호소(呼訴)이기보다는 지적이고 비판 정신이 뒤따르는 극이기 때문에 희극에는 기지·풍자·해학·아이러니 등의 수준 높은 지적 정서가 뒤따라야 한다. 그리고 이러한 지적 정서로 이루어진 희극은 도덕적으로 인간을 교화시킬 수 있어야 한다.

셋째, 희극의 주인공은 서민적이며 사회적 인물이어야 한다. 즉, 비극의 인물은 선인·영웅 등의 전형적인 인물로서 설정되지만 희극의 인물은 사회 규범에 순응하는 일상적 인물로서 설정되어야 한다.

넷째, 희극의 결말은 행복으로 귀착되어야 한다. 희극의 전개 과정에서도 비극에서처럼 대결·갈등·투쟁 등이 있는데 희극에서의 주동 인물은 비극에서의 주동 인물과는 달리 즐겁고 행복한 결말을 맞이한다고 볼 수 있다.

이러한 희극에는 성격희극·풍습희극·지적 희극·정적 희극·소극·계략희극·상황희극 등이 있다.

3) 희비극

인생의 비극성과 희극성은 인생의 부조화(不調和)로부터 일어나는 것인데 이러한 비극성과 희극성을 혼합하거나 혹은 절충하여 조화롭게 이루어진 극을 희비극(喜悲劇)이라고 말할 수 있다. 그런데 전개 순서를 보면 일반적으로 비극적인 사건으로 시작되어 여러 가지 어려움을 겪다가 나중에 사건이 전환되어 해피엔딩으로 끝나는 경우가 대부분이다. 따라서 이러한 경우에는 비희극(悲喜劇)으로 지칭되어야 한다. 예를 들면 「베니스의 상인」에 있어서 간악한 샤일록의 행위에 의하여 불안과 초조 속에 휩싸인 채 곤경을 느끼는 안토니오는 비극적인 인물이라고 볼 수 있다. 그러나 정점에서 샤일록의 처벌과 함께 구출되어지는 안토니오는 희극적 인물로 볼 수 있다. 그러므로 「베니스의 상인」은 비희극이라고 말할 수 있다.

안토니오 :
저도 소원입니다. 재판을 집행시켜 주십시오.
포오샤 :
그렇다면 피고는 원고의 칼을 받을 준비를 하라.
샤일록 :
아, 훌륭하신 재판관님! 젊으신 명판사님!
포오샤 :
이 증서 문면에 적힌 과료는 법률의 의의 및 목적으로 보아 충분히 시인되어야할 성질의 것이오.
샤일록 :
옳습니다. 아 현명하고 공평하신 재판관님, 정말이지 당신은 보기보다는 훨씬 노련한 훌륭한 분이시군요!
포오샤 :
그러니까 가슴을 풀어요.
샤일록 :
그렇습니다. 가슴입죠. 증서에 그렇게 씌어 있습니다. 안 그렇습니까? '심장 바로 옆으로부터' 라고 씌어 있습니다.
포오샤 :
그렇소. 살 무게를 달 저울은 있는가?
샤일록 :
준비해 가지고 있습니다.
포오샤 :
샤일록, 원고 부담으로 의사를 불러 오시오. 상처를 막지 않게 되면 출혈로 생명이 위험할 테니까.

샤일록 :

증서에 그렇게 적혀 있습니까?

포오샤 :

쓰 있지는 않지만 그 정도의 인정은 베푸는 것이 당연하지 않은가?

샤일록 :

없는데요. 증서에는 그런 말이 없습니다.

포오샤 :

피고는 할 말이 없나?

(중략)

포오샤 :

저 상인의 살 1파운드는 원고의 것이오. 법정은 이를 원고에게 주는 것이오.

샤일록 :

공명정대하신 재판관님!

포오샤 :

원고가 직접 피고의 심장 옆에서 살을 베어 내야 하오. 법률이 이를 허가 하고 법정이 이를 시인하는 바이오.

샤일록 :

박학하신 재판관님! 언도요! 자! 어서!

<셰익스피어, 「베니스의 상인」 제4막 제1장 중>

위의 내용 중 포오샤의 "그렇소. 살 무게를 달 저울은 있는가?"라는 질문은 비극적인 질문이며 샤일록의 "준비해 가지고 있습니다."라는 대답은 비극적인 대답이다. 이러한 질문과 대답은 안토니에게 있어서는 죽음의 질문인 동시에 죽음의 대답이라고 볼 수 있다. 그러나 이러한 비극적인 상황은 포오샤의 이어지는 판결에 의하여 희극적인 상황으로 갑작스럽게 바뀌게 된다. 즉 극적 반전(反轉)이 일어나게 된다.

포오샤 :

잠깐. 할 얘기가 또 있소. 이 증서에는 피는 한 방울도 원고에게 준다고 하지 않았소. 분명히 '살 1파운드'라고만 씌어 있소. 그러므로 증서의 문면대로 '살 1파운드'를 가질 것. 그러나 살을 베어 냄에 있어서 크리스찬의 피 한 방울이라도 흘릴 때에는 원고의 토지나 재산은 베니스 국법에 의해서 이를 전부 베니스 국고로 몰수하겠소.

그라시아노 :

아, 공명정대한 재판관님 ! 어때 유대인아. 박학하신 재판관님!

샤일록 :

그게 법률입니까?

포오샤 :

자기 눈으로 직접 조문을 보시오. 결국 원고가 시종 엄중한 증서 문면대로의 재판을 고집했기 때문에 원고는 원고의 소원 이상의 엄중한 재판을 받지 않으면 안 되는 것이오, 알았는가?

그라시아노 :

박학하신 재판관님! 유대인아, 어때 정말 박학하신 재판관님이시다.

샤일록 :

그럼 피고의 제안대로 하겠습니다. 원금의 세 배를 내면 저 사람을 용서 하겠습니다.

바사니오 :

그 돈은 여기 있소.

포오샤 :

잠깐 ! 원고는 어디까지나 올바른 재판을 받겠다는 거요. 기다려요. 서두를 건 없소. 유대인은 과료 이외에는 아무것도 받을 수 없소.

그라시아노 :

이 유대놈 ! 공명 정대하신 재판관님, 정말 박학한 재판관이십니다.

포오샤 :

그러니까 살을 자를 준비를 해. 피를 흘리면 안 되오. 그리고 살은 꼭 1파운드만, 그 이외에 많거나 적게 잘라서는 안 되오. 만일 1파운드보다 많거나 적게 자를 경우에는 그것이 설사 20분지 1이나 머리카

락 하나의 차이라도 저울눈에 차이가 난다면 그대의 생명은 없소. 원고의 전 재산을 몰수할 것이니라.

(중략)

바사니오 :

실은 이 반지는 아내가 준겁니다. 아내가 끼어 주면서 절대로 빼면 안된다고 했죠. 잃어버려도 안 된다고 맹세까지 하라는 것이었습니다.

포오샤 :

그런 변명은 남에게 물건을 주지 않으려고 할 때 효력을 나타내는 거죠. 만일 당신 부인이 미치지 않고 그 반지쯤 줘도 괜찮을 공로가 나한테 있다는 것을 아신다면 당신이 그것을 나한테 준다고 해도 언제까지나 적의를 품지는 않으실 거예요. 좋아요, 편안히 계세요! (포오샤와 네리사 퇴장)

안토니오 :

바사니오, 반지를 저분한테 드리게. 부인의 명령이긴 하겠지만 저분의 공로도 있고 또 내 우정도 있고 하니 말야.

바사니오 :

그라시아노, 어서 뛰어가서 이 반지를 전하고 될 수 있으면 안토니오 집으로 모셔 오도록 하게. 어서 빨리.(그라시아노 퇴장) 자, 우리도 가세. 내일 아침에는 일찍 벨몬트로 가야지. 자, 어서. (모두 퇴장)

<셰익스피어, 「베니스의 상인」 제4막 제1장 중>

고대 연극과 고전주의 연극에서는 희비극이 혼합물로 규정되어 배척되었으나 낭만주의 연극에서부터는 이러한 희비극이 새로운 시각에 의하여 전개되어 졌다.

현대의 희비극은 이오네스코(E. Ionesco)가 제시한 비극적 소극에서도 찾아볼 수 있다. 이오네스코는 전통적인 연극만으로서는 현대의 문화적 추세를 결코 반영할 수 없다고 보았으며 희망이 없는 현대 인간의 황폐성(荒廢性)을 표현하는 데 희극이 적절하다고 보았다. 그래서 그는 재래의 어떤 형식에도 넣을 수 없는 '비극적 소극'이야말로 가장 어두운 현실을 극단적으로 표현할 수 있는 유일한 극형식으로 보았다.[60]

희비극의 본질은 비극에서 희극으로 전환되는 방식과 같은 비극적 요소와 희극적 요소의 나열이나 전개 과정에 있는 것이 아니라 극중 사건이나 행위 안에서 융합되고 혼합된 조화의 미에 있다. 이러한 조화미는 비극에 의한 비장미(悲壯美)가 희극에 의한 골계미(滑稽美)로 재창조되고 있는 「흥부전」 등에서 비교적 잘 나타나고 있다. 형수로부터 밥주걱으로 빰을 맞은 흥부가 또 다시 빰을 돌려서 내미는 극중 장면에서는 서로 대치하면서도 조화롭게 공존하는 비극성과 희극성이 비교적 잘 나타나고 있음을 볼 수 있다.

「흥부전」과 같은 고전적 희비극에 비하여 현대의 희비극은 복잡한 장르로서 관객에게 고도의 이해력을 요구한다.

김세영은 『연극의 이해』에서 "전통적인 극은 일반적으로 관객의 기대와 그에 대한 성취에 부응한다. 그러나 현대의 희비극은 관객의 이러한 기대를 무산시키거나 갑자기 실망시킴으로써 극적 효과를 성취한다. 감각이 비교적 둔한 관객은 몹시 당황해 할 것이다. 하나의 분위기에서 갑작스레 다른 분위기로 전환하는 일이 별로 용이하지 않기 때문이다. 그러나 세련된 관객은 이러한 갑작스런 충격, 또는 전환을 통해 그 밑에 깔린 깊은 의미를 파악하게 될 것이다."[61]라고 희비극에 대해서 논하고 있다. 또한 그는 베케트의 「고도를 기다리며」는 희극과 소극, 그리고 비극이 절묘하게 결합된 형식으로서 공허한 우주 속에서의 인간의 비극적인 위치를 묘사하고 있으며 또한 가슴 속 깊이 숨겨진 현대 삶의 무의미성을 구체적 이미지를 통하여 표출함으로써 부조리한 현대

---

60) 金世永 외, 『演劇의 理解』 (새문사, 1997), p.90.
61) 金世永 외, 『演劇의 理解』, p.91.

인의 초상을 창출해내고 있음을 말하고 있다.

따라서 희비극은 희극 속에 비극이, 비극 속에 희극이 혼연일치가 되어 조화를 이룸으로써 인간존재의 근원적인 문제를 나타내어주는 의미있는 극형식으로 볼 수 있다.

4. 희곡의 흐름

1) 희랍극

희곡의 기원은 종교적(宗敎的)인 측면과 유희적(遊戲的)인 측면에서 고찰될 수 있는데 이러한 희곡이 국가나 지역에서 정착되어 발전되기 시작한 것은 기원전 5세기경 희랍에서부터이다.

희랍의 희곡은 희랍의 문학 장르 중에서 가장 늦게 형성되어졌는데 가장 먼저 형성된 서사시(敍事詩)는 희랍극 형성에 지대한 영향을 주었다. 이러한 희곡과 연결되는 희랍에서의 극은 아가티에서 행하여진 디오니소스 제전(祭典)에서 발생하였다. 당시 희랍에서는 매년 파종시기와 추수시기에 있어서 디오니소스 신(神)에 대하여 감사제를 행하였는데 이를 기념하여 디오니소스 제전이 형성되어진 것이다.

디오니소스 제전에서는 디티람보스(dithyrambos)가 코러스로 합창되고 군중들은 이에 맞추어서 가무(歌舞)를 행하였다. 이러한 신에 대한 인간의 감격과 환희의 노래인 디티람보스가 점차적으로 발달하여 희랍극으로 형성되어졌다고 볼 수 있다.

오학영은 『희곡론』에서 디오니소스 제전과 희랍희곡과의 관계에 대하여 "첫째, 태초에 그들은 의식에서 디오니소스 신에 대한 인간의 감격과 환희를 즉흥적으로 노래하였으며, 둘째, 인간에게 은혜를 베푸는 신의 행적을 말과 동작(흉내)으로서 표현하는 것이다. 그렇게 함으로써 셋째, 신에 대한 인간의 감격과 환희를 즉흥적으로 노래한 것이 지금 우리가 말하는 서정시이며 넷째, 신의 행적을 옮긴 것이 서사시(소설)이며 다섯째, 그의 행적을 말과 동작으로 표현한 것이 오늘 우리가 부르는 극시(희곡)로 발전된 것이다."[62]라고 논하고 있다.

디티람보스에 노래가 첨가되고 플롯이 첨가되어 독특한 양식으로 형성되어진 희랍극은 이처럼 종교적 의식과 깊은 연관을 맺고 있었다고 말할 수 있다.

브룩스와 해리만은 "고대극과 근대극은 모두 종교적 기원을 갖고 있었다. 그러므로 부분적으로 양자의 역사는 제식적(祭式的)출발로부터 발달한 기록인 것이다."[63]라고 논하였다.

디오니소스 제전에서 장중하고 엄숙한 부분이 독특한 전개를 보아서 희랍비극이 형성되어졌으며 이러한 제전 중에서 함께 참석하였던 군중들의 가무와 담화에서 희랍희극이 형성되어졌다고 볼 수 있다.

희랍희극은 고희극(古喜劇, The Old Comedy)에서 중기희극(中期喜劇, The Middle Comedy))으로, 다시 신희극(新喜劇, The New Comedy))으로, 이상 세 가지 단계로 발전하였다.

고희극은 주로 정치나 사적인 것에 대한 풍자가 위주였으며 인간의 어리석음과 악덕을 징계하고 교화시키는 데에 목적이 있었다. 고희극의 내용은 환상적이었으며 비극과는 달리 구성이 치밀하지 못하였으며 거칠고 음란한 언어를 사용하였다. 대표적 작품으로서는 아리스토파네스(Aristophanes)의 「평화(平和, The Peace)」를 들 수 있는데 그의 극은 구성면에 있어서 세밀하지 못하였지만 재치 있는 사건의 발상과 풍자

---

62) 吳學榮, 『戱曲論』(고려원, 1979), pp.23-24.
63) C. Brooks & Heliman, *Understandig Drama*(New york, 1965), p.27.

성으로 인하여 긍정적인 면에서 평가되었다.

중기희극은 고희극의 특질이 약화되어지고 신희극에서 강조되는 현실적인 요소가 어느 정도 수용되어진 과도기적 연극으로 볼 수 있다. 중기희극에서는 개인적인 비난과 정치적이며 사회적인 풍자로부터 벗어나서 동시대의 실생활에서 일어나는 사건들을 표현하였다. 따라서 중기희극은 일상생활에서 극의 소재를 찾았으며 전형적인 인물을 설정하였다. 대표적인 중기희극작가로서는 알렉시스(Alexis)와 안티파네스(Antiphanes)가 있다. 알렉시스는 아리스토파네스가 지향했던 시사풍자(時事諷刺)에서 벗어나 연애희극·성격희극 중심의 작품을 남겼다. 안티파네스는 260-360편의 단편희극을 창작하였는데 현존하는 작품 수는 많지만 뚜렷한 작풍(作風)을 알기 어려우며 연기를 위한 것이 아닌 낭송을 위한 희곡이 많이 포함되어 있다.

신희극에 와서는 고희극적인 요소, 즉 환상적이고 풍자적인 요소가 없어지고 평범한 인물이 등장하여 일상 용어를 사용하였다. 고희극과는 현저하게 다른 신희극에서는 아테네 중류층 시민의 가정사를 다루었으며 정치적·사회적 문제들을 경시하고 사랑·경제·가족 등의 문제를 중점적으로 다루었다.

희랍의 신희극의 작가는 64명에 달하며 작품의 수는 1,400여편에 달하였지만 현존하는 작품으로서는 메난드로스(Menandros)의 「불평(The Grouch)」이 있다.

희랍극은 독창적으로 전개·발전하였는데 코러스의 기능은 점차적으로는 약화되었다. 희랍비극작가로서는 아이스킬로스(Aischylos)·소포클레스(sophocles)·에우리피데스(Euripides)가 있는데 일반적으로 희랍의 3대 비극시인으로 일컬어지는 이들의 작품은 현재 32편이 전하여지고 있다.

고대 로마극, 즉 라틴극(劇)은 기원전 3세기경 희랍극을 번역·공연함으로써 시작되었다. 라틴극은 희랍극과는 달리 코러스가 제외되어졌으며 비극적인 내용도 거의 수용하지 않았다. 더욱이 연극은 귀족들의 오락물로 간주되어졌으며 공연도 천민들에 의하여 이루어졌다.

라틴극의 대표적인 작가로는 테렌티우스(Terentius)와 세네카(Seneca)를 들 수 있다. 그리고 희랍극에 의하여 계승되어진 이러한 라틴극은 다음 시대로 계승되지 못하고 단절되고 말았다.

2) 중세극

연극의 흐름에서 있어서 볼 때, 라틴극 다음의 연극사조는 중세극(中世劇)으로 볼 수 있으나 이러한 중세극은 라틴극에 의하여 계승되어진 것이 아니다. 고대 로마가 멸망하면서 연극은 쇠퇴하기 시작하였으며 기원후 1세기경에서부터 극은 자취를 감추었다. 그리고 10세기경까지 연극은 공백상태에 있었다. 왜냐하면 교회의 반대로 인하여 배우들의 활동이 어려워졌으며 종교인들을 중심으로 한 서민들이 연극 자체를 죄악시하였기 때문이다. 따라서 연극사적 시각에서 볼 때 중세는 연극의 암흑기(暗黑期)였다고 말할 수 있다.

그런데 무엇보다도 중요한 사실은 교회에 의하여 축출되었던 중세의 극이 기독교 교회 안에서 발생하게 되었다는 데에 있다. 즉 기독교가 교리를 전파하기 위하여 성경의 내용을 보여주기 위한 방식, 즉 천지창조(天地創造)와 노아의 방주(方舟) 사건을 비롯하여 예수의 행적과 관계되는 이적행위와 부활, 그리고 십자가 사건을 실감 있게 보여 주기 위하여 대화극(對話劇)이 발생되어졌던 것이다. 교리전파(敎理傳播)를 목적으로 한 대화극을 위하여 많은 대본이 쓰여지게 되고 이 대본을 토대로 하여 대화극이 이루어짐에 따라서 이와 함께 다양한 극의 양식이 나타나게 되었다. 그러나 13세기 경, 교리전파의 방법으로써 오랜 기간 동안 지속되어온 대화극이 점차적으로 연극의 모든 요소를 갖추고 또한 관객들에게 극의 본질적인 효용적 가치를 주게 되면서부터 이러한 극은 예배용으로서는 적합하지 못한 것으로 재인식되기 시작하였다. 이로 인하여 교회에서 형성되어진 극은 결국, 교회 밖으로 나오게 되었으며 이를 시작으로 하여 극단은 새롭게 조직되어지고 본격적인 연극이 이루어지기 시작하였다.

교회내부에서 시작된 중세극은 기독교의 교리와 성서를 토대로 하여 극화시킨 희곡들은 신비극(神秘劇)·기적극(奇蹟劇)·도덕극(道德劇)·막간극(幕間劇) 등의 양식으로 발전하게 되었다. 이러한 극들은 흥미로운 성서 내용·성자의 행위나 행적·도덕적 교화를 중심내용으로 삼았으며 특히, 막간극에서는 공처가·부도덕한 성직자 등과 같은 세속적 사건과 관련된 내용을 풍자화 하여 공연하였다.

3) 고전주의 극과 낭만주의 극

고전주의(古典主義) 극이란 희랍극과 라틴극 이후부터 근대 이전까지의 극, 즉 17·8세기의 고전주의 극까지를 말하는데 연극사적인 시각에서 본다면 중세극 이후에 나타난 고전주의 극을 일컫는다. 그리고 고전주의 극은 문예부흥(文藝復興)에 자극을 받고 희랍극과 라틴극을 연구함으로써 새롭게 형성되어졌다고 볼 수 있으며 아리스토텔레스의 『시학(詩學)』과 볼테르의 『연극론』, 그리고 세네카의 비극(悲劇) 등은 이러한 고전주의 극의 직접적인 이론적 배경이 되었다. 특히, 세네카의 비극은 고전주의 극작가들에게 지대한 영향을 주었다. 그러나 고전주의 극작가들은 극의 제재를 무서운 느낌을 주는 것·격렬성이 있는 것으로 한정한 세네카의 이론에 얽매이지 않고 낭만적인 사건이나 연애를 희곡의 중심 제재로 삼았다. 또한 고전주의 극작가들은 세네카의 비

극에 남아 있던 코러스를 고전극의 극에서 제거해 버렸다.[64]

이러한 고전주의 극은 소재·구성·무대 등에 있어서 중세극과는 비교가 되지 않을 만큼 많은 발전을 보았다.

대표적인 고전주의 극작가로서는 프랑스의 몰리에르(Moliere)·라신(Racine)·코르네유(Corneille) 등을 들 수 있다.

코르네유는 「르 시드(Le cid)」와 「시나(Cinna)」 등을 비롯한 고전주의적 비극을 창작하였으며 라신은 「브리타니쿠스(Britanicus)」 등의 작품을 썼다. 또한 희극의 명작가로서 지칭되는 몰리에르는 「위선자」와 「수전노」 등의 명작을 남겼다.

고전주의 극작가들은 엄격한 극작의 원칙을 고수하여 자신들의 창작에 직접적으로 적용시켰다. 이들의 지켰던 대표적인 극작 원칙은 연극에 있어서 '삼일치의 원칙(the principle of three unities)'이었다.

이와 같이 고전주의 극의 '삼일치의 원칙'은 코르네유·라신·볼테르 등이 아리스토텔레스의 『시학』과 볼테르의 『연극론』에 이론적인 근거를 두고 재생시킨 고전주의 극의 최대 극작의 원리로 볼 수 있다.

그러나 극작가들은 점차적으로 이러한 삼일치의 원칙, 즉 시간(時間)의 일치·장소(場所)의 일치·행동(行動)의 일치는 지나친 극작 원칙으로 인식하게 되어졌다. 고전주의 극에서 탈피하려고 하는 극작가들은 무엇보다도 24시간 내에 극의 진행과 인물의 행동이 신속하게 이루어져야 하며 또한 필연적인 진로에 의하여 결말을 지어야 한다는 데 지나친 제한적 구속력과 모순을 느끼게 되었다.

이러한 고전주의 극의 지나친 규범성과 제한된 구속력을 거부하고 창작의 자유성을 추구함으로써 제시된 것이 낭만주의(浪漫主義) 극이라고 말할 수 있다.

---

64) 鄭漢模 外,『文學概論』(傳英社, 1973), p.195.

낭만주의 극작가들은 고전주의 극의 근본 원리였던 '삼일치의 원칙'을 폐기하고 새로운 시각에서 희곡을 추구하였다. 대표적인 낭만주의 극작가로서는 레싱(Lessing)·실러(Schiller)·괴테(Goethe) 등을 들 수 있다.

고전주의 극과 낭만주의 극과의 차이점은 다음과 같이 말할 수 있다.

첫째, 고전주의 극은 지나친 규범에 얽매여 스스로 구속을 당하였다고 볼 수 있다. 프랑스의 코르네유는 고전 비극을 제작한 대표적인 작가였지만 삼일치 법칙중 시간의 일치 때문에 많은 갈등을 하였다. 그래서 그는 24시간 이내라는 조건을 완화하여 30시간까지 연장할 것을 제시하기도 하였다.[65)]

고전주의 극과는 달리 낭만주의 극에서는 시간의 제약을 조금도 의식하지 않고 작품을 창작하였다. 그들은 수년간의 사건을 축소시켜 짧은 시간 내에 공연을 하였으며 작중 인물들의 행위도 사건에 따라서 다양하게 이루어지도록 하였다. 또한 공연 장소도 자유롭게 선택하였다. 따라서 낭만주의 극은 활발하고 생동감 있는 분위기 속에서 진행된다고 말할 수 있다.

둘째, 고전주의 극은 구성의 진행과정에서 있어서 희랍극의 방식을 수용하였다. 따라서 사건은 무대 밖에서 일어난 것으로 가정하고 동작대신에 서술로써 관객들에게 보고하는 형식으로 이루어지기 때문에 극적 현실감이 상실되는 결과를 가져왔다. 그러나 낭만주의 극에서는 무대에서의 실제 동작으로써 사건을 진행시키기 때문에 생동감 있는 연기를 관객에게 제시하여 주었다.

셋째, 고전주의 극은 등장 인물설정에 있어서도 역시 희랍극의 방식을 수용하였다. 따라서 고전주의 극에서는 황제·장군·영웅·왕녀 등의

---

65) Coreneille, A., Discourse on the Unities, Rec. The Great Gritics(New york, 1960), p.817.

비범한 인물을 등장시킨 데 반하여 낭만주의 극에서는 새로운 각도에서 설정되어진 인물이 등장하였다. 그런데 낭만주의 극에 있어서도 비범한 인물들이 많이 등장하였다. 그러나 이러한 비범한 인물들은 일반 서민과는 공존의 관계로써 제시되어졌다.

넷째, 고전주의 극은 대사에 있어서 귀족층의 언어를 수용한 데 반하여 낭만주의 극에서는 일상적이고도 현실적인 언어를 수용하였다.

이와 같이 고전주의 극은 이상주의와 귀족의식을 토대로 하여 이루어졌다면 낭만주의 극은 현실적 이상주의를 토대로 하여 이루어졌다고 말할 수 있다.

4) 근대극과 현대극

희곡의 본질적인 시각에서 본다면 근대극(近代劇)은 고전극(古典劇)에 대한 반발로 인하여 일어난 것이지만 문화사적 시각에서 볼 때 근대극은 과학의 발전과 시민 계급사회의 의식 변화를 토대로 형성되어졌다고 말할 수 있다.

보편적으로 근대극은 전기 근대극·중기 근대극·후기 근대극[66]으로 구분되어질 수 있는데 이러한 근대극은 자연주의·신낭만주의·표현주의 문예사조와 직접적으로 연결되어진다.

근대의 문화가 복잡·다양해지고 고도화됨에 따라서 예술의 범주에 속하는 낭만주의 극 역시 내부적인 변혁이 일어나게 되었다. 희곡사적인 측면에서 볼 때 근대극은 고전주의 극과 낭만주의 극의 전통을 계승하는 입장을 취하면서도 고전주의 극의 전통을 거부하고 있는 점은 근대극작가들의 자유로운 창작 태도에서 찾아볼 수 있다. 즉 근대극작가들은 고전극의 삼일치의 원칙을 거부하고 행동·시간·장소에 대하여

66) 金興雨, 『戱曲文學論』, pp.61-62.

극적 자유성을 추구하였다는 점에서는 낭만주의 극작가와는 일치점을 보였다고 말할 수 있다. 그러나 근대극작가들은 고전주의 극과 낭만주의 극에서처럼 동작과 대사를 의도적으로 배치하지 않았으며 구성의 적절성에 따라서 작품 속에 자유롭게 배치하였다.

근대극작가들은 주인공 역시 어떤 특수 계층의 전형적인 인물이 아니라 일반인인 가정주부까지도 희곡의 주동 인물로 설정될 될 수 있다는 것을 보여주었는데 입센의 「인형의 집」에서의 '노라'가 이러한 주동 인물에 해당된다고 볼 수 있다. 이와 같이 근대극에 있어서 등장 인물의 변화는 사회 배경과 문예사조의 절대적 영향에 의하여 이루어지는 것이라고 말할 수 있다.

이러한 근대극은 근대 자연주의 운동과 깊은 관계가 있다. 종교개혁·산업혁명·프랑스혁명 등을 통하여 나타난 정치적·사회적·종교적·문화적인 사회의식 구조의 변화 발전은 근대극을 태동시킨 근본 요인이라고 볼 수 있다.

19세기 과학정신과 실증주의(實證主義)를 모태로 하여 형성되어진 근대극은 특히, 산업사회에 따르는 실리적인 실증적 사고와 주관을 배제한 객관적인 사실성을 그대로 수용하였다. 즉, 철저한 현실 입증의 실증적 사고를 극작가들이 극에 적용시켰다고 말할 수 있다. 그러므로 근대극은 인생의 단면을 사실 그대로 반영하여 사회 각 분야에 관한 현실을 고발하고 비판하는 것을 주된 목표로 삼았다. 따라서 근대극의 시작은 사실주의 극으로써 시작된다고 말할 수 있다.

이러한 사실주의 극은 희곡에 큰 변혁을 가져왔다. 사실주의 극에서는 영웅보다는 소시민이 주동 인물이 되며, 이상보다는 현실적 상황이 무대 위에서 표출되어졌다. 사실주의 극작가들은 전아한 대사나 혹은 부자연스러운 대사는 물론이고 인위적인 구성까지 창작에서 배제시켰다. 또한 이들은 과장적인 지향성이나 고양된 극적 효과를 거부하였으며 나아가서 현실성에 의한 솔직하고 직선적인 감정 표현을 위하여 시적인 대사도 배격하였다.

대표적인 사실주의 작가로서는 입센(Ibsen)·하우프만(Hauptman)·체호프(Chekhov) 등을 들 수 있다. 특히 입센은 근대극의 형식과 전개에 대하여 많은 연구를 하였다. 그리고 입센은 「인형의 집」을 비롯하여 「민중의 기둥」·「유령의 적」·「바다에서 온 여인」·「작은 울프」·「야생 오리」 등의 많은 작품을 남겼다. 입센의 작품은 대부분이 문제극(問題劇)으로서 주제 내용은 결혼과 가정의 문제·여권신장·유전 문제 등 개인적인 문제를 바탕으로 하고 있다. 그리고 이러한 개인적인 문제는 곧 사회의 문제로 확대되어진다고 말할 수 있다. 이러한 것은 입센이 자신의 극작품에 리얼리즘과 자연주의(自然主義)를 수용·반영시킨 결과 때문이라고 볼 수 있다. 극에서 제시되어진 개인적인 문제가 사회의 문제로 확대됨으로써 사회에 의하여 근본문제를 해결시키는 것은 사실주의와 자연주의 문학이 추구하는 궁극적인 목적이라고 말할 수 있다. 다음은 입센의 「인형의 집」이다.

노라 :

저는, 제 자신을 되돌아보고, 주위를 잘 판단할 수 있도록 홀로 서지 않으면 안 됩니다. 그래서 이 이상, ……당신 곁에 있을 수가 없어요.

헬머 :

노라! 노라!

노라 :

지금 당장 이 집에서 나가겠어요. 오늘 밤엔 크리스티네가 있는 곳에서 묵기로 하겠습니다.

헬머 :

당신은 제 정신이 아니오. 그런 일은 용서할 수 없어. 내가 못 하도록 하겠어!

노라 :

이제부터는 저한테 무슨 일을 못 하게 한들 소용없답니다. 제 물건은 가지고 가겠어요. 당신 것은 아무것도 갖지 않겠습니다. ……지금도 또 앞으로도.

헬머 :

무슨 정신 나간 짓이오!

노라 :

내일 친정으로 가겠어요. ……지난날 제가 태어난 고향이니까 무슨 일을 시작하든 쉽지 않을까 생각해요.

헬머 :

아무런 경험도 없는 당신이 그처럼 일시적으로 욱하는 마음에서 앞뒤 분별도 없이……!

노라 :

앞으로 경험을 얻도록 공부하겠어요.

헬머 :

당신의 가정, 당신의 남편, 그리고 당신의 아이들을 버리고 나가다니! ……생각 좀 해 봐요, 대체 세상 사람들이 뭐라 할 건지.

노라 :

그런 건 개의치 않아요. 저로서는 이렇게 하는 것밖에 길이 없답니다.

헬머 :

당치 않은 일, 참으로 당치 않은 일이야. 당신은 자기의 신성한 의무를 저버리겠단 말이오?

노라 :

저의 신성한 의무라니요?

헬머 :

내가 꼭 일러 줘야 비로소 알겠단 말이오. 남편에 대한 의무, 아이들에 대한 의무가 있지 않소.

노라 :

저한테는 그 밖에 그에 못지 않은 신성한 의무가 있답니다.

헬머 :

없어. 그런 건 없단 말이오! 도대체 그게 뭐요, 어디 말해 봐요!

노라 :

자기에 대한 의무입니다.

<입센, 「인형의 집」 제3막 중>

페미니즘적 시각에서 여성의 자기 발견과 사회적 해방을 주제로 한 「인형의 집」은 19세기말 서구의 근대극 운동사에 지대한 영향을 주었다고 볼 수 있다. 작품 출시부터 논란의 대상이 되었던 이 작품은 작품상의 치밀한 구성과 사실적인 대화를 통해 한 여성의 성장 과정을 잘 묘사하고 있으며 '노라'라는 새로운 전형적(典型的) 인물을 창출시켰다.

현대화가 가속화됨에 따라서 근대극을 대표하는 사실주의 극 역시 여러 가지 측면에서 비판되어졌다. 사실주의 극을 거부하는 극작가들은 사실주의 극이 추구하는 단편적인 방법 만으로서는 개인의 문제와 사회의 문제를 해결할 수 없음을 논하였다. 왜냐하면 인간의 현실성은 다양성과 복합성을 띠고 있기 때문이라는 것이 이들의 주장이다. 그러므로 현대극작가들은 인생을 적나라하게 표출해 보이거나 반사되어져 보이는 사실 만으로서는 현실을 진지하게 해부하기가 어렵다는 점을 강조하고 있다.

사실, 근대극은 사실적 표현에만 치중하기 때문에 인간 내부에 잠재되어 있는 인간의 진실에 대한 표현은 거의 불가능하다고 볼 수 있다.

이러한 사실주의를 극복하기 위하여 형성되어진 것이 상징주의 극이며 또한 이후에 형성되어진 표현주의 극이라고 말할 수 있다. 특히, 표현주의 극은 외부에 대한 사실적 표현보다는 인간의 심리·기분·상상 등 내부에 숨겨진 진실에 대한 무대에서의 표현이 중요하다는 시각을 토대로 하여 형성되어진 현대극의 하나이다. 반사실주의 시각에서 이루어진 표현주의 극은 외부 상황에 의한 사실적인 객관묘사에 대한 반성의 차원에서 제시되어진 극으로 볼 수 있다.

근대극을 토대로 급진적인 발전을 거듭하고 있는 제2차 세계대전 이후의 현대극작품을 김흥우는 첫째, 표현주의(表現主義)와 상징주의(象徵主義)가 발표된 후 변형된 신표현주의(新表現主義)와 현대상징주의(現代象徵主義) 작품계열, 둘째, 근대극의 입센에게서 볼 수 있었던 이른바 사회성을 다분히 내포한 작품계열, 셋째, 극행위의 본원성(本源性)으로 봐서 가장 그리스극에 접근한 작품계열[67]로 구분하여 고찰하고 있다.

현대극의 특징은 내용과 형식의 다양성에 있다고 볼 수 있으며 새로운 매체에 의하여 새로운 내용을 표현하기 위하여 현대의 극작가들은 종합적인 시각에서 연구하고 있음을 볼 수 있다.

유진 오닐(Eugene O'Neill)의 심리주의 극, 카이저(Kaiser)의 표현주의 극, 사르트르(Sartre)와 카뮈(Camus)의 실존주의 극, 베케트(Becket)와 이오네스코(Ionesco)의 반극(反劇), 엘리엇(T. S. Eliot)의 시극(詩劇) 등은 현대극의 주된 경향이라고 말할 수 있다.

---

67) 金興雨, 『戱曲文學論』, pp.69-70.

저자 약력

원명수
문학박사(국문학)
『모더니즘 시 연구』 외 다수
계명대학교 한국어문학과 교수

이현원
문학박사(국문학)
『한국 현대시극 연구』 외 다수

문학론 I

초판인쇄 | 2009년 2월 25일
초판발행 | 2009년 3월 2일

저 자 | 원명수 · 이현원
펴낸이 | 신일희
펴낸곳 | 계명대학교출판부
704-701 대구 달서구 신당동 1000번지
전화 053-580-6233
팩스 053-583-5213
등 록 | 1970. 9. 1. (신고번호 제347-1998-1호)

값 18,000원

ISBN 978-89-7585-463-7 93800